"十四五"职业教育国家规划教材

高等职业教育校企合作"互联网+"创新型教材

浙江省普通高校新形态教材项目

企业审计实务

第2版

主　编　郑　伟

副主编　宋　洁　江焕平

参　编　宋　波　沈培强

机械工业出版社

本书围绕审计是什么、审计有哪些技术方法、如何实施审计业务和审计专题来编写教学内容。本书贯穿现代风险导向审计理念，以注册会计师审计业务流程为主线，脉络清晰地将审计全貌呈现在学生面前，重点在于培养学生的审计职业判断能力，掌握审计基本技能。本书体例新颖，在每个项目开始，均有学习目标、职业提示、引导案例，同时在学习内容中，穿插有延伸阅读、想一想、练一练、议一议等板块，以引起读者学习兴趣。同时，为适应数字化教学需要，练习、案例分析等均配有二维码，扫一扫便可知答案，便于学生自主学习。本书可作为高职院校会计等专业审计课程的教材，也可作为相关企业单位有关技术人员的参考用书。

为方便教学，本书配备了电子课件等教学资源。凡选用本书作为教材的教师均可登录机械工业出版社教育服务网 www.cmpedu.com 免费下载。如有问题请致电 010-88379375 联系营销人员，服务 QQ：945379158。

图书在版编目（CIP）数据

企业审计实务/郑伟主编. —2版. —北京：机械工业出版社，2021.5（2025.1重印）
高等职业教育校企合作"互联网+"创新型教材
ISBN 978-7-111-68155-7

Ⅰ. ①企… Ⅱ. ①郑… Ⅲ. ①企业—审计—高等职业教育—教材 Ⅳ. ①F239.6

中国版本图书馆CIP数据核字（2021）第083212号

机械工业出版社（北京市百万庄大街22号　邮政编码100037）
策划编辑：孔文梅　　责任编辑：孔文梅　乔　晨
责任校对：张　力　　封面设计：鞠　杨
责任印制：单爱军
北京虎彩文化传播有限公司印刷
2025年1月第2版第4次印刷
184mm×260mm · 16.75 印张 · 405 千字
标准书号：ISBN 978-7-111-68155-7
定价：49.80元

电话服务	网络服务
客服电话：010-88361066	机 工 官 网：www.cmpbook.com
010-88379833	机 工 官 博：weibo.com/cmp1952
010-68326294	金 书 网：www.golden-book.com
封底无防伪标均为盗版	机工教育服务网：www.cmpedu.com

关于"十四五"职业教育
国家规划教材的出版说明

为贯彻落实《中共中央关于认真学习宣传贯彻党的二十大精神的决定》《习近平新时代中国特色社会主义思想进课程教材指南》《职业院校教材管理办法》等文件精神，机械工业出版社与教材编写团队一道，认真执行思政内容进教材、进课堂、进头脑要求，尊重教育规律，遵循学科特点，对教材内容进行了更新，着力落实以下要求：

1. 提升教材铸魂育人功能，培育、践行社会主义核心价值观，教育引导学生树立共产主义远大理想和中国特色社会主义共同理想，坚定"四个自信"，厚植爱国主义情怀，把爱国情、强国志、报国行自觉融入建设社会主义现代化强国、实现中华民族伟大复兴的奋斗之中。同时，弘扬中华优秀传统文化，深入开展宪法法治教育。

2. 注重科学思维方法训练和科学伦理教育，培养学生探索未知、追求真理、勇攀科学高峰的责任感和使命感；强化学生工程伦理教育，培养学生精益求精的大国工匠精神，激发学生科技报国的家国情怀和使命担当。加快构建中国特色哲学社会科学学科体系、学术体系、话语体系。帮助学生了解相关专业和行业领域的国家战略、法律法规和相关政策，引导学生深入社会实践、关注现实问题，培育学生经世济民、诚信服务、德法兼修的职业素养。

3. 教育引导学生深刻理解并自觉实践各行业的职业精神、职业规范，增强职业责任感，培养遵纪守法、爱岗敬业、无私奉献、诚实守信、公道办事、开拓创新的职业品格和行为习惯。

在此基础上，及时更新教材知识内容，体现产业发展的新技术、新工艺、新规范、新标准。加强教材数字化建设，丰富配套资源，形成可听、可视、可练、可互动的融媒体教材。

教材建设需要各方的共同努力，也欢迎相关教材使用院校的师生及时反馈意见和建议，我们将认真组织力量进行研究，在后续重印及再版时吸纳改进，不断推动高质量教材出版。

机械工业出版社

前言 Preface

当你翻开这本书的时候,你就已开始走入审计的殿堂了。审计是什么?审计就是查账或审计就是查问题吗?审计与现代经济社会又有什么关系?从这门课中我能学到什么?不管你以前对审计是否了解,现在就让我们一起携手去探寻审计殿堂中的珍宝,揭开审计的神秘面纱。

本书贯彻落实党的二十大精神,全面体现依法治国思想,强调依法、依规审计,强调树立程序意识,注重审计程序的正确性等。本书以我国新修订的注册会计师执业准则为准绳,贯穿现代风险导向审计理念,以形成审计综合职业能力为核心,依据审计岗位典型工作任务、职责要求及审计业务流程,优化、序化审计知识点。通过学习掌握审计基本理论与方法,形成审计洞察能力、分析能力、判断能力等综合职业能力,成为有责任、有担当、有创新精神的高素质审计技能人才。

第2版总体沿袭了第1版的框架结构,但根据近年来"互联网+"教育的发展、人才培养的要求以及审计准则的修订情况,在形式和内容上做了调整和补充。形式上,为适应数字化教学的需要,在书中嵌入微课视频,各小板块以及练习、案例分析等均配有二维码,充分利用信息技术创新教材形态。内容上,根据审计准则近年来的修订情况,对各项目的内容进行了修订和完善,如增加了任务"明晰审计业务流程",扩充了审计程序的内容等,同时增加了内部审计和计算机审计的内容。

本书具有以下特点:

(1)体现人才培养要求。本书强化立德树人的根本任务,阐明从事审计职业应该具有的情感、态度和价值观,如在每个项目中,除了列示知识、技能与素养目标外,还有职业提示,体现培养敬业、责任、担当、严谨、创新的新时代审计人要求。在内容开发、体例设计、数字资源建设中通过融入多样化的育人元素,构建立体化的育人格局。

(2)产教融合,校企合作。本书编写人员除了具有丰富教学经验的一线教师之外,还有会计师事务所高级合伙人,具有丰富的一线审计经验。本书编写以注册会计师财务报表审计为主体,同时增加了内部审计和计算机审计的内容,以培养数字智能型审计人才,助力实现2035科技强国、人才强国目标。

(3)体现"互联网+"教育特点,是一本立体化新形态教材。书中以二维码形式嵌入视频、案例、拓展资源、习题等,同时,本书依托的课程在智慧职教 MOOC 学院上建有慕课(https://icve-mooc.icve.com.cn/cms/courseDetails/index.htm?classId=f7cd901121e3f70ad4e62abbe945890a),课程学习资源包括微课视频、课件、案例、习题和测试等,形成"纸质教材+MOOC 平台"的新形态一体化教材。

(4)结构清晰,贯穿主线。本书分为四大模块,九个项目,每个项目又分为若干个任务,结构简洁明了。本书贯穿审计业务流程主线,从承接审计业务开始,围绕着审计目标的确定、计划的制订、风险的评估与识别、证据的收集进行编写，最后编制审计报告。结构清晰，将审计全貌呈现在学生面前。

（5）根据学生认知特点编排内容。①学习内容从身边所了解的人和事入手，便于提升学生学习兴趣。如从认识审计组织和人员开始，再进入审计要素的学习中。②根据先易后难原则，调整了内容顺序。如在业务循环审计学习中，先学习"货币资金审计"，再依次学习"销售与收款循环审计""采购与付款循环审计""生产与存货循环审计"。

（6）体例新颖、独特。本书通过引导案例引出学习内容，在每部分学习内容中，穿插有"想一想""练一练""议一议""延伸阅读""人生加油站"等小板块，引起学生学习兴趣。

本书由浙江经济职业技术学院郑伟主编。郑伟负责策划并编写了模块一、模块二（除项目三的任务二与项目四的任务二）、模块三项目六中的任务四、任务五，以及模块四的项目九；宋洁编写了模块三项目五，项目六中的任务一、任务二、任务三以及模块四中的项目八；江焕平编写了模块三项目六中的任务六和项目七；宋波、沈培强（天健会计师事务所（特殊普通合伙））编写了项目三的任务二与项目四中的任务二。全书由郑伟统稿。本书在编写过程中还得到上海博科资讯股份有限公司的大力支持，编者在此一并表示感谢。

为方便教学，本书配备电子课件等教学资源。凡选用本书作为教材的教师均可登录机械工业出版社教育服务网 www.cmpedu.com 免费下载，咨询电话：010-88379375，服务QQ：945379158。

编　者

二维码索引 Qr Code Index

视频与文档							
序号	名称	二维码	页码	序号	名称	二维码	页码
1	二维码 1-1 审计组织形式		004	10	二维码 4-11 审计工作底稿的编制、复核与保管		068
2	二维码 1-4 审计要素及三方关系		010	11	二维码 5-3 审计业务约定书参考格式		078
3	二维码 1-8 注册会计师法律责任		017	12	二维码 5-4 总体审计策略参考格式		079
4	二维码 2-1 审计产生的基础及其职能演变		027	13	二维码 5-5 审计程序表参考格式		080
5	二维码 3-1 管理层、治理层责任与注册会计师责任		034	14	二维码 5-6 审计计划		080
6	二维码 3-5 审计业务流程		039	15	二维码 5-9 审计重要性概述		082
7	二维码 3-8 审计证据的决策		043	16	二维码 5-15 审计风险		087
8	二维码 4-3 函证		055	17	二维码 6-1 风险评估程序		096
9	二维码 4-9 审计抽样过程		064	18	二维码 6-11 总体应对措施及进一步审计程序		113

\multicolumn{6}{c	}{视频与文档}					
序号	名称	二维码	页码	序号	名称	二维码	页码
19	二维码6-21 银行询证函 参考格式		129	26	二维码7-9 由于无法针对财务 报表多个要素获取 充分、适当的审计证 据而发表无法表示 意见的审计报告参 考格式		212
20	二维码6-22 库存现金及银行存款 的实质性程序		130	27	二维码7-10 关键审计事项—— 商誉减值测试和研 发费用资本化参考 格式		215
21	二维码6-31 营业收入的 实质性程序		147	28	二维码7-11 在审计报告中沟通 关键审计事项		215
22	二维码6-42 应付账款的 实质性程序		167	29	二维码7-12 由于偏离适用的财 务报告编制基础的 规定导致的带强调 事项段的保留意见 审计报告的参考 格式		217
23	二维码6-49 存货的监盘		184	30	二维码7-13 包含关键审计事项 部分、强调事项段及 其他事项段的审计 报告参考格式		218
24	二维码7-7 无保留意见审计报告 参考格式		210	31	二维码8-1 引导案例拓展知识		226
25	二维码7-8 由于财务报表存在 重大错报而发表保留 意见的审计报告 参考格式		212	32	二维码8-2 内部审计部门四个 层次专业人员的要 求和工作内容		231

答案与解析

二维码 1-2 想一想解析	二维码 1-3 练一练解析	二维码 1-5 议一议解析	二维码 1-6 练一练解析	二维码 1-7 练一练解析
二维码 1-9 即测即评答案	二维码 1-10 案例分析解析	二维码 2-2 议一议解析	二维码 2-3 即测即评答案	二维码 3-2 练一练解析
二维码 3-3 议一议解析	二维码 3-4 练一练解析	二维码 3-6 练一练解析	二维码 3-7 想一想解析	二维码 3-9 练一练解析
二维码 3-10 即测即评答案	二维码 3-11 案例分析解析	二维码 4-1 练一练解析	二维码 4-2 练一练解析	二维码 4-4 练一练解析
二维码 4-5 练一练解析	二维码 4-6 练一练解析	二维码 4-7 练一练解析	二维码 4-8 练一练解析	二维码 4-10 练一练解析
二维码 4-12 即测即评答案	二维码 4-13 案例分析解析	二维码 5-1 想一想解析	二维码 5-2 练一练解析	二维码 5-7 练一练解析
二维码 5-8 想一想解析	二维码 5-10 想一想解析	二维码 5-11 练一练解析	二维码 5-12 练一练解析	二维码 5-13 议一议解析

答案与解析

二维码 5-14 想一想解析	二维码 5-16 练一练解析	二维码 5-17 想一想解析	二维码 5-18 引导案例解析	二维码 5-19 即测即评答案
二维码 5-20 案例分析解析	二维码 6-2 练一练解析	二维码 6-3 练一练解析	二维码 6-4 练一练解析	二维码 6-5 议一议解析
二维码 6-6 想一想解析	二维码 6-7 即测即评答案	二维码 6-8 案例分析解析	二维码 6-9 练一练解析	二维码 6-10 练一练解析
二维码 6-12 想一想解析	二维码 6-13 练一练解析	二维码 6-14 练一练解析	二维码 6-15 议一议解析	二维码 6-16 即测即评答案
二维码 6-17 案例分析解析	二维码 6-18 议一议解析	二维码 6-19 练一练解析	二维码 6-20 议一议解析	二维码 6-23 练一练解析
二维码 6-24 议一议解析	二维码 6-25 即测即评答案	二维码 6-26 案例分析解析	二维码 6-27 练一练解析	二维码 6-28 议一议解析
二维码 6-29 练一练解析	二维码 6-30 练一练解析	二维码 6-32 练一练解析	二维码 6-33 议一议解析	二维码 6-34 议一议解析

目录 Contents

前　言
二维码索引

模块一　审计是什么

项目一　走入审计职业　　002

任务一　认识审计组织和人员 / 003
任务二　认识审计要素 / 008
任务三　明确审计师的职业道德和责任 / 011
项目小结 / 017
即测即评 / 017
案例分析 / 019

项目二　走进审计历史　　020

任务一　认识审计的过去、现在和未来 / 021
任务二　洞悉审计历史发展的启示 / 025
项目小结 / 028
即测即评 / 028

模块二　审计有哪些技术方法

项目三　探究审计目标与审计证据　　032

任务一　确立审计目标 / 033
任务二　明晰审计业务流程 / 037
任务三　探究审计证据 / 039
项目小结 / 044
即测即评 / 044
案例分析 / 046

项目四　收集与记录审计证据　　047

任务一　收集审计证据 / 048
任务二　记录审计证据 / 064
项目小结 / 068
即测即评 / 068
案例分析 / 071

模块三　如何实施审计业务

项目五　承接业务与计划审计工作　　074

任务一　承接审计业务 / 075

任务二　编制审计计划 / 078

任务三　确定重要性水平 / 080

任务四　评估审计风险 / 086

项目小结 / 088

即测即评 / 089

案例分析 / 092

项目六　实施审计测试　　093

任务一　风险评估 / 094

即测即评 / 106

案例分析 / 109

任务二　风险应对 / 110

即测即评 / 119

案例分析 / 122

任务三　货币资金审计 / 123

即测即评 / 131

案例分析 / 134

任务四　销售与收款循环审计 / 135

即测即评 / 152

案例分析 / 155

任务五　采购与付款循环审计 / 157

即测即评 / 170

案例分析 / 173

任务六　生产与存货循环审计 / 174

项目小结 / 189

即测即评 / 189

案例分析 / 193

项目七　完成审计工作与出具审计报告　　196

任务一　完成审计工作 / 198

任务二　出具审计报告 / 207

项目小结 / 218

即测即评 / 219

案例分析 / 223

模块四　审 计 专 题

项目八　现代内部审计　　　　　　　　　　　226

任务一　探究内部审计 / 227

任务二　创新内部审计 / 233

项目小结 / 236

即测即评 / 236

案例分析 / 239

项目九　开展计算机审计　　　　　　　　　　240

任务一　认识计算机审计 / 240

任务二　实施计算机审计 / 243

项目小结 / 249

即测即评 / 249

参考文献　　　　　　　　　　　　　　　　　251

Module one

模块一

审计是什么

○ 项目一 走入审计职业 // 002

○ 项目二 走进审计历史 // 020

项目一

走入审计职业

知识与技能目标

1. 了解审计职业活动的分类。
2. 理解审计要素。
3. 掌握注册会计师职业道德基本原则。
4. 能辨析对注册会计师遵循职业道德基本原则产生不利影响的因素。
5. 掌握注册会计师法律责任的行为认定及其应承担的后果。

素养目标

1. 从审计职业活动中感受审计，培养对审计职业的情感。
2. 坚守职业道德，树立公正、法治、敬业、诚信及责任意识。
3. 培养宏观视野，树立审计系统观，养成审计思辨能力。

职业提示

我们常说，干一行，爱一行，从事审计职业，需要培养对审计的情感。在审计职业活动中，我们应积极思考，培养审计思辨能力，树立审计系统观。同时，我们还应有宏观视野，树立公正、法治、敬业、诚信及社会责任意识。

引导案例

"审计小白"的进阶之路

小王有志于从事审计职业，大学毕业后就进入一家事务所实习，希望今后能留在事务所工作。为了尽快摆脱"审计小白"的标签，从新手成长起来，他去请教师傅老张有什么快速入门的诀窍。老张说，持续学习是审计新手快速入门的最有效法宝，但学什么，怎么学，还是非常有讲究的。首先是向审计专家学习审计经验。师傅领进门后，审计新手要用心学习审计专家的经验，要能将审计经验举一反三，融会贯通。其次是学习法律法规。学习法律法规的核心在于能够联系比较，要能将被审计事项与该事项对应的法律法规或规章制度匹配起来，看出该事项违反了什么法律法规。做审计其实并不需要特别复杂的思维或者计算，但是要会对比分析。再次是学习审计案例，从案例中体会审计思路。因此，要复盘审计案例的场景，从中学习审计人员的审计思维、审计的切入点以及审计证据之间互相印证的逻辑思路。最后是向审计对象学习业务。审计中要想发现业务管理的漏洞，必须深刻掌握业务实质。可以说，审计人员业务洞察能力的高低决定了审计发现问题的大小、价值的高低。

任务一　认识审计组织和人员

知识学习

俗话说，三百六十行，行行出状元。这句话，从职业角度来说，是指社会上有各种各样的职业，而审计就是其中的一行。自古以来，从事不同职业的人们组成各种职业组织来互相协作，进而规范职业行为。审计作为三百六十行中的其中一行，也有其职业组织及相应的职业行为标准，审计人员必须按照职业行为标准从事审计，以取信于公众，本任务，我们就来了解这些内容。

一、审计人员

我们认识审计往往是从认识审计人员开始的。通常我们将从事审计职业的人称为审计师，而根据审计师是来源于一个组织的外部还是内部，将其分为外部审计师和内部审计师。外部审计师包括我们通常称为注册会计师的独立审计师和政府审计师，内部审计师就是政府机关、企事业单位组织内部的审计人员。

二、审计组织

在了解审计组织之前，我们先要知道什么是组织。组织是指按照一定的宗旨和目标建立起来的集体，如学校、工厂、医院等，那么审计组织就是由审计人员组成的集体。审计是有组织的活动，审计师从事审计活动必须依靠某一组织来进行，审计组织依审计主体不同而有不同的称谓。

1. 政府审计组织

政府审计师所在的组织称为政府审计机构，也称国家审计机关。从隶属关系上看，世界各国国家审计组织的设置一般有四种，即立法型、司法型、行政型和独立型。立法型是指国家审计机关隶属于国家立法部门。在司法型中，国家审计机关是以审计法院的形式存在的，审计人员享有司法权力。在行政型中，国家审计机关是政府的一个职能部门。独立型则有别于立法型、司法型和行政型，这种类型的国家审计机关只对法律负责，不属于任何国家机构。

我国审计机关属于行政型，中央国家审计机关叫审计署，审计署行政首长叫审计长，审计署机构设置包括司、派出局及驻地方特派员办事处等。地方国家审计机关在省一级叫审计厅，在市县一级叫审计局，地方各级审计机关对上一级审计机关和本级人民政府负责并报告工作，审计业务以上级审计机关领导为主。

政府审计机构的国际组织是最高审计机关国际组织，这个组织创立于1953年，总部设在维也纳。该组织的宗旨是互相交流情况、交流经验，推动和促进各国审计机关更好地完成本国的审计工作，我国于1982年加入该组织。近年来，国家审计加大在体制机制、人员管理、队伍建设等各方面的改革创新，更好地发挥国家审计的监督职能。

2. 民间审计组织

民间审计即注册会计师审计，注册会计师所在的组织叫会计师事务所，会计师事务所的行业组织是中国注册会计师协会（简称"中注协"）。根据《注册会计师法》规定，注册会计师不能以个人的名义承办业务，必须由其所在的会计师事务所统一受理并与委托人签订委托合同。在我国，会计师事务所组织形式有三种，即普通合伙、特殊普通合伙和有限责任公司，国外还有独资形式的会计师事务所。

在普通合伙事务所中，合伙人需要对合伙企业债务承担无限连带责任，任何一个合伙人在执业过程中的错误与舞弊行为，都会连累其他无过错合伙人。有限责任公司事务所则是股东以其认缴的出资额为限对事务所承担责任，其优点是可迅速聚起大量注册会计师，业务拓展快，规模扩大非常迅速，能够承办大型业务。但与合伙制比较，缺点则是弱化了注册会计师责任，不利于客户及社会公众利益的保护。而在特殊普通合伙事务所中，如果一名合伙人或者数名合伙人在执业活动中因故意或者重大过失造成合伙企业债务的，应当承担无限责任或者无限连带责任，其他合伙人则以其在合伙企业中的财产份额为限承担责任。如果不是因为故意或者重大过失造成合伙企业债务以及合伙企业的其他债务，则由全体合伙人承担无限连带责任。显然，特殊普通合伙制吸收了公司制和合伙制的优点，解决了质量控制和规模化经营的问题，有利于会计师事务所做大做强。

会计师事务所的组织结构如图 1-1 所示。

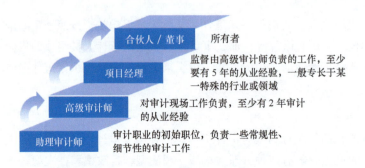

图 1-1　会计师事务所的组织结构

二维码 1-1
审计组织形式

会计师事务所的组织结构图也是会计师事务所的岗位进阶图。助理审计师也叫审计助理，是入职审计行业的初始职位，随着从业经验的积累和取得注册会计师证书，助理审计师可以慢慢进阶到高级审计师以及项目经理。

我国注册会计师职业组织是中国注册会计师协会。注册会计师的国际组织是成立于 1977 年的国际会计师联合会，其总部设在纽约。国际会计师联合会的宗旨是以统一的标准发展和提高世界范围的会计专业，促进国际范围内的会计协调。中注协于 1997 年加入国际会计师联合会。

3. 内部审计组织

内部审计组织包括各级政府、各部门建立的内部审计机构和各企事业单位内部建立的内部审计机构，其目的是为组织增加价值并提高组织的运作效率。以企业为例，企业内部审计机构的设置模式，有分别隶属于财会部门、总经理、监事会、董事会或董事会下的审计委员会，从独立性上看，隶属于董事会或其审计委员会，独立性最高。

我国内部审计的行业组织是中国内部审计协会，其国际组织是成立于1941年的国际内部审计师协会。中国内部审计协会于1987年加入国际内部审计师协会。

三、审计分类

审计分类是指按照一定的标准，将性质相同或相近的审计活动归属于一种审计类型的做法，分类的目的是探索审计活动规律。审计分类，首要的是要确定分类的标准，依据不同的标准可进行不同的分类。例如：按审计主体的不同，审计可分为政府审计、民间审计和内部审计；按审计内容和目的不同，审计可分为财政财务审计、合规审计、经济效益审计、经济责任审计。

政府审计也称国家审计，是指由国家审计机关根据有关法律法规对国家机关、行政事业单位和国有企业等财政收支及公共资金的收支、运用情况进行监督、检查。政府审计具有法定性、权威性和强制性的特点。民间审计即注册会计师审计，是指由会计师事务所接受客户委托所实施的审计。民间审计具有独立性、委托性和有偿性的特点。内部审计是指由本部门和本单位内部专设的审计机构或专职审计人员，对本部门和单位及其下属单位所实施的审计。内部审计涉及范围广泛，审计方式也较为灵活，一般是根据本部门和本单位经营管理的需要而定。内部审计具有内向性、针对性和经常性的特点。

相对于内部审计来说，国家审计和民间审计都是外部审计。国家审计、民间审计、内部审计这三种审计，共同构成了我国的审计监督体系。

按审计内容与目的分类，是审计的另一种主要分类方法。财政财务审计也称传统审计或常规审计，是指审计组织对被审计单位财政财务收支进行的审计监督。合规审计是为查明和确定被审计单位财务活动或经营活动是否符合有关法律法规、规章制度、合同、协议和有关控制标准而进行的审计。经济效益审计是指审计组织对被审计单位财政财务收支及经营管理活动的经济性和效益性所实施的审计。经济责任审计是审计组织对被审计单位经济责任关系主体的经济责任的履行情况进行的一种审计。

这两种分类体现了审计的本质，因此，我们把它们叫作审计的基本分类。除基本分类之外，就是审计的其他分类。例如，按实施审计的动机不同，可分为强制审计和任意审计。所谓强制审计就是根据国家法律规定，无论被审计单位是否愿意都必须接受的审计。任意审计是出于被审计单位自身的需要，要求审计组织进行的审计。按实施审计的地点不同，分为就地审计和报送审计。就地审计是指审计组织派审计组到被审计单位所在地进行的审计。报送审计又称送达审计，是指被审计单位根据审计组织的要求，将审查资料送到审计组织所在地进行的审计。另外，还有按审计涉及的范围，按实施前是否通知被审计单位，按实施审计的时间等分类。

想一想

上市公司的年度财务报表审计是强制审计还是任意审计?

二维码 1-2　　想一想解析

四、审计准则

审计准则是审计师从事审计活动时必须遵循的技术标准,该标准指导审计师如何去获取审计证据、形成审计结论、出具审计报告。由于现代社会审计活动影响面广,为取得社会公众的信任,维护审计师的职业声誉,需要有这么一套职业技术标准来保证审计质量,规范审计师的行为。审计准则通常是由专业团体制定的,如《中国注册会计师审计准则》就是由中国注册会计师协会审计准则委员会制定,由财政部发布实施。

无论是国家审计、民间审计还是内部审计,都有自己的审计准则。我们以民间审计准则为例,解析一下审计准则体系。从图 1-2 可以看出,注册会计师执业准则包括两部分,即注册会计师业务准则和会计师事务所质量管理准则,业务准则是注册会计师在执行业务时必须遵循的技术标准,包括执业内容、程序、方法、要求等,是注册会计师必须恪守的行为准则。而会计师事务所质量管理准则是质量管理体系,是从整个事务所层面对鉴证业务和相关服务业务的质量控制,包括各类政策和程序。最上面的注册会计师职业道德规范属于道德范畴,不是法规,但是职业道德的要求是高于法规的,也是注册会师在执业时必须遵循的行为要求,所以它位于整个执业准则体系的最上方。

在整个注册会计师执业准则体系中,业务准则是核心内容。从图 1-3 可以看出,业务准则又分为两块内容,即鉴证业务准则和相关服务准则。鉴证一般是指专业人员通过一定的手段与方法识别、判断某事物的内在性质。例如,注册会计师自己的专业知识和技能,运用专业方法对财务报表信息的质量进行鉴证,以满足报表使用者的需求。在鉴证业务中,审计是核心,包括年报审计,验资,合并、分立、清算审计,企业内部控制审计,法律、行政法规规定的其他审计等。相关服务则是指注册会计师为企业提供编制财务报表等服务。

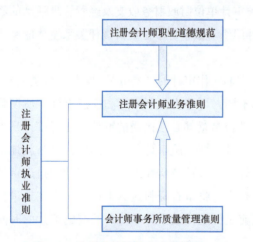

图 1-2　注册会计师执业准则体系

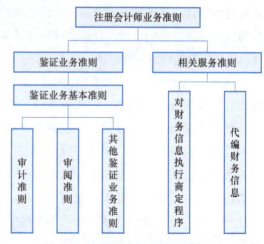

图 1-3　注册会计师业务准则体系

延伸阅读

我国注册会计师执业准则体系的制定情况

我国民间审计准则在2006年以前称为独立审计准则，在经济全球化和审计准则国际趋同背景下，为适应注册会计师业务多元化的需要，2006年2月将独立审计准则改为执业准则，形成了共48项的"中国注册会计师执业准则体系"，并自2007年1月1日起施行。自新准则体系实施以来，由于审计环境发生了重大变化，同时国际审计与鉴证准则理事会对国际审计准则做出了重大修订，为适应环境变化和与国际准则的趋同，中国注册会计师协会也对执业准则进行了修订，这次修订包括新增与合并，并于2010年11月公布了38项修订后的准则，自2012年1月1日起施行，形成了51项的"中国注册会计师执业准则体系"。随着资本市场的改革与发展，市场各方期望注册会计师出具的审计报告具有更高的信息含量和决策相关性，中国注册会计师协会新制订了《中国注册会计师审计准则第1504号——在审计报告中沟通关键审计事项》，同时对原来的11项准则进行了修订，这12项准则于2016年12月发布并分批分步骤实施。这之后，中国注册会计师协会又对其中的18项审计准则进行了修订，财政部于2019年2月发布，同年7月实施。至此，"中国注册会计师执业准则体系"达到了52项。

人生加油站

如何成为一名审计师

审计师是令人羡慕的职业，是许多人梦寐以求的。政府审计师首先是一名公务员，要通过公务员考试，我们这里介绍如何成为一名民间审计师和内部审计师。

要成为一名民间审计师即注册会计师，必须先通过考试来获取资格。目前，要取得注册会计师资格必须参加注册会计师全国统一考试，凡是具有高等专科以上学历，或者具有会计或者相关专业中级以上技术职称的中国公民都可报名参加。考试分为两个阶段，第一阶段是专业阶段考试，共有会计、审计、财务成本管理、公司战略与风险管理、经济法、税法6个科目；第二阶段是综合阶段考试，设职业能力综合测试1个科目。考生在通过专业阶段考试的全部科目后，才能参加综合阶段考试。第一阶段考试，单科成绩5年内有效，也就是说六门科目要在5年内考完。综合阶段考试科目应在取得注册会计师全国统一考试专业阶段考试合格证书后5个年度考试中完成，对取得综合阶段考试科目成绩合格的考生，颁发注册会计师全国统一考试全科考试合格证书。考试成绩合格后，申请加入注册会计师协会，即成为注册会计师了。

内部审计领域的专业资格是国际注册内部审计师（英文缩写CIA），要成为一名内部审计师，必须参加国际注册内部审计师资格考试。凡是具有本科及本科以上学历，或具有中级及中级以上专业技术资格，或持有注册会计师证书或非执业注册会计师证书者都可报名参加。考试语种分为中文、英文，科目为4科，即内部审计在治理、风险和控制中的作用，实施内部审计业务，经营分析和信息技术，经营管理技术。所有科目必须在4个年度内通过。CIA不仅是国际内部审计领域专家的标志，也是国际审计界唯一公认的职业资格，CIA考试每年一次，在11月第3周的周六、周日举行。

任务二　认识审计要素

知识学习

从前面对审计组织与人员的介绍中，我们已认识了审计人员和他们的机构，了解了审计分类和审计准则。在这部分内容中，我们来认识审计要素。审计涉及由谁来审、审计什么以及审计的标准等，也就是说，审计是一个系统，系统都是由若干要素组成的，在财务报表审计中，审计要素包括审计关系、财务报表、审计标准、审计证据和审计报告。在学习了审计要素后，我们再来概括审计的定义。

一、审计关系

在审计业务中，必然会有审计主体，也就是由谁来审；有审计对象，也就是对谁审计并且审什么。因此，审计关系，通俗地说就是审计业务的发生会有哪些人、事之间的联结及其互动。但审计关系并不仅限于审计主体与审计对象之间，还有财务报表和审计报告谁会使用的问题，这里引入了预期使用者的概念。所以，审计关系是指他们三方之间的关系，如图1-4所示。

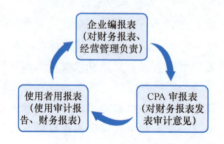

图1-4　审计三方关系

以民间审计为例，审计主体是指注册会计师及其所在的会计师事务所。审计对象就是被审计单位的管理层，因为管理层履行的是受托经营管理责任，因此，审计对象应表述为被审计单位管理层的受托经营管理责任，而受托经营管理责任总是表现为历史的财务状况、经营业绩和现金流量。因此，审计对象则进一步表述为被审计单位历史的财务状况、经营业绩和现金流量。

预期使用者就是预期会使用审计报告和财务报表的用户。谁会使用审计报告和经过审计的财务报表？被审计单位管理层肯定会很在意注册会计师的评价。那么还有谁呢？有企业的股东、债权人，还有监管机构等。所以预期使用者主要是指那些与财务报表有重要和共同利益的主要利益相关者，在上市公司年报审计中，预期使用者主要是指上市公司的股东。

注册会计师、被审计单位的管理层和预期使用者构成了审计关系中的三方关系人。在三方关系中，注册会计师审计由被审计单位管理层负责的财务报表并发表审计意见，以增强除管理层之外的预期使用者对财务报表的信赖程度。

二、财务报表

财务报表反映的是审计对象的历史财务状况、经营业绩和现金流量。也就是说，财务报表是审计对象的载体。财务报表是按照一定的编制基础编制的，对被审计单位历史财务信息做出结构性表述，反映的是某一时期的经济资源或义务或者某一时期经济资源或义务的变化。

审计是注册会计师鉴证业务的一种。从鉴证业务角度来说，一项业务能够成为注册会计师的鉴证业务，是需要满足一定条件的，即①鉴证对象可识别；②不同组织或人员对鉴证对象按照既定标准进行评价或计量的结果合理一致；③注册会计师能够收集与鉴证对象有关的信息，获取充分、适当的证据，以支持其提出适当的鉴证结论。这三个条件需要同时具备，此项业务才能作为鉴证业务。鉴证对象信息就是鉴证对象所呈现出来的内容，它通过某种形式的载体表现出来。在财务报表审计中，鉴证对象信息就是财务报表。

三、审计标准

标准是衡量事物的准则。注册会计师在做鉴证业务时，必须要有标准。对鉴证业务来说，标准是指用于评价或计量鉴证对象的基准。适当的鉴证业务标准应当同时具备五个特征：①相关性，相关的标准有助于得出结论，便于预期使用者做出决策；②完整性，当涉及列报时，还要包括列报的基准；③可靠性，对于同一个被审计单位，能力相近的注册会计师来做审计，根据标准得出的结论应该是一致的；④中立性，也就是说标准有助于得出无偏向的结论；⑤可理解性，标准要易于理解，不会产生歧义。

在财务报表审计中，标准就是财务报告编制基础。财务报告编制基础包括通用目的编制基础和特殊目的编制基础。通用目的编制基础是用以满足广大财务报表使用者共同的财务信息需求的财务报告编制基础，主要指会计准则和会计制度。特殊目的编制基础是指用以满足财务报表特定使用者对财务信息需求的财务报告编制基础，如计税核算基础、监管机构的报告要求和合同的约定等。

练一练

注册会计师在对鉴证对象做出合理一致的评价时，需要有适当的标准。下列有关标准的说法中，正确的有（　　）。

A. 对于公开发布的标准，注册会计师通常无需对标准的适当性进行评价，只需评价该标准对具体业务的适用性
B. 注册会计师基于自身的预期、判断和个人经验对鉴证对象进行的评价和计量，构成适当的标准
C. 采用的标准的类型不同，注册会计师为评价该标准所需执行的工作也不同
D. 标准应当具有相关性、完整性、可靠性、中立性和可理解性

二维码1-3
练一练解析

四、审计证据和审计报告

证据是指注册会计师收集的资料，用来确定特定信息是否按既定标准表述。在这一过程中，

要不断地评价，这是每次审计的关键。收集的证据既要充分，又要适当。审计报告是注册会计师向委托者传达审计结果的一种手段，是审计结果的集中体现。在审计报告中要说明所审计的特定信息与既定标准间的相符程度。

从以上审计要素的分析中，我们应该可以概括出审计的概念了。审计是一个系统化的过程，是由胜任的独立人员，为确定和报告特定信息与既定标准间的符合程度，而收集和评价有关这些信息的证据，并将结果传达给有关使用者。审计的系统化过程如图1-5所示。

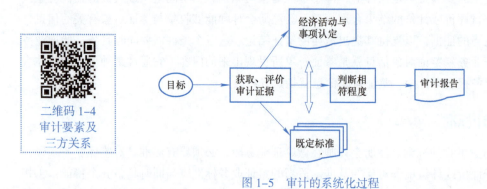

二维码1-4 审计要素及三方关系

图1-5 审计的系统化过程

议一议

二维码1-5 议一议解析

案例资料： 张青在国有银行的某省分行信贷部工作。根据银行的记录，联华公共汽车公司目前有一笔28万美元的贷款尚未归还。该公司运营着从省会城市到该省主要城市间的巴士线路。由于贷款逾期，张青开始关注联华公司是否能够全额偿还这笔贷款。根据银行记录显示，该笔贷款的抵押品包括20部大型巴士，每部巴士平均估值是50 000元。

张青决定对该公司进行调查，以确信这些巴士仍然存在。张青知道注册会计师李央拥有审计巴士和货车公司的丰富经验，因决定雇佣李央进行调查，张青所在银行与李央所在会计师事务所签订了合同。张青交给李央在贷款时提供给银行的所有巴士的注册信息。要求李央在调查结束时，撰写包括下列信息的报告：

（1）在2020年12月31日晚间，注册的20部巴士中哪些是停放在联华公共汽车公司的停车场的？

（2）联华公司是实际拥有这些巴士还是仅维护这些巴士？

（3）每部巴士的实际状况，用"很差""较好"和"很好"予以表述。

（4）每部巴士的估值。

要求： 对于下列审计概念的每个部分，说明上述的哪个部分符合相关概念。

（1）信息。

（2）既定标准。

（3）证据的收集与评价。

（4）具有专业胜任能力、独立的人。

（5）报告结果。

拓展提高

审计与会计的区别

审计与会计的关系密切,但审计与会计完全不同。会计是以逻辑方式对经济事项进行记录、分类和汇总,其目的是为决策提供所需的财务信息,其最终成果是会计人员编制的会计报表。

而审计的目的是验证信息,其最终成果是审计报告,因此审计师除了要懂得会计之外,还必须拥有收集和解释审计证据的专业能力,这种专业能力就是审计师与会计人员的区别。会计、审计与会计准则的关系如图 1-6 所示。

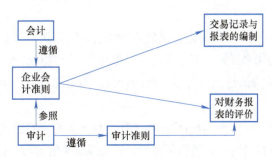

图 1-6 会计、审计与会计准则的关系

任务三 明确审计师的职业道德和责任

知识学习

一、道德与道德辨析

道德对于我们每一个人并不陌生。在日常生活中,我们经常会就某个人或某件事发表评论,我们会说,这个人有道德,这样做没道德。我们之所以能够做出判断或评价,是因为我们每个人心里都有一组公认的价值判断标准,它可以帮助我们明辨是非。这里我们要对道德及其功能做一些辨析。

1. 道德概念

最初"道德"这两个字是分开使用的,"道"可理解为万事万物的运行规律,"德"则是指顺应大自然的规律,按照自然规律去做人做事。道德可以从多种角度来定义,从价值观角度来说,可宽泛地定义为一组价值取向,这组取向代表着社会正面的评价标准。如责任、诚实与正直、公平与公正、关怀、尊重等,这些都是整个社会提倡的道德。

2. 为什么需要道德

自有人类社会以来，就存在各种道德规范，它是人类社会在长期互动中形成的，人们在调节自身与他人关系中逐渐选择了公认的道德标准。试想一个社会没有道德会怎样？如果大家都不诚实、不可靠、不说真话，这个社会会怎样？因此，道德是保持社会有序运行、融洽的黏合剂，道德引导人们至善，还能平衡人与自然的关系。道德虽是非正式制度，但有时比正式制度更能起到调节、平衡、促进社会和谐的作用。所以道德有认识、调节、教育、评价等功能。

3. 为什么会有不道德行为

既然道德可以使人向善、催人奋进，是公正的法官，可以调节社会矛盾，那社会上为什么还有不道德行为呢？我们先来界定一下什么是不道德行为。所谓不道德行为是指在既定情况下，与我们（大多数人）所认为的恰当行为不一致的行为。不道德行为产生的原因，大致会有以下两种情况：

（1）个人的道德标准与社会一般道德标准不同。每个人都有自己的道德观，也有社会所公认的标准。当个体不认可社会公认的道德标准时，所表现出来的行为，就是不道德行为。不太极端例子如偷税漏税、对他人充满敌意、应聘中撒谎、工作中不尽其所能；极端例子如贩毒、抢劫、盗窃等，这已经是犯罪了。

（2）个人选择自私行为。自私通常是指过分的偏向自己，因此当自身利益与他人发生冲突时，会不计对方的损失，以满足自身利益。也就是说，自私者在发生自私行为时，会意识到自身行为是不道德的，但仍按照自己利益行事。

> **想一想**
>
> 在日常生活中，道德无处不在，道德体现在每个人的言行之中。孔子说过："居处恭，执事敬，与人忠。"讲的就是日常生活中的道德。同学们想一想，我们身边都有哪些讲道德的人和事，他们的言行是怎样的；又有哪些不道德的人和事。以人为镜，可以明得失，如果我们经常在日常言行中反躬自省，以道德楷模为榜样，就能成为一个品行高尚的人。

二、职业道德

职业道德是指从事一定职业的人们在职业活动中所应遵循的道德要求和行为规范。所以说职业道德总是与一定的职业相联系的，是体现职业特征的行为规范。从事一定职业的人们如医生、教师、注册会计师等都有自己的道德要求。社会为什么期望职业人员的品行水准高于社会其他大多数人员？这是因为任何一种职业都需要为其服务的质量取得"公众信任"，而不管具体由哪个职业个体提供这种服务。因此，制定高标准的职业道德要求，有助于消除公众的疑虑，树立某一职业群体的公众形象。以注册会计师为例，注册会计师是为公众利益服务的，而注册会计师行业又是专家行业,其工作技术的复杂性决定了社会公众很难判断其执业质量,因此,靠行业自律,制定严格的职业道德规范,有助于社会公众增强对行业的信心。

三、审计人员职业道德——以民间审计为例

(一)职业道德体系

我们以民间审计为例,来看一看审计人员的职业道德其核心内容是什么。注册会计师职业道德体系包括《中国注册会计师职业道德守则》和《中国注册会计师协会非执业会员职业道德守则》。其中,《中国注册会计师职业道德守则》包括五个组成部分,分别为《中国注册会计师职业道德守则第 1 号——职业道德基本原则》《中国注册会计师职业道德守则第 2 号——职业道德概念框架》《中国注册会计师职业道德守则第 3 号——提供专业服务的具体要求》《中国注册会计师职业道德守则第 4 号——审计和审阅业务对独立性的要求》和《中国注册会计师职业道德守则第 5 号——其他鉴证业务对独立性的要求》。

第 1 号的基本原则,阐述了诚信、独立性、客观和公正、专业胜任能力和应有的关注等几项原则;第 2 号职业道德概念框架主要是指导注册会计师如何识别影响职业道德基本原则的因素,评价其严重程度,及如何采取措施消除其不利影响;第 3 号提供专业服务的具体要求明确在提供专业服务各环节时,如何遵守职业道德的基本原则;第 4 和第 5 号则重点阐述了独立性原则。

(二)重点内容阐述

1. 基本原则

(1)诚信。诚信是指诚实、守信。也就是说,一个人的言行与内心思想一致,不虚假;能够履行与别人的约定而取得对方的信任。诚信原则要求注册会计师应当在所有的职业关系和商业关系中保持正直和诚实,秉公处事、实事求是。

(2)独立性。独立性是指不受外来力量控制、支配,按照一定规则行事。独立性包括实质上的独立性和形式上的独立性。独立性是注册会计师执行鉴证业务的灵魂,是客观、公正的体现,也是职业道德的精髓。

实质上的独立性是一种内心状态,使得注册会计师在提出结论时不受损害职业判断的因素影响,诚信行事,遵循客观和公正原则,保持职业怀疑态度。实质上的独立性虽然是无形的,难以测量的,但这是一种真正的独立。

形式上的独立性是一种外在表现,使得一个理性且掌握充分信息的第三方,在权衡所有相关事实和情况后,认为会计师事务所或审计项目组成员没有损害诚信原则、客观和公正原则或职业怀疑态度。形式上的独立性是社会公众对注册会计师独立性评判的结果,因而是有形的,可以观察的。

(3)客观和公正。客观是指按照事物的本来面目去考察,不添加个人的偏见。公正是指公平、正直、不偏袒。客观和公正原则要求注册会计师应当公正处事、实事求是,不得由于偏见、利益冲突或他人的不当影响而损害自己的职业判断。

(4)专业胜任能力和应有的关注。专业胜任能力就是要求注册会计师应当具有专业知识、

技能和经验，合理运用职业判断，能经济、有效地完成业务。如果注册会计师在缺乏足够的知识、技能和经验的情况下为客户提供专业服务，就构成了一种欺诈。因此，专业胜任能力是注册会计师行业诚信的基础，离开了胜任能力，行业诚信也就失去了专业基础。专业胜任能力要求注册会计师通过教育、培训和执业实践获取和保持。

应有的关注要求注册会计师遵守执业准则和职业道德规范要求，勤勉尽责，认真、全面、及时地完成工作任务。在审计工作中，要保持职业怀疑态度，要有质疑的精神，采取质疑的思维方式，对各种错误或舞弊保持警觉，运用专业知识、技能和经验，对证据进行审慎评价。同时，应当采取措施以确保在其授权下工作的人员得到适当的培训和督导。

练一练

二维码 1-6
练一练解析

下列有关职业怀疑的说法中，错误的是（　　）。
A．保持职业怀疑可以提高审计程序设计和执行的有效性
B．职业怀疑是保证审计质量的关键要素
C．职业怀疑与所有职业道德基本原则均密切相关
D．职业怀疑要求注册会计师质疑相互矛盾的审计证据的可靠性

（5）保密。保密是指注册会计师应当对职业活动中获知的涉密信息保密，不得有下列行为：①未经客户授权或法律条款允许，向事务所以外的第三方披露所获知的涉密信息；②利用自己所获知的涉密信息为自己或第三方谋取利益。注册会计师在执业过程中，会接触到被审计单位大量的商业机密，所以，保密原则对注册会计师来说非常重要。

（6）良好职业行为。注册会计师应当遵守相关法律法规，避免发生任何损害职业声誉的行为。在向公众传递信息以及推介自己和工作时，应当客观、真实、得体，不能夸大自己，贬低别人，损害职业形象。

2. 对遵循职业道德基本原则可能产生不利影响的因素

注册会计师在执业过程中，会碰到各种各样的情形，这些情形可能会对遵循职业道德基本原则产生不利影响，而职业道德守则不可能对具体情形一一界定并给出相应的应对措施。为了防止注册会计师认为只要执业道德守则未明确禁止的情形就是允许的这种情况，中国注册会计师协会出台了职业道德概念框架，给出解决职业道德问题的思路和方法，以指导注册会计师遵循职业道德基本原则。对遵循职业道德基本原则产生不利影响的因素有五类。

（1）自身利益。如果经济利益或其他利益对注册会计师的职业判断或行为产生不当影响，将产生自身利益导致的不利影响。

（2）自我评价。如果注册会计师对其（或者其所在会计师事务所或工作单位的其他人员）以前的判断或服务做出不恰当的评价，并且将据此形成的判断作为当前服务的组成部分，将产生自我评价导致的不利影响。

（3）过度推介。如果注册会计师过度推介客户或工作单位的某种立场或意见，使其客观性受到损害，将产生过度推介导致的不利影响。

（4）密切关系。如果注册会计师与客户或工作单位存在长期或亲密的关系，而过于倾向他们的利益，或认可他们的工作，将产生密切关系导致的不利影响。

（5）外在压力。如果注册会计师受到实际的压力或感受到压力（包括对注册会计师实施不当影响的意图）而无法客观行事，将产生外在压力导致的不利影响。

请将下列情形对注册会计师遵循职业道德基本原则产生不利影响的因素填入表1-1中。

二维码1-7
练一练解析

表1-1　可能产生不利影响的具体情形

序号	可能产生不利影响的具体情形	可能对职业道德基本原则产生不利影响的因素
1	鉴证业务项目组成员担任或最近曾经担任客户的董事或高级管理人员	
2	会计师事务所推介审计客户的股份	
3	会计师事务所与客户就鉴证业务达成或有收费的协议	
4	会计师事务所合伙人告知注册会计师，除非同意审计客户不恰当的会计处理，否则将影响晋升	
5	会计师事务所的合伙人或高级员工与鉴证客户存在长期业务关系	
6	在审计客户与第三方发生诉讼或纠纷时，注册会计师担任该客户的辩护人	
7	会计师事务所的收入过分依赖某一客户	
8	由于客户员工对所讨论的事项更具有专长，注册会计师面临服从其判断的压力	
9	审计客户表示，如果会计师事务所不同意对某项交易的会计处理，则不再委托其承办拟议的非鉴证业务	
10	会计师事务所为鉴证客户提供直接影响鉴证对象信息的其他服务	
11	项目组成员的近亲属是客户的员工，其所处职位能够对业务对象施加重大影响	
12	会计师事务所受到降低收费的影响而不恰当地缩小工作范围	

延伸阅读

职业道德的制订与变迁

早在1992年9月中注协就发布了《中国注册会计师职业道德守则（试行）》，1996年12月发布了《中国注册会计师职业道德基本准则》，2002年6月发布了《中国注册会计师职业道德规范指导意见》，在规范和提升注册会计师行业道德诚信方面发挥了积极作用。经过几年的实践，在总结以往经验的基础上，经过广泛调研和意见征求，并充分借鉴了国际会计师职业道德准则的建设成果，中国注册会计师协会于 2009 年 10 月制定并发布了《中国注册会计师职业道德守则》，并于 2010 年 7 月 1 日起施行。

与以往的职业道德规范相比，《中国注册会计师职业道德守则》呈现出鲜明的特点：①全面规范，涵盖了业务承接、收费报价、专业服务工作的开展等所有环节，对这些环节中可能遇到的与保持职业道德相关的情形，分别提出了明确的要求；②突出强调了社会责任，对注册会计师如何保持独立性、如何处理与审计客户的利益冲突，切实做到独立、客观、公正执业，给予了详尽指导和要求；③提供了具体方法指导，包括识别不利影响，评价各种情形对职业道德危害程度，以及如何采取有效的防范措施等都给予了方法指导；④实现了与国际会计师职业道德守则的全面趋同，守则内容涵盖了国际会计师职业道德守则对注册会计师的所有要求和内容。

四、法律责任

法律责任是指行为人因违反了法定义务或契约义务，或不当行使法律权利、权力而应承受的某种不利的法律后果。通常认为注册会计师法律责任的出现是因为在执业时没有勤勉尽责，没有保持应有的职业谨慎性，导致了对其他人权利的损害，其实质是没有严格遵循执业准则和职业道德守则的要求。注册会计师的法律责任通常包括行政责任、民事责任和刑事责任。由于审计的固有限制，并不能保证将所有的错报事项都揭示出来，而注册会计师是否要承担法律责任，取决于注册会计师自身是否存在过错。

1. 法律责任的认定及应承担的责任

在现代社会中，注册会计师的法律责任有扩大趋势，注册会计师涉及法律诉讼的数量和金额都呈上升趋势，其责任认定及应承担责任见表 1-2。这里说下注册会计师的行政责任，根据《中华人民共和国注册会计师法》，注册会计师的行政责任包括警告、暂停执业、吊销注册会计师证书。如果责任主体是会计师事务所，其承担的行政责任则是警告、没收违法所得、罚款、暂停经营业务、事务所撤销。

表 1-2　法律责任的认定及应承担的责任

认　定		含　义	法律责任
违约		违约是指注册会计师未能按照合同的要求履行义务	行政责任、民事责任
过失（以其他合格注册会计师在相同条件下可能做到的谨慎为标准）	普通过失	普通过失是指注册会计师没有完全遵循执业准则的要求执业	行政责任、民事责任
	重大过失	重大过失是指注册会计师根本没有遵循执业准则的要求执业	
欺诈		欺诈是指以欺骗或坑害他人为目的的故意行为。注册会计师明知已审计的财务报表有重大错报，却加以虚假的陈述，发表不恰当的意见	民事责任、刑事责任

2. 法律责任的防范

（1）谨慎接受委托。谨慎接受委托就是在接受委托前要了解被审计单位各方面情况，特别是管理层的诚信，有无接受过监管部门的处罚等。很多时候法律责任是由于被审计单位的欺诈、舞弊而引起的，在了解清楚之后，再签订审计业务约定书。

（2）严格遵守各项专业规范。严格遵守各项专业规范就是说要严格遵守职业道德守则、执业准则和事务所质量控制准则的各项规定。

（3）提取风险基金和购买责任保险。这是转嫁风险的一种方式。

（4）聘请懂行的律师。这点是说要聘请懂得注册会计师法律责任的律师，一旦有官司，可以做好诉讼准备，以减轻法律责任。

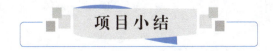

项目小结

本项目主要阐述了审计的组织形式、审计分类、审计准则、审计要素、注册会计师的职业道德和法律责任。

审计的组织形式是指审计组织机构及其活动方式，政府审计、民间审计和内部审计各有其组织形式。审计准则即审计的工作规范，注册会计师的执业准则体系包括注册会计师业务准则和会计师事务所质量管理准则，其中业务准则又包括鉴证业务准则和相关服务准则。

审计五要素是审计关系、财务报表、审计标准、审计证据和审计报告，这五要素中，审计关系是基础，财务报表是审计对象，审计标准是尺子，审计证据是核心，审计报告是结果。

注册会计师的职业道德包括职业道德的基本原则、对遵循职业道德的基本原则产生不利影响的因素。法律责任包括法律责任的认定、法律责任的形式，以及如何防范法律责任。严格遵循职业道德可以有效防范法律责任。

一、单选题

1. 政府审计机关的审计活动被审计单位必须积极配合，属于（　　）。
   A. 高层次监督　　　　　　　　　B. 强制性监督
   C. 独立性监督　　　　　　　　　D. 权威性监督

2. 下列各项中，通常不属于审计报告预期使用者的是（　　）。
   A. 被审计单位的股东
   B. 被审计单位的管理层
   C. 对被审计单位财务报表执行审计的注册会计师
   D. 向被审计单位提供贷款的银行

3. 根据审计的概念，在财务报表审计中的"既定标准"是指（   ）。
   A. 会计准则　　　　B. 审计准则　　　　C. 财务报表　　　　D. 公司法
4. 注册会计师与政府审计部门如对同一审计事项进行审计，最终形成的审计结论可能存在差异。下列各项导致差异的原因中最主要的是（   ）。
   A. 审计的方式不同　　　　　　　　B. 审计的性质不同
   C. 审计的独立性不同　　　　　　　D. 审计的依据不同
5. 注册会计师在执行审计业务时，必须与委托单位之间实实在在地毫无利害关系，这种独立称为（   ）。
   A. 形式上独立　　B. 思想上独立　　C. 实质上独立　　D. 经济上独立
6. 注册会计师在进行专业服务营销时的下列行为符合职业道德守则要求的是（   ）。
   A. 夸大宣传提供的服务　　　　　　B. 暗示有能力影响有关主管部门
   C. 以强迫方式招揽业务　　　　　　D. 利用媒体刊登服务项目和招聘员工等信息

二、多选题

1. 目前，我国审计监督体系主要包括（   ）。
   A. 民间审计　　　B. 就地审计　　　C. 内部审计　　　D. 政府审计
2. 审计按内容和目的的不同，可以划分为（   ）等。
   A. 经济效益审计　B. 合规审计　　　C. 全面审计　　　D. 财政财务审计
3. 审计的利害关系人通常包括（   ）。
   A. 股东　　　　　B. 管理当局　　　C. 债权人　　　　D. 政府监管部门
4. 以下事项属于注册会计师职业道德基本原则的有（   ）。
   A. 独立性、客观和公正以及廉洁　　B. 专业胜任能力和应有的关注
   C. 诚信、独立性、客观和公正　　　D. 良好的职业行为和保密
5. 注册会计师法律责任的种类有（   ）。
   A. 民事责任　　　B. 刑事责任　　　C. 过失　　　　　D. 行政责任

三、判断题

1. 审计是就有关经济活动和经济事项的一些说法加以验证。（   ）
2. 审计与企业财务会计的目的均是提高企业的经济效益。（   ）
3. 注册会计师审计的依据是财政部制定的会计准则。（   ）
4. 执行审计业务的注册会计师不得为被审计单位提供代为编制会计报表等专业服务。（   ）
5. 会计师事务所到外地承办审计业务，需要当地政府部门的批准。（   ）
6. 注册会计师是否要承担法律责任，取决于注册会计师是否揭示出了所有错报。（   ）

四、名词解释

审计分类、政府审计、民间审计、内部审计、审计准则、职业道德、法律责任

五、简答题

1. 在财务报表审计中，审计要素包括哪几部分？
2. 注册会计师职业道德的基本原则有哪些？

3. 对遵循职业道德基本原则可能产生不利影响的因素有哪些？
4. 注册会计师法律责任有哪几类，如何防范法律责任？

二维码 1-9
即测即评答案

案例分析

1. 请解释下列各个组织需要独立的外部审计师执行年度财务报表审计的理由。
（1）国内某上市企业。
（2）某市一家便利店。
（3）某基金会。
（4）某省属大学。

2. ABC 会计师事务所注册会计师 A 负责审计甲上市公司 2020 年度财务报表，发现下列四种情形，分析哪些情形可能存在自我评价导致对职业道德原则产生不利影响。
（1）审计项目组成员 W 兼任甲公司的独立董事。
（2）审计项目组成员 B 与甲公司董事长存在密切关系。
（3）甲公司监事长 2019 年以前一直是 ABC 会计师事务所的合伙人。
（4）审计项目组成员 Y 在 2020 年 2 月以前连续多年担任甲公司财务总监。

3. 甲银行系 ABC 会计师事务所的常年审计客户。2020 年 5 月，ABC 会计师事务所续约进行审计上市公司甲银行 2020 年度财务报表。注册会计师 A 为项目合伙人，假定存在以下情形：
（1）ABC 会计师事务所委托甲银行信贷部向申请贷款客户推送事务所简介的 APP，该简介内容真实、客观。
（2）注册会计师 A 的儿子持有甲银行股票 1 000 股，市值约 60 000 元。
（3）甲银行由于财务人员短缺，2020 年向 ABC 会计师事务临时借用一名注册会计师，负责将会计主管审核后的凭证录入计算机信息系统。

要求：针对上述事项，逐项指出是否违反中国注册会计师职业道德守则的相关规定，并简要说明理由。

二维码 1-10
案例分析解析

项目二

走进审计历史

知识与技能目标

1. 了解我国古代审计活动的历史。
2. 了解现代审计产生的背景与发展轨迹。
3. 理解审计产生的基础及其职能演变。

素养目标

1. 在了解审计的历史发展中体悟审计的价值。
2. 能够从审计的历史发展中准确把握历史经验规律。

职业提示

审计人员应了解审计的历史,从中体会审计的意义,能够以全面、历史、发展的眼光看待审计的产生及其演变。

引导案例

中国审计的起源

夏朝是我国历史上最早出现的奴隶制国家。虽然有关夏朝历史的文献资料匮乏,但从历史上流传下来的有限的、较为可信的史料看,夏朝已孕育审计要素胚胎——原始意义的监督。相关史料记载:"禹合诸侯于涂山,执玉帛者万国。""自虞、夏时,贡赋备矣。或言禹会诸侯江南,计功而崩,因葬焉,命曰会稽。会稽者,会计也。""会稽,山名,本茅山也,禹于此会诸侯之计,因名曰会稽。"上述史料至少向我们揭示了如下史实:禹通过会集诸侯,对贡赋征收进行稽核;一方面显示王权之神圣而不可侵犯;另一方面对诸侯方国实施带有经济意义的监督。上述史料中的"会""计",按许慎《说文解字》释:"会,合也""计,会也"。再按司马迁等人的理解,"计"即"稽"。"稽,考也"。就这些史料所传递的真切历史信息来看,不能说不含有一种原始意义的经济监督含义。夏朝出现的"计""稽""考"这种历史现象,正与审计的本质特征——经济监督相关联。当然,不能说它就是审计或已产生审计。但是,可以说这其中已孕育着审计要素的胚胎,以此作为中国审计之滥觞,当是可以为人们所接受的。

任务一　认识审计的过去、现在和未来

知识学习

一、古代审计活动历史

审计活动自古有之，那么人们为什么需要审计？古代的审计活动又是如何开展的？让我们把目光转向几千年前，看看那时候的审计做些什么。

（一）我国古代审计活动

自国家政权建立之后，就有了政府财务收支，也就有了监督政府财政财务收支的必要。我国古代审计活动可划分为如下几个阶段。

1. 西周时期初步形成阶段

西周时期，皇家（政府）审计就有了一定的发展。据《周礼》记载，西周出现了带有审计性质的财政经济监察工作。当时，国家财政机构大体分为两个系统，一是"地官司徒系统"，掌管财政收入；二是"天官冢宰"系统，掌管财政支出。在"天官冢宰"系统中，设有"宰夫"一职，其职能是负责审查各级官员"财用之出入"，对于发现的违法乱纪的情况，可越级向天官冢宰或周王报告，加以处罚。可以说，宰夫这个职位虽不高，但其所从事的工作却具有审计的性质，是我国国家审计的萌芽。

2. 秦汉时期最终确立阶段

秦的历史较短，但在历史上首次完成了大一统，经济上统一了货币、度量衡。汉朝经济、文化的发展都达到了中国历史上第一个高峰。在审计活动中，秦、汉两代都采用"上计"制度，所谓"上计"制度就是由皇帝亲自听取和审核地方官员的财政会计报告，以决定赏罚的制度。秦、汉的审计与西周相比更进一步，主要表现在以下三个方面：①初步形成了统一的审计模式；②"上计"制度日趋完善；③审计地位提高，职权扩大。

3. 隋唐至宋日臻健全阶段

隋唐时期由于经济、文化进一步发展，中央集权不断加强，官僚系统进一步完善，稳定的政治环境使得隋唐成为秦汉以后中国封建社会的第二次繁荣时期。这个时期，由于经济发达，政治稳定，审计地位提高，对中央和地方的财务收支实行定期的审计监督，国家审计有了明显发展。隋唐时期，实行"三省六部"制，在刑部之下设立了比部，比部独立于其他财计部门，专司审计监督工作。比部审计监督的内容，主要是财政收入、财政支出、其他收入以及公库系统的出纳等审计事项。宋代专门设置"审计司"，是为我国"审计"的正式命名，从此"审计"一词便成为财政监督的专用名词，对后世中外审计建制具有深远的影响。

4. 元明清停滞不前阶段

元代取消比部，户部兼管会计报告的审核，独立的审计机构即告消亡。明清设置都察院，审查中央财计，但其行使审计职能却具有一揽子性质。元、明、清三代均未设专门的审计机构，由于取消了比部这样独立的审计组织，审计职能受到严重削弱。国家审计停滞不前，陷于中衰时期。

（二）西方古代审计活动

据考证，早在奴隶制度下的古罗马、古埃及和古希腊时代，已有官厅审计机构。古罗马设立财务官和审计官，协助元老院处理日常财政事务。审计人员以"听证"（audit）方式，对掌管国家财物和赋税的官吏进行审查和考核，成为具有审计性质的经济监督工作。

想一想

1. 古代为什么需要审计？
2. 审计活动与经济活动的关系是什么？

二、现代审计的产生与发展

无论中国还是西方，虽然自古就有审计活动，但毕竟不同于现代意义上的审计，现代意义上的审计是与企业发展密切相关的，让我们把目光回溯到15世纪的意大利水城威尼斯，看看那时发生了什么。

1. 合伙企业与现代审计

15世纪中后期，地中海沿岸城市威尼斯等商业城市迅速发展，为了进行海外贸易，出现了为筹集大量资金进行贸易活动的合伙经营方式。在合伙经营中，有的合伙人不直接参与企业的经营管理，将财产委托给经营者经营，因此委托人客观上希望有一个第三者对合伙企业的经营情况进行监督检查。处于第三方地位、有丰富经验的会计师就应运而生了，他们对经营者及其提供的会计资料进行审查，以消除合伙人之间的猜疑，有利于合伙关系的巩固。这是早期处于萌芽状态的民间审计。1581年，威尼斯会计协会成立。

2. 现代审计产生的"催化剂"——南海公司事件

17世纪时，英国资产阶级政权的建立促进了资本主义的进一步发展。这时，出现了以发行股票筹集资金为特征的股份有限公司，股份有限公司的兴起，公司的所有权和经营权进一步分离，使得对经营管理人员的监督十分必要。英国的"南海公司事件"是现代审计的"催化剂"。1845年，英国对前一年颁布的《公司法》进行修订，规定股份有限公司必须经董事以外的人员进行审计。1853年，在苏格兰的爱丁堡成立了爱丁堡会计师协会，这是世界上第一个职业会计师的专业团体。这个时候的审计是对账簿记录进行逐笔审查，是详细审计。

3. 现代审计的发展

从20世纪初开始，全球经济发展重心逐步由欧洲转向美国，因此美国的注册会计师审计得到了迅速发展。由于金融资本对产业资本的渗透，企业规模经营的扩大，企业对银行的依赖性越来越强，银行也越来越需要了解企业财务状况和偿债能力方面的信息。这时候，审计对象由会计账目扩大到资产负债表，审计的目的是判断企业信用状况，审计方法由详细审计逐步转向抽样审计，审计报告使用人除股东外，扩大到债权人。

1929 年到 1933 年，资本主义世界经历了历史上最严重的经济危机，从客观上促使企业利益相关者从只关心企业财务状况到更加关心企业盈利水平。这时审计对象为企业全部会计报表及相关资料，审计目的是对会计报表发表意见，以确定其可信性。审计范围扩大到测试相关内部控制，并广泛采用抽样审计，审计报告使用人扩大到股东、债权人、政府部门及潜在投资者。由于美国以立法的形式推行企业会计公开制度，要求公开的各种财务报表必须按一定的标准编制，客观上要求审计工作也必须步入规范化、标准化轨道。为此，许多国家的会计职业团体制定和实施了会计准则和审计准则。

20 世纪 40 年代以后，随着跨国公司的出现，国际会计公司也随之出现。这些国际会计师事务所包括普华永道、德勤、安永、毕马威等，其机构庞大，人员众多，有统一的工作程序和质量要求，能够适应不同国家和地区的业务环境。它们不但为跨国公司的各个企业服务，而且也为当地的企业服务，其业务收入每年达数十亿美元。它们通过遍设于世界各地的事务所，在国际经济活动中起着重要作用。审计技术也得到不断完善。抽样审计方法普遍运用，制度基础审计方法得到推广，计算机辅助审计技术得到广泛采用，审计准则逐步完善，审计理论体系开始建立。审计业务不断拓展。注册会计师业务扩大到代理纳税、代理记账、参与可行性研究等业务。

百年沧桑

中国第一位注册会计师——谢霖

谢霖（1885-1969 年），字霖甫，江苏常州人（横林镇崔桥，东晋谢氏世家后代），是我国会计界先驱，知名会计学者，我国会计师制度的创始人，会计改革实干家和会计教育家，我国第一位注册会计师，第一个会计师事务所的创办者。

谢霖先生少年东渡日本，先后在日本明治大学及早稻田大学攻读法律及商科，1909 年获商学学士学位。谢霖回国后的第二年（1911 年），清朝政府开考经济特科，他以优异成绩被收录商科举人学衔（亦称商科举人学位），获举人"功名"。

1. 中国第一位注册会计师

1918 年 6 月，谢霖上书北京政府农商部、财政部，呈请执行会计师业务获批；受两部之托起草的《会计师暂行章程》10 条 9 月公布试行；被授予第 1 号会计师证书，成为中国会计师第一人。同年末至次年初，先在北京开设我国第一家会计师事务所——正则会计师事务所，面向社会公众，执行公共会计师业务，开创了我国注册会计师事业之先河。随着业务的开展，正则会计师事务所的分支机构遍及中国南北，在全国会计界享有很高的信誉，是 1949 年前中国四大会计师事务所之一。凡设有会计师事务所的地方，都办有正则会计补习学校，为国家培养了大批初、中级会计人才。

2. 毕生致力于会计教育

谢霖先生1918年受蔡元培先生之聘，去北京大学讲授新会计，后又任教于上海商学院、光华大学（今西南财经大学渊源之一）、复旦大学、重庆大学商学院、铭贤学院等。

谢霖认为，甲午战争之后，割地赔款，外国人乘势来华兴办实业，掠夺中国资源、剥削中国廉价劳工，一些有识国人不甘坐待宰割，于是一些官办、商办企业相继出现，而中国旧式收支会计已不能适应经济发展需要。谢霖提出新式会计改革，开展调查研究，主要以钱庄、票号的中式账为对象，同时开设讲习所，分批调集大清银行、交通银行的会计人员进行培训。将收支单式记账改为借贷复式记账。1912年总结两行会计改革实践，加以系统化、规范化，编著了《实用银行会计》一书（商务印书馆出版），并为小商店设计了《改良中式账》，著有专辑，使小商店在结账、纳税时具有规范的数据。他在中国银行和交通银行改革会计一举成功，震动了经济界，全国工商企业争相效法，为借贷复式记账法在中国的推广运用打下了坚实基础。

1937年日本侵占上海后，时任上海光华大学（今华东师范大学）商学院院长的谢霖受光华大学校长张寿镛的委托，前往成都筹办分校。谢霖毅然辞去中央银行秘书长职务，衔命筹办光华大学分部。谢霖早年曾在四川工作，具有崇高威望，先在城内王家坝租赁房屋，于1938年3月1日开学（为西南财经大学渊源之一）；继则多方奔走集资，土地、建房和一切资金都由社会士绅捐助。在建校期间，谢霖既领导校务又上课，还管建房，经常城内城外往返奔忙，呕心沥血，备受辛劳，终于在成都草堂寺西建起了一所新校舍。教室、图书馆、实验室、办公厅、体育场、食堂、宿舍、浴室一应俱全，1938年秋末冬初即全部迁入新校舍。

谢霖以务实精神办学，主张学以致用。要求学生不但要学理论，还要有操作能力。他担任多种课程的教学工作，由于他有高深的理论修养和丰富的实践经验，讲课深入浅出，富于启发。他在讲公司法、票据法、海商法等课时，不是简单地讲条文，而是用大量的案例，形象而生动地运用条文对具体问题进行分析处理。这样的讲课，学生容易理解，印象也深。但在课堂上，他不是把所有的问题都解决完。有一些问题，他有意地引而不发，不做结论，留待学生去思考。他说"学而不思则罔""学要有所思，才能有所得"，这种富于启发的教学方法，对培养学生分析问题的能力帮助很大。此外，他注重学生操作能力的培养，在讲授银行会计、铁路会计等课时，除课堂讲授和课堂实习外，在学完这些课程后，留有一套总习题，让学生在假期内习作，下期开学报到时交卷。这套实习题从凭证到报表，都是正规账页，由商务印书馆发售。

谢霖生活俭朴。在光华大学只领上课工资，不领校长津贴。他有许多事务所，收入不是很少。他的事务所除发给工作人员工资外，还免费供给伙食，对少数无住处者，还提供住房。最后他还是两袖清风，节俭度日，这是人所共知的事。

3. 著作等身

谢霖先生为传播会计和经济管理知识，在簿记与会计、银行簿记、成本会计及政府会计等多个领域，独著和与他人合作撰述教材、专著、会计制度等30多部，独撰和与他人合作撰写会计学术论文及会计公文30多篇。

谢霖先生著写的这些书籍，不仅给我们留下了珍贵的精神财富，而且他的治学态度、求实精神，对我们今天会计理论和实际工作者仍有指导意义。其中《实用会计学》一书，为中国会计学引入了"借""贷"两词和"借贷记账法"，从而奠定了中国现代会计学的基础。

任务二 洞悉审计历史发展的启示

知识学习

一、审计产生的基础

从审计的历史中可以看出，审计并不是自有人类社会产生就有的，从有人类以来的漫长的历史长河中，有相当长的时间是没有审计的。以我国审计来说，前述我们知道，我国审计产生于西周时期，那时处于奴隶社会时期，但已处于奴隶社会发展的最后阶段。西周在政治上实行分封制，周王将土地、俘虏赐给王族成员、有功将士等，让他们到各个地方去做诸侯，分区管理，这样，各诸侯与周王之间既是政治依附关系，也产生了经济责任关系，这种经济责任是一种受托经济责任。所谓受托经济责任就是财产的所有者将其部分或者全部财产委托给他人经营管理，并通过受托人的经济活动来实现自己的经济目标，而受托人对委托人承担受托财产经营管理的所有责任。有了受托经济责任关系后，就需要对受托者进行监督和评价，这样，审计活动就应运而生了。

从民间审计的产生与发展来看，无论从初期的合伙制企业，还是股份有限公司的出现，都是源于财产所有权与经营管理权相分离。特别是在股份有限公司中，公司股东人数众多，只能委托公司经理代行经营管理职能，这样，股东与经理之间就形成了一种委托与受托经营管理的经济责任关系。公司股东希望审查经理是否尽职尽责、忠于职守，维护自己的利益；同时，经理也希望有人对公司会计账目进行检查，以解除自己的责任，证实自己的忠实和能干。而股东由于人数众多，再加上技能有限，不可能自己直接对公司经理进行审查监督，因此，双方都希望有一个独立、精通会计的第三方，也就是审计人员履行审核检查职责。企业经营中的委托受托责任关系如图2-1所示。

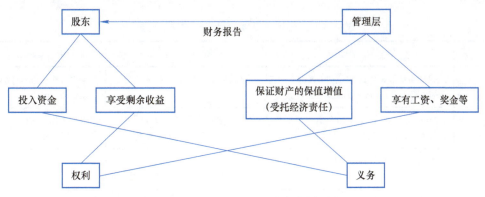

图2-1 企业经营中的委托受托责任关系

内部审计的产生也是这样，随着企业规模的扩大，管理层次的增加，需要分权管理，这是企业内部的一种受托经济责任关系，因此，需要有特殊人员对各管理层的经济责任履行情况进行经常性的监督与评价，这些特殊人员就是内审人员。

所以，无论从国家审计、民间审计还是内部审计的发展来看，受托经济责任关系是审计产生的社会基础或者说是前提条件。其实审计的产生还有两个条件：一是经济条件，就是社会生产力和社会经济关系发展到一定阶段时，有了经济监督的客观需要；二是政治条件，就是私有制、阶级的出现，国家的产生。

二、审计职能的演变

审计的职能是指审计能够完成任务，发挥作用的内在功能。审计的职能并不是一成不变的，会随着社会经济的发展而变化。审计最初产生是因为监督的需要，主要是对财产管理和使用的监督，因而监督就成了审计的一项职能。随着经济的发展，需要对会计信息进行鉴定、证明，独立审计师因此应运而生，审计的鉴证职能就产生了。随着审计对象的扩大，通过审计可以肯定成绩、指出问题、总结经验，以寻求改善管理的途径，审计也就有了评价的职能。

以民间审计为例，在民间审计不同的发展阶段中，随着审计职能的演变，审计目标、审计方法也发生了很大的变化，见表2-1。

第一阶段的时间范围是民间审计形成至20世纪初，这是详细审计阶段。审计对象主要是会计账目，审计目标是查错揭弊，审计方法是对会计账目进行详细审计。

第二阶段的时间范围是20世纪初至20世纪30年代，审计进入到资产负债表审计阶段。审计对象由会计账目扩大到资产负债表，通过对资产负债表的审查，判断企业信用状况。审计方法从详细审计初步转到抽样审计，报告的使用者除企业股东外，扩大到了债权人。

第三阶段的时间范围是20世纪30年代至20世纪40年代，审计进入到财务报表审计阶段。审计对象扩大到所有会计报表和相关财务资料，审计目的是对会计报表发表审计意见，这时广泛采用抽样审计，测试相关内控，审计报告的使用者已扩大到社会公众。审计职业组织开始制定审计准则，审计工作逐渐走向标准化、规范化。

第四阶段是20世纪40年代至今，这个时候普遍运用抽样审计，推广运用制度基础审计、风险导向审计，计算机审计和网络审计发展迅速，业务范围扩大到代理纳税、会计服务、管理咨询等。

表2-1　现代审计发展、目标与方法的变迁

序　号	发 展 阶 段	审 计 目 标	审 计 方 法
1	民间审计形成至20世纪初，详细审计，代表了注册会计师审计形成	查错防弊，保护企业资产的安全和完整	对会计账目进行详细审计（账项基础审计）
2	20世纪初至20世纪30年代，资产负债表审计，代表了注册会计师审计发展	帮助贷款人及其他债权人了解企业信用，了解企业偿债能力	开始采用分析程序，初步转向抽样审计
3	20世纪30年代至20世纪40年代，财务报表审计	以保护投资者为目的审查企业全部报表，尤其强调利润表审计	分析程序和抽样审计
4	20世纪40年代至今，跨国公司带动国际资本，国际会计师事务所空前发展	对财务报表审计发表审计意见	制度基础审计到风险导向审计

社会经济的发展催生审计，而审计的发展又会对社会经济产生影响。让我们通过一个小案例来理解这个问题。

议一议

案例资料：我们知道，银行是企业融资的主要渠道。当银行的信贷经理决定是否向企业贷款时，决策依据应该是企业财务报表所反映的财务状况，另外还会考虑银行同企业的关系。如果银行决定向企业贷款，接下去就要考虑贷款利率，那么贷款利率主要由哪些因素决定呢？信贷经理主要会考虑这样三方面因素：

（1）无风险利率。无风险利率等同于国库券利率。

（2）客户的经营风险。因为企业的经营风险，而导致不能偿还贷款的可能性，这部分风险需要通过提高利率而得到利益补偿。

二维码 2-1
审计产生的基础及其职能演变

二维码 2-2
议一议解析

（3）信息风险。由于财务报表等不正确而导致信贷经理做出错误决策的可能性，这部分风险也需要通过提高利率而得到利益补偿。

试分析是这三类因素哪类与审计有关呢？

知识拓展

账项基础审计、制度基础审计与风险导向审计

自现代审计产生以来，审计环境发生了很大的变化。由于审计环境的变化，审计方法也从最初的账项基础审计发展到现代的风险导向审计。让我们循着历史的脉络去追踪审计方法的变迁。

1. 账项基础审计

在审计发展的早期（20世纪初以前），由于企业组织结构简单，业务性质单一，注册会计师的审计主要是为了满足财产所有者对会计核算进行独立检查，促使受托责任人（通常为经理或下属）在授权经营过程中做出诚实、可靠的行为。注册会计师获取审计证据的方法比较简单，包括检查支持凭证，评估报告资产的价值（通常是成本），确定受托责任人对存货购买和发出核算的正确性。当时的注册会计师在整个审计过程中，约四分之三的时间花费在合计和过账上。注册会计师将大部分精力投向会计凭证和账簿的详细检查，因此此时的审计方法是详细审计，又称账项基础审计方法（accounting number-based audit approach）。

2. 制度基础审计

在即将进入20世纪时，随着企业规模的扩大和组织结构的日益复杂，经济活动和交易事项内容不断丰富、复杂。审计工作量迅速增大，使得审计难以实施。为了进一步提高审计效率，注册会计师将审计的视角转向企业的管理制度，特别是会计信息赖以生成的内控，从而将内控与抽样审计结合起来。因为设计合理且有效执行的内控可以保证会计报表的可靠性，防止重大错误和舞弊的发生。从20世纪50年代起，以内控测试为基础的抽样审计在西方国家得到广泛应用，该种方法被称作制度基础审计方法（system-based audit approach）。

3. 风险导向审计

由于审计风险受到企业固有风险因素的影响，如管理人员的品行和能力、行业所处环境、业务性质、容易产生错报的会计报表项目、容易遭受损失或被挪用的资产等导致的风险，又受到内部控制风险因素的影响，即账户余额或各类交易存在错报，内部控制未能防止、发现或纠正的风险，

此外还受到注册会计师实施审计程序未能发现账户余额或各类交易存在错报风险的影响，职业界很快开发出了审计风险模型。审计风险模型的出现，从理论上解决了注册会计师以制度为基础采用抽样审计的随意性，又解决了审计资源的分配问题，要求注册会计师将审计资源分配到最容易导致会计报表出现重大错报的领域。这种以战略观和系统观思想指导重大错报风险评估和整个审计流程的审计，称为风险导向审计（risk-oriented audit approach），其核心思想为审计风险主要来源于企业财务报告的重大错报风险，而错报风险主要来源于整个企业的经营风险和舞弊风险。

延伸阅读

审计业务的拓展

由于经济环境的变化和会计市场的激烈竞争，审计特别是民间审计不断拓展其业务，就全球范围来看，目前民间审计的业务范围包括鉴证服务和非鉴证服务。其中，鉴证服务包括审计、审阅和其他鉴证服务，如图2-2所示。随着会计服务市场的不断发展，注册会计师服务空间的不断拓延，报表审计业务在激烈的市场竞争中逐渐失去过去的主导地位，传统的审计业务占收入的比例不断下降，以国际"四大"为例，管理咨询业务收入所占比重已超过传统报表审计收入所占比重。

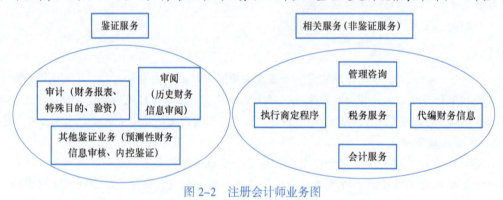

图 2-2 注册会计师业务图

项目二主要阐述了审计的产生、发展及变化情况。站在当下，返观过去，不仅感受到审计跳动的脉搏，也带给我们启示，那就是受托经济责任关系是审计产生的基础，审计职能会随着社会经济的发展而变化。

一、单选题

1. 在秦汉时期，日趋完善的具有审计性质的制度是（　　）。
   A. 监察　　　　　B. 御史　　　　　C. 上计　　　　　D. 下计
2. 我国"审计"一词，最早出现于（　　）。
   A. 西周审计萌芽时期　　　　　B. 隋唐时期

C. 宋代 D. 元明清时期

3. 下列关于注册会计师审计的表达中，不恰当的是（　　）。
   A. 注册会计师审计产生的直接原因是合伙制企业制度的出现
   B. 注册会计师审计对象可概括为被审计单位的经济活动与经济事项认定
   C. 注册会计师审计是一个系统的过程
   D. 独立性是注册会计师审计的灵魂

4. 关于民间审计的下述提法，不正确的有（　　）。
   A. 民间审计是随着商品经济的发展而发展的
   B. 民间审计是由会计师事务所和注册会计师实施的审计
   C. 民间审计独立于政府和任何企业或经济组织
   D. 民间审计的产生早于政府审计

二、多选题

1. 下列陈述中不属于详细审计阶段特点的包括（　　）。
   A. 审计目的是验证企业的财务状况和偿债能力
   B. 审计范围主要集中在企业的会计账目
   C. 开始运用抽样审计技术
   D. 审计方法采用详细审计

2. 下列各项有关民间审计提法中，正确的有（　　）。
   A. 民间审计产生的直接原因是财产所有权和经营权的分离
   B. 民间审计要适应商品经济的发展
   C. 民间审计具有独立、客观、公正的特性
   D. 民间审计随着企业管理的发展而发展

3. 以下对不同时期审计方法的表述中，恰当的有（　　）。
   A. 账项基础审计的主要目的是查错防弊
   B. 制度基础审计是基于了解和评价内部控制基础上的抽样审计
   C. 风险导向审计的核心是防止、发现或纠正审计风险
   D. 风险导向审计的工作主线是对财务报表重大错报风险的识别、评估与应对

三、判断题

1. 资产负债表审计阶段，审计报告的使用者是社会公众。（　　）
2. 在审计的不同发展阶段，审计目的会随之有所变化。（　　）
3. 会计师事务所到外地承办审计业务，需要当地政府部门的批准。（　　）

四、名词解释

受托经济责任、审计职能

五、简答题

1. 民间审计主要经历了哪些发展阶段？
2. 什么是风险导向审计？

二维码 2-3
即测即评答案

Module two

模块二

审计有哪些技术方法

- 项目三　探究审计目标与审计证据 // 032
- 项目四　收集与记录审计证据 // 047

探究审计目标与审计证据

知识与技能目标

1. 理解审计工作前提。
2. 理解错报与重大错报、合理保证与有限保证。
3. 掌握管理层认定的概念及其分类。
4. 掌握审计总体目标，理解管理层认定与审计具体目标的关系。
5. 熟悉审计业务流程。
6. 理解审计证据的含义、特性及分类，能够根据审计目标进行审计证据的决策。

素养目标

1. 树立目标意识，体会审计的逻辑性，掌握辨证思维方法。
2. 领会审计证据在审计中的作用，体悟审计的严谨。

职业提示

审计人员应努力形成以目标为导向的思维模式，掌握辨证思维方法，在审计工作中树立证据意识，养成严谨、认真的工作态度。

审计业务——目标导向

引导案例

小张和小李是两名审计助理人员，大学毕业刚进入会计师事务所不久。今天要随着注册会计师老王去一家上市公司进行外勤审计。在这之前，老王已对小张和小李进行了审计业务的培训。老王说，所有审计业务都是有一定流程的，同时审计活动是以目标为导向的，整个审计活动就是围绕审计目标，运用一定的审计程序，收集相关审计证据而展开的。原来在学校里，两人就觉得审计目标、管理层认定等内容挺抽象的，学得似懂非懂，正好趁这次外勤审计，知行合一，通过实践尽快地熟悉审计业务，从新手尽快成长为业务能手。

任务一 确立审计目标

知识学习

审计目标是指审计师通过审计活动所期望达到的最终结果。审计目标对审计师的审计工作发挥着导向作用，因为目标决定着之后的审计程序，同时它也界定了审计师的责任范围以及如何发表审计意见。通常在承接审计业务阶段，在决定承接本次审计业务后，就要确定本次审计的审计目标。审计目标可分为总体审计目标和具体审计目标两个层次。不同类型的审计，其目标侧重点会不同。在学习审计目标之前，我们还要先了解下审计工作前提。

一、执行审计工作的前提

从前面审计的定义中，我们知道就财务报表审计来说，其实质是对企业财务报表信息的鉴定，而报表又是由企业管理层负责编制的，因此，在审计之前，应明确作为信息的提供方对信息负什么责任，而审计师作为鉴证方，又应负什么责任。

（一）管理层和治理层责任

在公司所有权与经营权相分离而产生的受托经济责任关系中，需要做出一系列制度安排，核心是明确所有者（股东）与经营者之间的权利与责任关系，防止经营者对所有者利益的背离，使经营者能够与股东相向而行，实现股东利益的最大化。这些制度安排就是公司治理。在公司治理中，经营者一方是管理层，是对被审计单位经营活动的执行负有经营管理责任的人员。股东这一方就是治理层，是对被审计单位战略方向以及管理层履行经营管理责任负有监督责任的人员或组织。在上市公司中，治理层包括股东大会、董事会和监事会。在公司治理实践中，治理层与管理层人员会有重叠。例如，治理层中负有经营管理责任的人员，也参与日常经营管理，他就既属于治理层也属于管理层。

现代企业两权分离后，管理层负责企业的日常经营管理并承担受托责任，管理层通过编制财务报表反映受托责任的履行情况。在财务报表审计中，管理层对于与财务报表相关的责任有三点：

（1）按照适用的财务报表编制基础编制财务报表，并使其实现公允反映。

（2）设计、执行和维护必要的内部控制，以使财务报表不存在由于舞弊或错误导致的重大错报。

（3）向注册会计师提供必要的工作条件。比如，向注册会计师提供审计所需的信息，也包括允许注册会计师接触与编制财务报表相关的所有信息和其认为必要的人员。

治理层则对管理层编制财务报表的过程实施有效的监督。管理层对财务报表的责任是一种直接责任，治理层对财务报表的责任是一种间接责任。

管理层和治理层理解并认可这三点，就构成了注册会计师执行审计工作的基础，或者说是执行审计工作的前提。也即只有被审计单位管理层和治理层认可与财务报表相关的责任，注册会计师才能执行审计。审计并不能减轻管理层和治理层的责任。法律法规要求管理层和治理层对编制财务报表承担责任，可以从源头上保证财务信息质量。

（二）注册会计师责任

二维码 3-1
管理层、治理层责任与注册会计师责任

在财务报表审计中，注册会计师的责任就是按照中国注册会计师审计准则的规定，对财务报表发表审计意见。通过发表审计意见，以提高财务报表的可信赖程度。报表使用者拿到经过审计过的财务报表，他的信息风险就降低了。为履行这一责任，注册会计师在审计中就要遵守相关职业道德要求，按照审计准则的规定计划和实施审计工作，获取充分、适当的审计证据，并根据获取的审计证据得出合理的审计结论，发表恰当的审计意见。注册会计师的这一责任是通过签署审计报告来确认的。

练一练

关于注册会计师执行审计工作的前提，下列说法中，正确的有（　　）。
A. 执行审计工作前提是管理层、治理层承诺其编制的财务报表不存在任何错误或舞弊
B. 如果管理层、治理层不认可其对财务报表的责任，则表明执行审计工作的前提不存在，注册会计师不能承接该审计业务委托
C. 注册会计师执行审计工作的前提，构成注册会计师按照审计准则的规定执行审计工作的基础
D. 管理层、治理层认可并理解其对财务报表的责任是注册会计师执行审计工作的前提

二维码 3-2
练一练解析

二、总体审计目标

审计目标是人们通过审计实践活动所期望达到的目的或结果，审计目标在整个审计活动中起着导向作用，界定着审计范围，直接影响审计程序和方法的选择。就财务报表审计来说，其审计目标包括了总体审计目标与具体审计目标两个层次，二者共同构成了财务报表审计的目标体系。根据注册会计师审计准则的规定，注册会计师在执行财务报表审计工作时，总体目标是：

（1）对财务报表整体是否不存在由于舞弊或错误导致的重大错报获取合理保证，使得注册会计师能够对财务报表是否在所有重大方面按照适用的财务报告编制基础编制发表审计意见。

（2）按照审计准则的规定，根据审计结果对财务报表出具审计报告，并与管理层和治理层沟通。

从注册会计师财务报表总体审计目标来看，首先，注册会计师是就财务报表全部而不是部分发表审计意见。其次，注册会计师关注的是重大错报，而不是所有错报，因为小的错报并不会影响报表使用者的决策。错报是指某一财务报表项目的金额、分类、列报或披露，与按照适用的财务报告编制基础应当列示的金额、分类、列报或披露之间存在的差异；或根据注册会计师的判断，为使财务报表在所有重大方面实现公允反映，需要对金额、分类、列报或披露做出的必要调整。而错误和舞弊会导致错报，这里舞弊是指行为人使用欺骗手段获取不当或非法利益的故意

行为。例如，被审计单位通过虚构销售收入的手段来虚增利润就是一种舞弊行为。再次，总体目标中的保证是对报表可信赖程度的度量，注册会计师的合理保证是一种高水平的保证。

想一想

在财务报表审计中，注册会计师可以做到绝对保证吗？

三、管理层认定与具体审计目标

具体审计目标受总体目标的制约，这是毋庸置疑的。但是具体审计目标还受管理层认定的影响，认定是指管理层在财务报表中做出的明确或隐含的表达。这是因为财务报表是被审计单位管理层编制的，管理层在报表编制过程中，会进行各种职业判断，如进行会计政策的选择，以及进行会计估计，这种判断在报表的编制过程中会持续进行，并最终凝结在报表中，这就是认定。所以，报表虽是无声的语言，但凝结了管理层的意思表示在里面。

经济业务的发生是一个持续动态变化的过程。所以，会计对经济业务的确认、计量及记录就从经济业务的发生开始，并随着经济业务的变化而不断地进行会计业务处理。因此，认定是随着经济业务的发生而开始，伴随着对经济业务事项的确认、计量、记录和报告的全过程。认定既有明确的表达，也有隐含的表达，还是让我们通过下面的案例来理解什么是明确的表达，什么是隐含的表达。

议一议

案例资料：甲公司在财务报表上列示的存货如下（单位：元），试分析有哪些明示性认定和暗示性认定。

流动资产：

存货　　　　2 000 000

二维码 3-3
议一议解析

从会计角度看，财务信息在报表中的形成是从交易、事项的发生，再到期末账户余额的形成演变而来的，因此，认定也就有两个层次：

（1）关于所审计期间各类交易、事项及相关披露的认定。

（2）关于期末账户余额及相关披露的认定。

注册会计师对财务报表的审计从认定入手，不仅有助于注册会计师考虑可能发生的不同类型的潜在错报，包括舞弊风险，进而也就很容易确定每个项目的具体审计目标。而且从管理层认定入手，还可以进一步明晰管理层、治理层和注册会计师双方的责任。

1. 关于所审计期间各类交易、事项及相关披露的认定与具体审计目标

与交易、事项及相关披露的认定，着眼的是财务信息的形成与产生及其披露，具体包括六个方面：

（1）发生。这是指记录或披露的交易和事项在被审计期间已实际发生，且这些交易和事项与被审计单位有关。由发生认定推导出的具体审计目标就是确认已记录的交易是真实的。如果注册会计师通过检查发现，没有发生销售交易，但在销售日记账中记录了一笔销售，则发生认定就是错的，这会导致报表项目的高估。

（2）完整性。这是指所有应当记录的交易和事项均已记录，并且所有应当包括在财务报表中的相关披露均已包括。由完整性认定推导出的具体审计目标就是确认已发生的交易确实已经记录。如果注册会计师通过检查发现，被审计单位发生了销售交易，但没有在销售明细账和总账中记录，则完整性认定就是错的，这会导致报表项目的低估。

（3）准确性。这是指与交易和事项有关的金额及其他数据已恰当记录，相关披露已得到恰当计量和描述。由准确性认定推导出的具体审计目标就是确认已记录的交易是按正确金额反映的。如果注册会计师通过检查发现，在销售交易中，发出商品的数量与账单上的数量不符，或是开账单时使用了错误的销售价格，或是账单中的乘积或加总有误，或是在销售明细账中记录了错误的金额，则准确性认定就是错的。

（4）截止。这是指交易和事项已记录于恰当的会计期间。由截止认定推导出的具体审计目标就是确认接近于资产负债表日的交易记录于恰当的期间。如果注册会计师通过检查发现，本期交易推到下期，或下期交易提到本期，则截止认定就是错的。

（5）分类。这是指交易和事项已记录于恰当的账户。由分类认定推导出的具体审计目标就是确认被审计单位记录的交易经过恰当分类。如果注册会计师通过检查发现，被审计单位将现销记录为赊销，将出售经营性固定资产所得的收入记录为营业收入，则分类认定就是错的。

（6）列报。这是指交易和事项已被恰当地汇总或分解且表述清楚，相关披露在适用的财务报告编制基础下是相关的、可理解的。由列报认定推导出的具体审计目标就是确认被审计单位的交易和事项已被恰当地汇总或分解且表述清楚，相关披露在适用的财务报告编制基础下是相关的、可理解的。

2. 关于期末账户余额及相关披露的认定与具体审计目标

随着时间的推移，到了期末这个时间节点，财务信息会发生变化，与期末账户余额相关的认定，着眼的就是财务信息的后续变化在期末这个时点上的情况。与账户余额相关的认定包括六个方面：

（1）存在。这是指财务报表中列入的资产、负债和所有者权益在资产负债表日确实存在。由存在认定推导出的具体审计目标就是确认记录的金额确实存在。如果注册会计师通过检查发现，不存在某顾客的应收账款，在应收账款明细表中却列入了对该顾客的应收账款，则存在认定就是错的，这会导致报表项目的高估。

（2）权利和义务。这是指在特定日期，已记录的资产和负债确实是被审计单位的权利和义务。由权利和义务认定推导出的具体审计目标就是确认资产归属于被审计单位，负债属于被审计单位的义务。如果注册会计师通过检查发现，将他人寄售商品列入被审计单位的存货中，将不属于被审计单位的债务记入账内，则权利和义务的认定就是错的。

（3）完整性。这是指所有应该记录在财务报表的账户均已记录，所有应当包括在财务报表中的相关披露均已包括。由完整性认定推导出的具体审计目标就是确认已存在的金额均已记录。如果注册会计师通过检查发现，存在某顾客的应收账款，而应收账款明细表中却没有列入，则完整性认定就是错的，这会导致报表项目的低估。

（4）准确性、计价和分摊。这是指资产、负债和所有者权益是以恰当的金额包括在财务报表中，与之相关的计价或分摊调整已恰当记录，相关披露已得到恰当计量和描述。由准确性、计价和分摊推导出的具体审计目标就是确认资产、负债和所有者权益以恰当的金额包括在财务报表中，与之相关的计价或分摊调整已恰当记录。如果注册会计师通过检查发现，应收账款未准确计提坏账准备，则准确性、计价和分摊的认定就是错的。

（5）分类。这是指资产、负债和所有者权益已记录于恰当的账户。由分类认定推导出的具体审计目标就是确认资产、负债和所有者权益已记录于恰当的账户。

（6）列报。这是指资产、负债和所有者权益已被恰当地汇总或分解且表述清楚，相关披露在适用的财务报告编制基础下是相关的、可理解的。由列报认定推导出的具体审计目标就是确认被审计单位的资产、负债和所有者权益已被恰当地汇总或分解且表述清楚，相关披露在适用的财务报告编制基础下是相关的、可理解的。

由此可见，认定是确定具体审计目标的基础，注册会计师识别了管理层认定后，就能将认定转化为能够通过审计程序予以实现的审计目标，然后通过执行一系列审计程序获取充分、适当的审计证据以实现审计目标。

对于存货的下列认定，通过向生产和销售人员询问是否存在过时或周转缓慢的存货，注册会计师认为最可能证实的是（   ）。

A．完整性　　　　　　B．准确性、计价和分摊
C．存在　　　　　　　D．权利和义务

二维码 3-4
练一练解析

任务二　明晰审计业务流程

知识学习

审计业务流程是指审计工作从开始到结束的整个过程，是审计人员在具体的审计过程中采取的行动和步骤。以民间审计为例，整个审计过程通常包括以下六个环节，如图 3-1 所示。

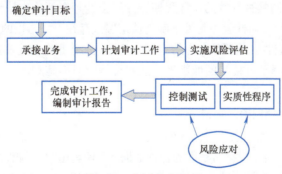

图 3-1　审计业务流程

1. 确定审计目标

从前面的学习中，我们已经知道，在现代公司制下，企业所有权与经营权是相分离的。企业的所有者向企业注入资本后，由经营者经营企业，大多数所有者不参与企业的经营活动，他们只能通过阅读其投资企业的财务报表来了解企业的经营状况，做出自己的决策。因此，企业的所有者会聘请注册会计师对财务报表进行审计。那么，对注册会计师而言，审计目标就是对被审计企业的报表是否恰当地反映了财务状况等发表意见，进而形成审计报告。

2. 承接业务

在接受审计委托前，注册会计师应当初步了解审计业务环境，包括业务约定事项、审计对象特征、使用的标准、预期使用者的需求、责任方及其环境的相关特征，以及可能对审计业务产生重大影响的事项、交易、条件和惯例等其他事项。只有在了解后认为符合专业胜任能力、独立性和应有的关注等职业道德要求，并且拟承接的业务具备审计业务特征时，注册会计师才能将其作为审计业务予以承接。

3. 计划审计工作

计划审计工作十分重要，如果计划不周不仅会影响审计目标的实现，而且还会浪费有限的审计资源，增加不必要的审计成本，影响审计工作的效率。因此，对于任何一项审计业务，注册会计师在执行具体审计程序之前，都必须根据具体情况制订科学、合理的计划，使审计业务以有效的方式得到执行。一般来说，计划审计工作主要包括：在本期审计业务开始时开展的初步业务活动；制订总体审计策略；制订具体审计计划等。计划审计工作不是审计业务的一个孤立阶段，而是一个持续的、不断修正的过程，贯穿于整个审计业务的始终。

4. 实施风险评估

所谓风险评估程序，是指注册会计师实施的了解被审计单位及其环境并识别和评估财务报表重大错报风险的程序。注册会计师应当运用职业判断确定需要了解被审计单位及其环境的程度。一般来说，实施风险评估程序的主要工作包括：了解被审计单位及其环境；识别和评估财务报表层次以及各类交易、账户余额、列报认定层次的重大错报风险，包括确定需要特别考虑的重大错报风险等。

5. 实施控制测试和实质性程序

由于注册会计师实施风险评估程序本身并不足以为发表审计意见提供充分、适当的审计证据，注册会计师还应当针对评估的财务报表层次重大错报风险确定总体应对措施，针对评估的认定层次的重大错报风险设计和实施进一步审计程序，包括实施控制测试和实质性程序。控制测试是为了确定内部控制是否有效的审计程序，注册会计师会评价内控制度设计是否有效，有没有得到有效的执行；而实质性程序是为了确定认定层次存在重大错报的审计程序。比如通过函证程序可以发现和确定应收账款项目存在的错报以及相应的错报金额。实施控制测试和实质性程序的目的是将审计风险降至可接受的低水平。这些总体应对措施和进一步审计程序，我们把它叫作"风险应对"。

6. 完成审计工作，编制审计报告

注册会计师在完成财务报表所有循环的进一步审计程序后，还应当按照有关审计准则的规定做好审计完成阶段的工作，根据所获取的各种证据，合理运用职业判断，形成适当的审计意见，编制审计报告。本阶段主要工作有：审计期初余额、期后事项和或有事项；考虑持续经营问题和

获取管理层声明;汇总审计差异,并提请被审计单位调整或披露;复核审计工作底稿和财务报表;与管理层和治理层沟通;评价审计证据,形成审计意见;编制审计报告等。

在不同的阶段,会有不同的工作内容,同时要对审计过程加以记录,形成审计工作底稿,这些不同的工作内容会在以后部分里详细介绍。

二维码 3-5
审计业务流程

任务三 探究审计证据

知识学习

一、审计证据概述

任何审计的基础都是证据,这些证据由审计师收集和评价,以实现审计目标。可以说,审计的过程就是围绕目标收集证据的过程。今天,我们就来研究审计证据都有哪些特性。

（一）审计证据含义

审计证据是审计师围绕审计目标收集的用来确定所审计信息是否按照既定标准表述的任何资料,包括构成财务报表基础的会计记录所含有的信息和其他信息。这些资料用于帮助审计师形成审计意见。

会计记录就是通常所说的证、账、表等,具体来说,包括原始凭证、记账凭证、总分类账、明细分类账、未在记账凭证中反映的对财务报表的其他调整,以及支持成本分配、计算、调节和披露的手工计算表和电子数据表等。会计记录可以是纸质的,也可以是电子的,既有来源于被审计单位内部的,也有来源于被审计单位外部的。

其他信息是指会计记录以外的信息。如被审计单位会议记录、内部控制手册、分析师的报告、与竞争者的比较数据等。其他信息也可以是审计师通过审计程序获取的信息,如通过检查存货获取存货存在性的证据等;以及自身编制或获取的可以通过合理推断得出结论的信息,如各种计算表、分析表等。其他信息有的是来源于被审计单位内部,有的是来源于被审计单位外部。

练一练

下列资料中可以作为审计证据的包括（　　）。
A．考勤卡、工资计算表、人事档案　　B．内部控制手册
C．董事会会议记录　　D．询证函的回函

二维码 3-6
练一练解析

（二）审计证据的特性

由于审计的性质决定了审计活动本身的客观性、公正性,因此用于形成审计意见的证据也

必须具有相应的特性。审计证据的特性包括以下两方面：

1. 客观性

审计证据的客观性是指证据本身应该是客观存在的经济事实，也就是说主观臆断、推理、猜测等不能成为审计证据。

2. 合法性

合法性是指审计证据的收集过程应该是合法的，也就是说审计师应根据审计准则和有关法规规定的审计程序去收集证据，否则证据即使具有客观性，也不能作为审计证据来使用。

客观性和合法性是对审计证据的基本要求，审计证据的这两个特性必须同时具备。

二、审计证据的分类

审计证据分类的目的在于寻找更合理、有效，更有证明力的证据。

（一）审计证据按其外在的具体形态分类

审计证据按其外在的具体形态可分为实物证据、书面证据、口头证据和环境证据。

1. 实物证据

实物证据是指通过实际观察或清点所取得的，用以确认某种实物资产是否真实存在及其数量的证据。实物证据是证明实物资产是否存在及其实有数量的非常有说服力的证据。但是，实物资产的质量好坏、价值高低难以通过观察确定，而且，实物资产的存在并不能证明被审计单位对其拥有所有权，也不能确定其计价的合理性。对于取得实物证据的账面资产，还应就其所有权归属及其价值情况另行审计。

2. 书面证据

书面证据是指通过审查各种书面记录所获取的证据，包括与审计有关的各种原始凭证、会计记录（记账凭证、会计账簿和各种明细表），各种会议记录和文件，各种合同、通知书、报告书及函件等。书面证据是审计工作中收集最多、运用最广泛的一类证据，因此书面证据也可称为基本证据。书面证据既有来源于被审计单位内部的，也有来自于被审计单位外部的。要注意的是，以电子媒介形式存在的证据也归为书面证据。

3. 口头证据

口头证据是有关人员对审计人员的提问做口头答复所形成的一类证据。在审计过程中，审计人员经常会就某类事项询问被审计单位有关人员，如询问某笔逾期应收账款收回的可能性，某类实物资产的存放地点等。要注意的是，对一些重要的口头证据，要形成书面记录，注明被询问者的姓名、时间和地点，必要时，应要求被询问者签名确认。由于口头证据可能会带有个人成见和片面观点，因此可靠性较差，只能起到旁证的作用。但是，通过口头证据，审计人员可以发现一些重要的线索，从而可以为进一步的审计确定重点和方向。

4. 环境证据

环境证据是指对审计事项产生影响的各种环境事实。例如，审计人员走访被审计单位的办公、车间等场所，感受被审计单位的管理秩序、被审计单位管理人员的素质，观察开工情况，获取对被审计单位的总体评价及一些重要信息等。

（二）审计证据按其来源分类

审计证据按其来源可分为亲历证据、外部证据和内部证据。

1. 亲历证据

亲历证据是审计人员直接、亲自获得的各种证据。例如：审计人员通过监盘、询问所获得的实物证据、口头证据；通过观察所获得的环境证据；通过自行编制的各种计算表、分析表等所获得的证据。

2. 外部证据

外部证据就是由被审计单位以外的机构或人员提供的证据。外部证据的来源又可分为两类：一类是由外部机构或人员直接递交给审计人员的，如应收账款函证回函、律师对或有负债的证明函件等；另一类则是由被审计单位持有然后提交给审计人员的，如银行对账单、购货发票、应收票据、顾客订单等。

3. 内部证据

内部证据是从被审计单位内部获取的证据，这类证据由被审计单位内部机构或人员编制，如各种会计记录、被审计单位管理当局声明书，以及其他各种书面文件等。

（三）审计证据按其证明力分类

审计证据按其证明力可分为基本证据、佐证证据和矛盾证据。

1. 基本证据

基本证据是指对于具体被审计事项有重要的直接证明作用的审计证据。例如：证明被审计单位实物资产是否真实存在时，实物证据就是基本证据；证明应收账款期末余额是否真实可靠时，债务人对应收账款函证的回函就是基本证据。可见，基本证据与所要证实的审计目标密切相关，越是与目标相关的证据，证明力越强。

2. 佐证证据

佐证证据又称辅助证据，这类证据是基本证据的补充。例如，要证明坏账准备计提是否具有合理性，被审计单位有关人员对应收账款可收回性的分析就是佐证证据。

3. 矛盾证据

矛盾证据是指与某一证据不一致或相互矛盾的证据。例如，被审计单位对某一债务人的债权余额记录是 80 万元，而该债务人对审计人员函证的回函是只有债务 70 万元，这就是矛盾证据。对于此类互相矛盾的证据，审计人员要继续收集其他证据，以最终形成审计结论。

三、审计证据决策

审计证据决策是指审计师在收集审计证据时，对证据的数量、质量以及获取成本的考虑。

（一）审计证据的充分性

审计证据的充分性即对审计证据数量的考虑。客观恰当的审计意见必须建立在一定数量的审计证据基础上，但究竟需要多少审计证据，在很大程度上取决于审计师的主观判断，这里包括对准备承担风险的考虑和审计成本的考虑。因此，审计证据并不是越多越好，一般来说，影响审计证据数量的因素有以下几点：

（1）重大错报风险的评估。如果注册会计师对财务报表重大错报风险评估为高时，所需收集的证据数量就越多。

（2）审计证据的类型与获取途径。审计证据的类型与获取途径很大程度上决定了审计证据的质量，而审计证据的质量又影响着审计证据的数量。也就是说，审计证据质量越高，审计证据数量可能越少。但是，如果审计证据质量有缺陷，是不能靠审计证据的数量来弥补的。

（3）审计师的经验。拥有丰富经验的审计师会选取更具代表性的样本，从而可以减少对证据数量的依赖程度，而且经验丰富的审计师可透过少量证据就能发现问题的本质。

另外，审计过程中是否发现错弊、审计项目的重要程度等都会影响所需审计证据的数量。如果审计过程中发现错误或舞弊现象，通常需要增加证据的数量；审计项目越重要，需要审计证据的数量就越多。

（二）审计证据的适当性

审计证据的适当性即是对审计证据质量的考虑。所谓适当性也就是审计证据是否与审计目标相关且可靠程度如何，也就是说审计证据的适当性通过相关性和可靠性两个方面来衡量。

1. 审计证据的相关性

相关性是指所获取的审计证据要与审计目标相关，具体来说就是所获取的审计证据与考虑要证实的认定之间是否具有逻辑联系，逻辑联系越强，相关性越强，所获取的审计证据也就越具有说服力、证明力。所以收集审计证据时，必须紧紧围绕具体审计目标来进行。收集的审计证据是否与审计目标相关受测试方向和审计程序的影响。

（1）受测试方向的影响。测试方向就是审计检查的方向。在审计中一种测试方向是从账→证，这种测试方向与会计信息生成的方向相反，也叫逆向测试。逆向测试适宜发现存在或发生认定的错报。例如，要证实某笔应收账款是否存在，可以从账簿记录中选取应收账款追查到发运凭证，如果有发运凭证那就可以证实应收账款的存在，这样收集的证据才具有相关性。逆向测试不适宜查完整性认定的错报。

另一种测试方向是从证→账，这种测试与会计信息的生成方向一致，也叫正向测试。正向测试适宜发现完整性认定的错报，不适宜发现存在或发生认定的错报。例如，要确认应付账款的完整性，选择的测试方向就是从供应商对账单追查到应付账款明细账。

（2）受审计程序的影响。相关性可能会受审计程序的影响，这是说要证实某类认定，只能通过某类审计程序来获取证据，而要证实其他认定，可能就不合适。例如，函证回函能够证实应收账款的存在认定，但通常不能证实应收账款的完整性认定。

二维码 3-7
想一想解析

如果审计师怀疑被审计单位已发货却没有向顾客开发票，现有以下两个程序：

审计程序一，从销售发票副本中选取一个样本，并追查每张发票至相应的发货单。

审计程序二，从发货单样本追查至相应的销售发票副本，以确定每张发货单是否均已开票。

试分析应选择哪一个审计程序。

2. 审计证据的可靠性

审计证据的可靠性是指审计证据的可信程度，因为证据的来源途径、具体形态不同，所以必须对审计证据的可信度做一个判断。审计师在判断时，通常依据下列原则：

（1）从外部独立来源获取的审计证据比从其他来源获取的审计证据更可靠。从外部独立来源获取的审计证据因减少了伪造、更改凭证或业务记录的可能性，因而可靠性相对较强。

（2）内部控制健全有效时内部生成的证据比内部控制薄弱时内部生成的证据更可靠。

（3）直接获取的审计证据比间接获取或推论得出的审计证据更可靠。因为间接获取的证据有被涂改、伪造的可能性，而推论则主观性较强，这些都会降低可信赖程度。

（4）以文件记录形式存在的证据比口头形式的审计证据更可靠。

（5）从原件获取的审计证据比从传真或复印件获取的审计证据更可靠。

（三）获取审计证据时的特殊考虑

在获取审计证据时，除了考虑充分性和适当性外，审计人员还有一些特殊考虑。

1. 对文件记录可靠性的考虑

通常审计是不涉及鉴定文件记录的真伪的，但是如果在审计过程中识别出的情况使注册会计师认为文件记录可能是伪造的，或文件记录中的某些条款已发生变动，注册会计师应当做出进一步调查，或考虑利用专家的工作以评价文件记录的真伪。

2. 使用被审计单位生成信息时的考虑

当审计人员利用被审计单位的信息来获取审计证据时，应考虑信息的准确性和完整性。例如，通过用标准价格乘以销售量来对收入进行审计时，由于价格信息和销售量数据都来自于被审计单位，这时就要考虑价格信息准确性和销售量数据完整性和准确性。

3. 证据相互矛盾时的考虑

当不同来源或不同性质的证据能够相互印证时，则证据具有更强的说服力。如不同来源或不同性质的证据不一致，表明某项证据可能不可靠，则应当追加必要的审计程序。

4. 获取审计证据时对成本的考虑

审计人员在获取审计证据时，可以考虑取证成本与信息有用性之间的关系，但是不应以获取审计证据的成本高低和难易为由减少不可替代的审计程序，也就是说，必需的审计程序就必须实施。

5. 对信息缺乏的考虑

当收集证据时，如果信息缺乏，这本身也可能成为审计证据。例如，管理层拒绝提供要求的声明，本身就构成审计范围受到广泛性限制的证据。

二维码 3-8
审计证据的决策

练一练

下列有关审计证据的说法中，错误的是（　　）。

A．注册会计师可以考虑获取审计证据的成本与所获取信息的有用性之间的关系

B．会计师事务所接受与保持客户或业务时实施质量控制程序所获取的信息，也构成审计证据

C．如果从内部来源和外部来源获取的审计证据不一致，则注册会计师应当直接采用外部证据

D．如果注册会计师在审计过程中识别出的情况使其认为文件记录可能是伪造的，则应当进一步调查

二维码 3-9
练一练解析

项目小结

项目三主要阐述了审计目标、审计业务流程和审计证据。在审计目标里，包括执行审计工作前提、总体审计目标、管理层认定与具体审计目标。管理层和治理层明确自身对财务报表的责任是执行审计工作的前提。

审计目标可分为总体审计目标和具体审计目标两个层次，而认定是管理层通过报表所表达的各种意思表示，认定有两个层次，即关于各类交易、事项及相关披露的认定和关于期末账户余额及相关披露的认定。具体审计目标就是注册会计师通过实施审计程序以确定管理层在财务报表中确认的各类交易、账户余额及其披露认定是否恰当。

审计证据是审计的核心，必须以严谨的态度对待审计证据。审计证据包括审计证据的特性、审计证据的分类、审计证据的决策。审计证据可以按不同的标准进行分类，在审计证据的决策中，充分性是对证据的数量要求，适当性是对证据的质量要求，包括相关性和可靠性，以及获取证据时需要有一些特殊考虑。

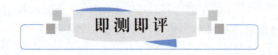

即测即评

一、单选题

1. 关于管理层、治理层对财务报表的责任，下列说法中不正确的是（　　）。
   A. 选择适用的会计准则和相关会计制度
   B. 发表恰当的审计意见
   C. 根据企业的具体情况，做出合理的会计估计
   D. 选择和运用恰当的会计政策

2. 甲公司将 2020 年度的主营业务收入列入 2019 年度的财务报表，则其 2019 年度财务报表中存在的错误认定是（　　）。
   A. 总体合理性　　B. 计价和分摊　　C. 存在或发生　　D. 完整性

3. 如果注册会计师将审计目标确定为审查被审计单位是否存在漏记销售收入的错误，其关注的认定是（　　）。
   A. 存在　　B. 发生　　C. 分类　　D. 完整性

4. 只与资产负债表相关的管理层认定是（　　）。
   A. 存在或发生　　B. 权利和义务　　C. 计价和分摊　　D. 完整性

5. 充分、适当的（　　）是合理提出审计报告、达到审计目标的重要条件。
   A. 审计证据　　　　　　　　B. 审计资料
   C. 审计业务约定书　　　　　D. 审计建议书

6. 审计证据的相关性是指审计证据必须与（　　）相关。
   A. 审计内容　　B. 审计程序　　C. 审计范围　　D. 审计目标

7. 在获取的下列审计证据中，可靠性最强的通常是（　　）。
   A. 甲公司编制的请购单　　　　　B. 甲公司编制的成本计算分配表
   C. 甲公司提供的银行对账单　　　D. 甲公司管理层提供的声明书

二、多选题

1. 注册会计师具体审计目标的确定依据包括（　　）。
   A. 总体审计目标　　B. 审计准则　　C. 审计程序　　D. 管理层认定
2. 下列关于管理层、治理层和注册会计师对财务报表"责任"的说法中，正确的有（　　）。
   A. 注册会计师对财务报表承担最终责任
   B. 管理层对财务报表的编制直接负责
   C. 注册会计师对财务报表承担审计责任
   D. 管理层和治理层理应对编制财务报表承担完全责任
3. 对于年度财务报表审计而言，注册会计师认为下列时间段的交易容易出现截止错误的包括（　　）。
   A. 5月份上半月的交易　　　　B. 1月份上半月的交易
   C. 10月份下半月的交易　　　D. 12月份下半月的交易
4. 在注册会计师对下列各项目分别提出的项目目标中，（　　）不是完整性目标。
   A. 有价证券的市价是否予以列示　　B. 长期投资是否超过净资产的50%
   C. 购货的借贷双方是否在同期入账　D. 实现的销售是否登记入账
5. 被审计单位管理层在资产负债表中列报银行存款及其金额，意味着做出了下列明确的认定（　　）。
   A. 记录的银行存款是存在的
   B. 所有应当记录的银行存款均已记录
   C. 银行存款以恰当的金额包括在财务报表中
   D. 记录的银行存款都为被审计单位所拥有
6. 以下（　　）证据属于外部证据。
   A. 应收账款函证的回函　　　　B. 收到的支票
   C. 购货发票　　　　　　　　　D. 被审计单位管理层声明

三、判断题

1. 管理层在财务报表上的认定都是明确表达的。　　　　　　　　　　　　（　　）
2. 如果被审计单位未在财务报表附注中披露有关存货的担保、抵押情况，就意味着管理当局对外承诺：本单位的存货不存在担保、抵押的情况。　　　　　　　　（　　）
3. 实物资产通常是证实被审计单位对其拥有所有权的非常有说服力的证据。
   　　　　　　　　　　　　　　　　　　　　　　　　　　　　　　　（　　）
4. 审计证据的适当性是对审计证据数量的衡量。　　　　　　　　　　　　（　　）
5. 为了证实审计结论，审计人员取得的相关审计证据越多越好。　　　　　（　　）
6. 一般而言，内部证据不如外部证据可靠。　　　　　　　　　　　　　　（　　）

四、名词解释

审计目标、认定、审计业务流程、审计证据、实物证据、书面证据、基本证据

五、简答题

1. 什么是注册会计师执行审计工作的前提?
2. 关于所审计期间各类交易、事项及相关披露的认定有哪些?
3. 关于期末账户余额及相关披露的认定有哪些?
4. 什么是审计证据的相关性?
5. 什么是审计证据的可靠性?
6. 审计证据可靠性的判断原则有哪些?

二维码 3-10
即测即评答案

案例分析

1. 根据下列管理层认定,列出与之相关的应收账款具体审计目标,并填列在表 3-1 中。

表 3-1 与管理层认定相关的应收账款具体审计目标

管理层认定	应收账款具体审计目标
存在	
完整性	
权利和义务	
准确性、计价和分摊	
分类	

2. 注册会计师张利在对 ABC 公司 2020 年度财务报表进行审计时,收集到以下六组证据:
(1) 销货发票副本与产品出库单。
(2) 收料单与购货发票。
(3) 领料单与材料成本计算表。
(4) 工资计算单与工资发放表。
(5) 存货盘点表与存货监盘记录。
(6) 银行询证回函与银行对账单。
要求:请分别说明每组证据中哪项审计证据较为可靠,并简要说明理由。

二维码 3-11
案例分析解析

项目四
收集与记录审计证据

知识与技能目标

1. 理解审计程序的概念及不同分类。
2. 熟练掌握每种具体审计程序的含义、适用性及运用要点。
3. 理解具体审计程序与审计证据、审计目标的关系,够根据审计目标选用恰当的审计程序收集审计证据。
4. 掌握审计抽样的概念、类型及抽样风险。
5. 熟悉审计抽样过程,掌握基本的选取样本的方法,能够根据审计目标选取测试样本并进行总体推断。
6. 了解审计工作底稿的分类,熟悉审计工作底稿的要素及复核、保管要求。

素养目标

1. 树立证据意识,养成严谨、求实的职业态度。
2. 从审计抽样中理解整体与部分的辨证关系,掌握科学的审计方法。
3. 树立整体观,养成全面、系统的逻辑思维模式。

职业提示

审计工作是一项系统工作,必须养成全面、系统的思维模式,以整体和全局出发把握审计问题。对于审计抽样,应从整体与部分的关系中去理解,而不是只见树木不见森林。

引导案例

审计程序——审计师的"十八般武艺"

自有证券市场以来,上市公司的造假丑闻就层出不穷,但无论如何造假,都会留下蛛丝马迹。审计的任务就是运用各种审计程序收集各类审计证据,然后透过证据的表象,判定造假的实质。审计程序就好比是审计师的"十八般武艺",在本项目里,我们就来了解审计师的"十八般武艺",掌握审计师的"十八般武艺",做一个明察秋毫的审计师,让造假者无处遁形。

任务一 收集审计证据

知识学习

审计证据是通过审计程序收集的，不同的审计程序收集证据的侧重点是不同的，本部分内容我们就来学习审计程序，研究它们各自都能收集哪些审计证据。

一、审计程序

（一）审计程序概述

审计程序是指实现审计目标的手段或途径，是指注册会计师在审计过程中的某个时间，对将要获取的某类证据如何进行收集的详细指令。

（1）按审计程序的目的划分，审计程序可分为风险评估、控制测试及实质性程序。风险评估程序是为了识别和评估财务报表层次和认定层次的重大错报风险，控制测试及实质性程序统称为风险应对程序。这三类程序也称为总体审计程序。

（2）按审计程序的种类划分，审计程序可分为检查、观察、询问、函证、重新计算、重新执行和分析程序。这七种程序也叫作具体审计程序。

总体审计程序与具体审计程序的关系是在总体审计程序中会分别用到这七种具体审计程序的若干种。例如，在风险评估中会用到检查、观察、询问和分析程序；在控制测试中会用到检查、观察、询问和重新执行；在实质性程序中会用到检查、观察、询问、函证、重新计算和分析程序。在审计过程中，注册会计师会根据需要单独或综合运用这些审计程序以获取审计证据。

注册会计师收集审计证据的过程，就是实施审计程序的过程。注册会计师在运用审计程序获取审计证据时，需要考虑三个问题：

（1）选用何种审计程序？

（2）何时执行这些程序？

（3）应当从总体中选取哪些项目，样本规模有多大？

这三个问题是注册会计师选用程序获取审计证据时需要做出的决策，这些决策涉及审计目标和具体的审计项目，也就是说选用任何审计程序都是要围绕审计目标来考虑的，所以注册会计师关于审计程序的决策逻辑是围绕审计目标选用审计程序，在确定样本规模后选取样本，执行审计程序，以收集充分、适当的审计证据。

（二）审计程序分析

1. 检查

检查是指注册会计师对被审计单位内部或外部生成的，以纸质、电子或其他介质形式存在的记录或文件进行审查，或对资产进行实物审查。检查包括检查记录或文件和检查有形资产。

（1）检查记录或文件。检查记录或文件的目的是对财务报表所包含或应包含的信息进行验证。检查记录或文件是每次审计中广泛使用的一种审计程序，因为这种程序执行成本相对较低。例如，被审计单位通常对每笔销售交易都会保留一份客户订单、一份发货单和一份销售发票副本。审计师通过检查这些记录或文件来验证销售交易记录的准确性。而通过检查记录或文件所获取的证据的可靠性取决于记录或文件的性质和来源渠道。

检查的方式包括审阅和核对。审阅是一种有目的的审查和研究，其对象是原始凭证、记账凭证、会计账簿、财务报表和其他资料。核对就是对互有联系的记录和数据进行比较对照，验证其是否相符，同时查明各个记录间的连续性。核对可以是会计资料间如证证、账证、账账等之间的，也可以是会计资料与业务资料的核对以及内部资料与外部资料的核对等。

在实际审计过程中，审阅、核对与重新计算常常是同时或交叉进行的。注册会计师在审阅与核对过程中，应保持职业谨慎性，当发现摘要不清、业务发生的时间不正常、业务发生额或发生频率异常等情况时，不能轻易放过这些疑点，应进行进一步的查证。

检查记录或文件有方向性，即有"顺查"和"逆查"两种方向。顺查，也就是按会计核算程序，从检查会计凭证开始，按顺序核对记账凭证、账簿、报表的一种检查方法。逆查又称倒查，是指按照会计业务核算相反的顺序依次进行审查的方法。即从审阅、分析报表着手，根据发现的问题和疑点，确定审计重点，再审查核对有关的账簿和凭证。顺查可以发现完整性认定的错报，逆查可以发现存在或发生认定的错报。

（2）检查有形资产。检查有形资产主要适用于存货、现金、有价证券、应收票据和固定资产等，是认定资产数量和规格的一种客观手段。检查有形资产与检查记录或文件一样，也具有方向性。检查有形资产既可为存在提供可靠的证据，也可以提供完整性证据，但不一定能为权利和义务或计价等认定提供可靠的证据。在检查有形资产时，可以同时观察资产的质量、当期使用水平等情况，为其他认定的合理性提供辅助证据。

2. 观察

观察是指注册会计师查看相关人员正在从事的活动或实施的程序。观察与前面所讲的检查的区别是，检查不管是检查文件、记录还是检查实物，是"看物"，而观察则是"看人"，是查看相关人员从事的活动或实施的程序。例如，注册会计师对被审计单位人员执行的存货盘点或有关控制活动进行观察。

由于观察是审计人员利用感官去评价被审计单位的活动，因此在整个审计活动中，审计人员有很多机会通过观察去评价各种活动。例如，审计人员通过参观厂房获得对被审计单位设备的总体印象，通过观察公司职员从事会计工作来确定其职责履行是否恰当。

观察这个程序的局限性在于观察所提供的审计证据仅限于观察发生的时点。而且考虑到审计人员在现场时，被审计单位的职员有可能会改变其平时的行为，这也削弱了观察所提供的审计证据的可靠性，因此观察也需要通过其他程序获取进一步的佐证信息。

3. 询问

询问是指注册会计师以书面或口头方式，向被审计单位内部或外部的知情人士获取信息，获取的信息包括财务信息和非财务信息。询问广泛应用于整个审计过程中，但是询问获取的证据可靠程度较低，需要通过其他程序获取进一步的佐证信息，通常是作为其他审计程序的补充来使用。虽然询问不足以提供充分、适当的审计证据，但如果获得有关知情人员对询问的答复，则可能为注册会计师提供尚未获悉的信息或佐证证据，也可能提供与注册会计师已获取的其他信息存在重大差异的信息，从而为注册会计师提供进一步的审计线索。

4. 函证

函证是审计中常用的一类审计程序，它是指注册会计师直接从第三方（被询证者）获取书面答复以作为审计证据的过程，书面答复可以采用纸质、电子或其他介质等形式。函证因为是来自于外部的第三方，又是注册会计师直接获取的，因而其可靠性较高。但是，这种可靠性也只是针对某些认定而言的。例如，函证应收账款时，函证可为存在、权利和义务认定提供可靠的证据，但是不能为计价和分摊提供证据。

（1）函证的对象。函证通常适用于账户余额及其组成部分，一般包括三类情况：

1）银行存款、借款及与金融机构往来的其他重要信息。这类项目应当进行函证，除非有充分证据表明，这类项目或信息对财务报表不重要并且重大错报风险也很低。

2）应收账款。对应收账款而言，函证是必需的程序，除非有充分证据表明，应收账款对财务报表不重要或函证可能无效。

3）其他内容。具体包括交易性金融资产，应收票据，其他应收款，预付账款，由其他单位代为保管、加工或销售的存货，长期股权投资，应付账款，预收账款，保证、抵押或质押，或有事项，重大或异常的交易等。对于这些项目，注册会计师可以根据具体情况和实际需要来实施函证。

经常需要函证的主要信息类型及函证来源见表4-1。

表4-1 经常需要函证的主要信息类型及函证来源

信 息	来 源
资产：	
1. 银行存款	开户银行
2. 应收账款	债务人
3. 短期投资	受资方或证券公司
4. 应收票据	出票人
5. 其他应收款	债务人
6. 预付账款	债务人
7. 由其他单位代为保管、加工或销售的存货	受托保管人、加工方或代销人
8. 长期投资	受资方或证券公司
9. 委托贷款	贷款人

（续）

信　息	来　源
负债： 1. 短期借款 2. 应付账款 3. 预收账款 4. 长期借款	债权人 债权人 客户 债权人
所有者权益： 已发行的股票	股票管理登记人及转让机关
其他信息： 保证、抵押或质押 或有负债 重大或异常的交易	债权人 律师、银行等 客户

（2）函证的时间。函证的时间通常选择在资产负债表日后适当时间内实施。如果重大错报风险评估是低水平，也可以选择资产负债表日前适当日期实施函证，但是，要对这一天至资产负债表日发生的变动实施实质性程序。

（3）函证程序的实施范围。函证程序的实施范围是指函证对象数量的决定，如果采用抽样的方式确定函证的对象，但无论采用的是统计抽样方法，还是非统计抽样方法，选取的样本都要能够代表总体。对一些特定项目，注册会计师应单独选取进行测试，这些特定项目包括：

1）金额较大的项目。

2）账龄较长的项目。

3）交易频繁但期末余额较小的项目。

4）重大关联方交易。

5）重大或异常的交易。

6）可能存在争议以及产生舞弊或错误的交易。

（4）函证的方式。

1）积极的函证方式。积极的函证方式要求被询证者在所有情况下都必须回函，以确认询证函所列信息是否正确，或填列询证函所要求的信息。在没有收到回函情况下，一般会再次向被询证者寄发询证函，如还没有回复，则要实施替代审计程序。

积极的函证方式又包括"要求确认信息"和"要求填列信息"两种形式。

"要求确认信息"就是在询证函中列明拟函证的账户余额或其他信息，要求被询证者确认所函证款项是否正确。这种方式的优点是回函率会高一些，因为对于被询证者来说可能并不增加多少额外负担；缺点是所取得的回函可能可靠性较低，因为被询证者可能对所列示信息根本不加以验证就给予回函确认。

参考格式4-1 积极式询证函格式之"要求确认信息"

企业询证函

编号：

××（公司）：

　　本公司聘请的××会计师事务所正在对本公司××年度财务报表进行审计，按照中国注册会计师审计准则的要求，应当询证本公司与贵公司的往来账项等事项。下列数据出自本公司账簿记录，如与贵公司记录相符，请在本函下端"信息证明无误"处签章证明；如有不符，请在"信息不符"处列明不符金额。回函请直接寄至××会计师事务所。

回函地址：
邮编：　　　　电话：　　　　传真：　　　　联系人：

1. 本公司与贵公司的往来账项列示如下：

截止日期	贵公司欠	欠贵公司	备 注

2. 其他事项。

　　本函仅为复核账目之用，并非催款结算。若款项在上述日期之后已经付清，仍请及时函复为盼。

（公司盖章）

年　月　日

结论：1. 信息证明无误。

（公司盖章）

年　月　日

经办人：

　　　　2. 信息不符，请列明不符的详细情况：

（公司盖章）

年　月　日

经办人：

　　"要求填列信息"就是不在询证函中列明账户余额或其他信息，而是要求被询证者填写或提供有关信息。这种方式的优点是获取回函的可靠性较高；缺点是可能回函率较低，因为这种询证函要求被询证者要做出更多的努力，从而可能会导致回函率降低。

参考格式4-2 积极式询证函格式之"要求填列信息"

企业询证函

编号：

××（公司）：

　　本公司聘请的××会计师事务所正在对本公司××年度财务报表进行审计，按照中国注册会计师审计准则的要求,应当询证本公司与贵公司的往来账项等事项。请列示截至××年××月××日贵公司与本公司往来款项余额。回函请直接寄至××会计师事务所。

回函地址:

邮编:　　　　电话:　　　　传真:　　　　联系人:

本函仅为复核账目之用,并非催款结算。若款项在上述日期之后已经付清,仍请及时函复为盼。

（公司盖章）

年　月　日

1. 本公司与贵公司的往来账项列示如下（金额单位:元）：

截止日期	贵公司欠	欠贵公司	备　注

2. 其他事项

（公司盖章）

年　月　日

经办人:

2）消极的函证方式。消极的函证方式只要求被询证者仅在不同意询证函列示信息的情况下才予以回函。这种方式的优点是提高审计效率,因为"过时不候",如果一旦收到回函,则能够为财务报表存在错报提供证明力很强的审计证据；缺点是如果没有收到回函,只能从逻辑上推定被询证者同意所列信息,证据的证明力低。当同时存在这样一些情况时,注册会计师可考虑采用消极的函证方式：①重大错报风险评估为低水平；②涉及大量余额较小的账户；③预期不存在大量的错误；④没有理由相信被询证者不认真对待函证。

参考格式4-3　消极式询证函格式

企业询证函

编号:

××（公司）:

本公司聘请的××会计师事务所正在对本公司××年度财务报表进行审计,按照中国注册会计师审计准则的要求,应当询证本公司与贵公司的往来账项等事项。下列数据出自本公司账簿记录,如与贵公司记录相符,则无须回复；如有不符,请直接通知会计师事务所,并请在空白处列明贵公司认为是正确的信息。回函请直接寄至××会计师事务所。

回函地址:

邮编:　　　　电话:　　　　传真:　　　　联系人:

1. 本公司与贵公司的往来账项列示如下（金额单位:元）

截止日期	贵公司欠	欠贵公司	备　注

2．其他事项。

本函仅为复核账目之用，并非催款结算。若款项在上述日期之后已经付清，仍请及时核对为盼。

（公司盖章）

年　月　日

××会计师事务所

上面的信息不正确，差异如下：

（公司盖章）

年　月　日

经办人：

实务提醒

在实务中，可以将积极的函证方式与消极的函证方式结合使用。例如，在对应收账款实施函证时，当应收账款的余额是由少量的大额应收账款和大量的小额应收账款构成时，注册会计师可以对大额应收账款采用积极的函证方式，对小额应收账款采用消极的函证方式。

练一练

二维码4-1
练一练解析

下列有关函证的表述中，正确的有（　　）。

A．如果注册会计师在采用积极的函证方式时没有收到回函，则说明所函证信息存在错误

B．对于注册会计师在询证函中列明拟函证的账户余额或其他信息的积极式询证函，其结果有可能导致被询证者对所列示信息不加核实就回函确认

C．对于注册会计师在询证函中不列明账户余额或者其他信息的积极式询证函，其结果有可能由于被询证者需要做出更多的努力而导致回函率降低

D．对于注册会计师要求被询证者仅在不同意询证函列示信息的情况下才予以回函，则收到的回函能够为财务报表认定层次提供说服力强的审计证据

（5）函证的控制。函证的控制有三个关键时间点，分别是函证发出前、函证发出时和函证收回时。

1）函证发出前的控制。函证发出前，注册会计师应对与询证函相关的各项内容进行检查，包括选择的被询证者是否适当，需要被询证者确认的信息，被询证者的名称、地址等，检查无误后，经被审计单位盖章，由注册会计师直接发出。

2）函证发出时的控制。函证发出时的控制主要是针对各种发出方式进行控制。函证发出方式有邮寄、跟函和电子形式等，电子形式又包括传真、电子邮件、直接访问网站等。

选择邮寄发出方式时，注册会计师在核实由被审计单位提供的被询证者的联系方式后，不使用被审计单位本身的邮寄设施，独立寄发询证函。

跟函发出方式是指注册会计师独自或在被审计单位员工的陪伴下亲自将询证函送至被询证者，在被询证者核对并确认回函后，亲自将回函带回的方式。对于跟函，注册会计师需要在整个过程中保持对询证函的控制，同时，对被审计单位和被询证者之间串通舞弊的风险保持警觉。

因为我们国家的商业惯例比较认可印章原件，因此，邮寄和跟函方式更为常见。选择通过电子方式发送询证函，在发函前要对此种方式所存在的风险进行评估，然后考虑相应的控制措施。

3）函证收回时的控制。函证收回时的控制是对回函的可靠性进行评价。对通过邮寄方式收到的回函，注册会计师需验证的信息是：①回函是否为原件，与注册会计师发出的询证函是否为同一份；②回函是否直接寄给注册会计师；③回邮信封或快递信封中记录的发件方名称、地址是否与询证函中记载的被询证者名称、地址一致；④回邮信封上的邮戳显示发出城市或地区是否与被询证者的地址一致；⑤回函上的印章及签名中显示的名称是否与询证函中记载的被询证者名称一致。

对通过跟函方式获取的回函，控制措施是：①了解被询证者处理函证的通常流程和处理人员；②确认处理询证函人员的身份和处理询证函的权限，如索要名片、观察员工卡或姓名牌等；③观察处理询证函的人员是否按照处理函证的正常流程认真处理询证函。例如，可以观察该人员是否在其计算机系统或相关记录中核对相关信息。

对以电子形式收到的回函，由于回函者的身份及其授权情况很难确定，对回函的更改也难以发觉，因此可靠性存在风险。但如果确信这种方式安全并得到控制，则会提高回函的可靠性。这方面的安全技术包括加密技术、电子数码签名技术、网页真实性认证程序。当注册会计师存有疑虑时，注册会计师可以通过电话联系被询证者，确定被询证者是否发送了回函。必要时，注册会计师可以要求被询证者提供回函原件。

如果只对询证函进行口头回复，则不符合函证的要求，因此，不能作为可靠的审计证据。

练一练

下列有关函证的表述中，不正确的有（　　）。

A．发出询证函前考虑选择的被询证者是否适当

B．发出的银行存款询证函，要注意需要银行确认的信息是否与银行对账单等保持一致

C．发出询证函前，是否已将全部或部分被询证者的名称、地址与被审计单位有关记录进行核对

D．发出的询证函中应当正确填列被询证者直接向被审计单位回函的地址

二维码 4-2 练一练解析

（6）管理层要求不实施函证时的处理。如果被审计单位管理层要求注册会计师对某些账户余额或其他信息不实施函证，注册会计师应考虑这些要求是否合理。如果合理，注册会计师应实施替代审计程序；如果认为要求不合理，因为被审计单位的阻挠而无法实施函证，应视为审计范围受限，考虑对审计报告的影响。

二维码 4-3　函证

5. 重新计算

重新计算是指注册会计师对记录或文件中的数据计算的准确性进行核对。重新计算是验证数字准确性的重要手段。重新计算是通过验算和加总的方式进行的。例如，计算销售发票和存货的总金额，加总日记账和明细账，检查折旧费用和预付费用的计算，检查应纳税额的计算等。重新计算可以是手工方式计算，也可以借助计算机辅助审计技术来进行计算。

重新计算可以实现的认定是计价与分摊、金额的准确性等。重新计算因为是注册会计师亲自获取的，因而证据的可靠性较强。

6. 重新执行

重新执行是指注册会计师独立执行原本作为被审计单位内部控制组成部分的程序或控制。例如，注册会计师重新复核发票，以验证发票的复核效果，包括有无漏核，有无将错误的发票复核出来。

重新执行可以通过手工或计算机辅助方式进行。重新执行与重新计算的区别是重新计算涉及的是再核对某一具体的计算，而重新执行涉及的是某一程序，以检查该程序是否被正确执行。

由于重新执行是注册会计师亲自执行的，所以相对于询问、观察、检查等程序，重新执行获取的审计证据可靠性高，证明力较强，但成本也较高。

二维码 4-4
练一练解析

关于获取审计证据的审计程序，以下说法中，正确的有（　　）。
A. 观察程序主要用于观察实物资产的状况和企业的主要业务活动
B. 分析程序可用于风险评估，但不适合用于控制测试
C. 在某些情况下，对询问的答复为注册会计师修改审计程序或实施追加的审计程序提供了基础
D. 重新执行是指要求被审计单位相关人员将内部控制的程序重新执行一遍，以检查其是否有效执行

7. 分析程序

分析程序是指注册会计师通过研究不同财务数据之间以及财务数据与非财务数据之间的内在联系，对财务信息做出评价。分析程序还包括在需要时调查识别出的、与其他相关信息不一致或与预期数据严重偏离的波动或关系。存在错报时，往往会有异常波动。例如，比较本年与上年的坏账准备与应收账款比率（即坏账计提比率）时，假设该比率下降，而同时应收账款周转率也下降，综合这两项信息，则表明存在低估坏账准备的可能性。

（1）分析程序的常用方法。分析程序的常用方法主要有比较分析法、比率分析法、结构分析法、趋势分析法等。

1）比较分析法。比较分析法是指将某一财务报表项目与某一既定标准进行比较，以寻找差异、发现问题的一种技术方法。比较的基准可以是该项目的计划指标、上期实际指标、历史指标、同行业其他单位同期指标等。比较可以是绝对数比较，也可以是相对数比较。

2）比率分析法。比率分析法是指将财务报表中的某一项目与其相关的另一项目相比所得的比率进行分析的一种技术方法。财务分析中常用的比率分析法都可用于分析程序。在运用比率分析法时，结合比较分析法更便于发现问题。例如，通过计算毛利率，并与以前年度、行业平均毛利率等比较，就可判断被审计单位审计年度毛利率水平是否有重大问题，可初步判断主营业务收入、主营业务成本的合理性。

3）结构分析法。结构分析法是指通过计算财务报表的某一小项目占某一大项目的百分比，进而确定各个项目重要性程度的一种技术方法。在资产负债表的结构分析中，可以资产总额为基础，计算各项目占资产总额的百分比；在利润表中，则可以营业收入总额为基础，分别计算各项目占营业收入的百分比。审计人员就可根据计算的所占比重大小，与以前年度的增减幅度来确定不同的审计策略。

4）趋势分析法。趋势分析法是指通过对财务报表某一项目连续若干期的变动金额及其百分比的计算，来分析该项目不同时期的变动情况和发展趋势的一种技术方法。一般来说，进行趋势分析，需要连续 3～5 期的资料，这样才能提示趋势，提供进一步的审计线索。

（2）分析程序的运用。分析程序在风险评估阶段、实质性程序阶段以及最后审计结束进行总体复核时都有广泛运用。

1）在风险评估中的运用。在风险评估中运用分析程序是强制要求，在这个阶段运用分析程序是为了了解被审计单位及其环境并评估重大错报风险。但注册会计师并非在了解被审计单位及其环境的每一方面都实施分析程序。例如，在了解内控时，一般就不用此审计程序。

在这个阶段，主要使用汇总性数据，分析的对象主要是账户余额及其相互之间的关系，采用的方法包括对账户余额变化的分析，辅之以趋势分析和比率分析。分析程序运用的流程是形成预期、进行比较、获取解释、评估风险，即注册会计师通过对关键的账户余额、趋势和财务比率等方面的重点关注，对其形成一个合理预期。预期是一种事先形成的期望，将这种期望与被审计单位记录的金额、计算的比率或趋势进行比较。如果比较结果与注册会计师对被审计单位及其环境的了解不一致，且管理层无法做出合理解释或无法取得支持性证据，应考虑财务报表是否存在重大错报风险。

2）在实质性程序中的运用。分析程序在实质性程序中的运用就叫作实质性分析程序。在这个阶段运用实质性分析程序是为了发现认定层次的重大错报，但在这个阶段，运用分析程序不是强制要求。因为针对认定层次的重大错报风险，实施细节测试而不实施分析程序，同样可以实现审计目标。而且，分析程序有它运用的前提和基础，并不适用于所有的财务报表认定。

实质性分析程序通常更适用于在一段时间内存在预期关系的大量交易。存在预期关系的大量交易是指具有相同性质的多笔交易。例如，企业销售同一类型的产品，销售价格相同，成本相同，而且交易次数频繁，存在多笔交易。实质性分析程序适用于存在、发生、完整性等定性认定，不适用于准确性、计价和分摊、分类、截止等量化或精细认定，也不宜用于应对较高的重大错报风险。

3）在完成审计工作阶段的运用。在这一阶段，注册会计师运用分析程序对财务报表进行总体复核，目的是确定财务报表整体是否与注册会计师对被审计单位的了解及与所取得的证据一致。这时运用分析程序是强制要求。

在这个阶段，运用分析程序与风险评估阶段实施该程序相比，主要差别在于实施分析程序的时间和重点不同,以及所取得的数据的数量和质量不同。与实质性分析程序相比,则不如实质性分析程序详细和具体,且往往集中在财务报表层次。

在这个阶段,如果识别出以前未识别的重大错报风险,注册会计师应当重新考虑对全部或部分各类交易、账户余额、列报评估的风险是否恰当,并在此基础上重新评价之前计划的审计程序是否充分,是否有必要追加审计程序。

练一练

二维码 4-5
练一练解析

下列不属于分析程序的有(　　)。
A. 将应收账款明细账与总账进行比较
B. 将应收账款本期周转率与上期进行比较
C. 将应收账款本期期初余额与上期期末余额进行比较
D. 将应收账款期末余额与坏账准备期末余额进行比较

至此,已学习了认定、审计目标与审计程序,将认定、审计目标和审计程序联系起来,他们之间的关系举例见表 4-2。

表 4-2　认定、审计目标和审计程序之间的关系举例

认　定	审 计 目 标	审 计 程 序
存在	资产负债表列示的存货存在	实施存货监盘程序
完整性	销售收入包括了所有已发货的交易	检查发货单和销售发票的编号以及销售明细账
截止	销售业务记录在恰当的期间	比较上一年度最后几天和下一年度最初几天的发货单日期与记账日期
权利和义务	资产负债表中的固定资产确实为公司拥有	查阅所有权证书、购货合同、结算单和保险单

练一练

二维码 4-6
练一练解析

分别写出表 4-3 中审计目标能够验证的管理层认定,以及为实现这些具体目标注册会计师应当执行的审计程序。

表 4-3　管理层认定与审计程序

管理层认定	具体审计目标	审 计 程 序
	应收账款是否实际存在	
	应收账款是否归被审计单位所有	
	应收账款反映的销售业务是否基于正确的价格和数量,计算是否正确	
	应收账款是否可以收回、计提的坏账准备是否恰当	

二、审计抽样

随着企业规模的扩大和业务的日益复杂,加之现代企业为应对风险,越来越多的企业建立了良好的内部控制系统,使得对每一笔交易进行审计变得既不可能,又无必要。这时,审计抽样就应运而生,审计抽样是审计师选取测试项目的方法之一,旨在帮助审计师确定实施审计的范围。

(一)审计抽样概述

1. 审计抽样的概念

审计抽样是指注册会计师在实施审计程序时,从审计对象总体中选取一定数量的样本进行测试,并根据测试结果,推断审计对象总体结果的一种方法。其实审计抽样就是注册会计师选取测试项目的一种方法。选取测试项目就是确定实施审计程序的范围,这个范围可以是全部项目,或某一特定项目,也可以通过审计抽样来确定测试项目。

审计抽样与测试目标、审计程序、总体、抽样单元这几个概念密切相关。测试目标就是具体的审计目标。总体就是注册会计师从中选取样本并期望据此得出结论的整个数据集合。抽样单元是构成总体的每一个个体项目。一般来说,审计目标决定审计程序,而审计目标与审计程序决定了抽样总体和抽样单元。例如,注册会计师的测试目标是测试应收账款的计价和分摊认定,决定采用的审计程序是检查账龄分析表及坏账准备的计提,总体就是全部应收账款,抽样单元是每一笔应收账款。

因此,审计抽样具备以下三个基本特征:

(1)对具有审计相关性的总体中低于百分之百的项目实施审计程序。
(2)所有抽样单元都有被选取的机会。
(3)可以根据样本项目的测试结果推断出有关抽样总体的结论。

现代审计中,审计抽样对于控制审计成本、提高审计效率、保证审计成果起着重要的作用。审计抽样并非在所有的审计程序中都可使用,风险评估程序通常不涉及审计抽样。在控制测试中,当控制的运行留下轨迹时,注册会计师可以考虑使用审计抽样实施控制测试。在实质性程序中,实施分析程序时,不宜使用审计抽样;实施细节测试时,可以使用审计抽样。

练一练

下列有关选取测试项目方法的说法中,正确的是( )。
A. 从某类交易中选取特定项目进行检查,构成审计抽样
B. 对全部项目进行检查,通常更适用于细节测试
C. 从总体中选取特定项目进行测试时,应当使总体中每个项目都有被选取的机会
D. 审计抽样更适用于控制测试

二维码 4-7
练一练解析

2. 审计抽样的类型

(1)统计抽样与非统计抽样。统计抽样是指按照数理统计知识进行样本设计和实施抽样的

技术。非统计抽样是指按照职业判断进行样本设计和实施抽样的技术。统计抽样同时具备两个特征：

1）随机选取样本。

2）运用概率论评价样本结果，包括计量抽样风险。

不同时具备这两个特征的就是非统计抽样。统计抽样的优点是能够客观地计量抽样风险，并通过调整样本规模精确地控制风险。统计抽样有助于注册会计师高效地设计样本，计量所获取证据的充分性，以及定量评价样本结果。缺点是统计抽样可能发生额外的成本。而非统计抽样则具有成本低的优点，如果设计适当，也能提供与设计适当的统计抽样方法同样有效的结果。但是非统计抽样无法量化抽样风险。不管是统计抽样还是非统计抽样，两种方法都要求注册会计师在设计、选取和评价样本时运用职业判断。

（2）属性抽样与变量抽样。属性抽样和变量抽样都是统计抽样方法。在审计抽样中，需要推断的总体特征大体上可分为两类，一是质量特征，称为属性，二是数量特征，称为变量。属性抽样是用来对总体中某一事件发生率得出结论的统计抽样方法。所以，属性抽样通常用于控制测试，以测试某一设定控制的偏差率。

变量抽样是一种用来对总体金额得出结论的统计抽样方法。变量抽样用于细节测试，以确定记录金额是否合理，账户是否存在重大错报。

3. 抽样风险与非抽样风险

抽样风险是指注册会计师根据样本得出的结论，可能不同于如果对整个总体实施与样本相同的审计程序得出的结论的风险。抽样风险是由抽样引起的，与样本规模和抽样方法相关。如果样本规模扩大到总体的100%，抽样风险也就不存在了。因此，只要使用了审计抽样，抽样风险总是存在的，但审计人员可以通过扩大样本规模来降低抽样风险。抽样风险在控制测试和细节测试中表现形式不同。

在控制测试中，抽样风险表现为信赖过度风险和信赖不足风险。在控制测试中，通过样本推断总体有两种情况，一种是内部控制有效，因此可以信赖；另一种就是内部控制无效，因此不可信赖。而内部控制的实际情况也是有效、无效这两种情况。信赖过度风险就是内部控制实际是无效的，但通过样本推断是有效的，而信赖内部控制。信赖不足风险是内部控制实际是有效的，但通过样本推断是无效的，而对内部控制信赖不足。信赖过度风险会导致形成错误的审计结论，影响审计效果；信赖不足风险会导致实施不必要的实质性程序，因而影响审计效率。

在细节测试中，抽样风险表现为误受风险和误拒风险。在细节测试中，样本推断总体也是两种结论，就是存在重大错报和不存在重大错报，而实际情况也是这两种，即有重大错报和没有重大错报。如果通过样本推断得出总体不存在重大错报，而实际存在重大错报，则是误受风险。误受风险会导致形成错误的审计结论，因而影响审计效果。如果通过样本推断得出总体存在重大错报，而实际情况是不存在重大错报，则是误拒风险。误拒风险导致实施不必要的实质性程序，会影响审计效率。

非抽样风险是指注册会计师由于任何与抽样风险无关的原因而得出错误结论的风险。

在审计过程中，可能导致非抽样风险的原因有：

（1）注册会计师选择了不适合于实现特定目标的审计程序。

（2）注册会计师选择的总体不适合于测试目标。

（3）注册会计师未能适当地定义误差（包括控制偏差或错报）。

（4）注册会计师未能适当地评价审计发现的情况。

对于非抽样风险，注册会计师可以通过采取适当的质量控制政策和程序，仔细设计审计程序，对审计工作进行适当的指导、监督和复核等方式，将它降低至可接受的水平。

练一练

下列有关信赖过度风险的说法中，正确的是（　　　）。

A．信赖过度风险属于非抽样风险

B．信赖过度风险影响审计效率

C．信赖过度风险与控制测试和细节测试均相关

D．注册会计师可以通过扩大样本规模降低信赖过度风险

二维码 4-8
练一练解析

（二）审计抽样过程

审计抽样过程通常分为三个阶段，即样本设计阶段、选取样本阶段和评价样本结果阶段。

1. 样本设计阶段

样本设计也就是制订选取样本的计划。在这个阶段，有五项工作要完成。

（1）确定测试目标。抽样是服务于测试目标的技术工具。测试目标就是具体审计目标。具体审计目标在控制测试中和细节测试中是不同的。在控制测试中，目的是确认某项控制是否运行有效。而细节测试的目的是识别财务报表中各类交易、账户余额和披露中存在的重大错报。审计抽样通常用来测试有关财务报表金额的一项或多项认定的合理性。

（2）确定审计程序。注册会计师要围绕测试目标，确定能够最有效实现测试目标的审计程序组合，这涉及注册会计师的职业判断。例如，测试目标是测试应收账款的存在认定，审计程序就是向被审计单位的客户函证。

（3）定义总体与抽样单元。总体是一个数据集合，注册会计师能够从中选取样本并期望据此得出结论的数据集合。例如，某一特定日期的所有应收账款余额就是一个总体，某一测试期间的所有销售收入也是一个总体。总体应具有适当性和完整性。适当性是指总体要适合特定的审计目标。如果测试赊销审批制度执行的有效性，则总体是反映赊销审批情况的全部销售单，而不是全部发货凭证。完整性是指与测试目标相关的项目均包含在总体中。

注册会计师应根据审计目标和所实施审计程序的性质定义抽样单元，每个抽样单元构成了总体中的一个项目。

（4）考虑总体分层。在变量抽样中，如果总体项目存在重大的变异性，注册会计师应当考虑分层。分层就是将总体划分为多个子总体，每个子总体由一组具有相同特征的抽样单元组成。分层可以降低每一层中项目的变异性，从而在抽样风险没有成比例增加的前提下减小样本规模，提高审计效率。

(5) 定义误差构成条件。注册会计师必须事先准确定义构成误差的条件，否则执行审计程序时就没有识别误差的标准。例如，在对应收账款存在性的审计中，客户在函证日前支付、被审计单位在函证日后不久收到的款项（即未达账项），就不能构成误差。在控制测试中，误差是指控制偏差；在细节测试中，误差是指错报，注册会计师要确定什么情况才构成错报。注册会计师应根据审计目标界定误差。

2. 选取样本阶段

在这一阶段，首先要确定样本规模，然后进行样本选取，最后对样本实施审计程序。

（1）确定样本规模。样本规模是指从总体中选取样本项目的数量。样本规模过小，则不能反映出审计对象总体的特征；如果过大，则会增加审计成本，降低审计效率，失去审计抽样的意义。

在非统计抽样中，注册会计师可以只对影响样本规模的因素进行定性的估计，并运用职业判断确定样本规模。使用统计抽样方法时，注册会计师必须对影响样本规模的因素进行量化，并利用根据统计公式开发的专门的计算机程序或专门的样本量表来确定样本规模。影响样本规模的因素主要包括：

1）可接受的抽样风险。可接受的抽样风险是对抽样所提供的保证程度的一种度量。可接受的抽样风险与样本规模成反向变动关系。注册会计师愿意接受的抽样风险越低，样本规模通常越大。

2）可容忍误差。可容忍误差是指注册会计师在认为足以实现测试目标的情况下准备接受的总体最大误差。在控制测试中，可容忍误差是指注册会计师能够接受的最大偏差数量。如果偏差超过这一数量则减少或取消对控制程序的信赖。在细节测试中，可容忍误差就是可容忍错报，相当于注册会计师确定的认定层次的实际执行的重要性水平。可容忍误差越小，为实现同样的保证程度所需的样本规模越大。

3）总体变异性。总体变异性是指总体的某一特征（如金额）在各项目之间的差异程度。在控制测试中，注册会计师在确定样本规模时一般不考虑总体变异性。在细节测试中，总体项目的变异性越低，通常样本规模越小。

4）预计总体误差。预计总体误差是根据审计经验或本次实施风险评估程序的结果预计总体中可能存在的误差。在既定的可容忍误差下，当预计总体误差增加时，所需的样本规模更大。

5）总体规模。除非总体非常小，一般而言总体规模对样本规模的影响几乎为零。对小规模总体而言，审计抽样比其他选择测试项目的方法的效率低。

（2）选取样本。选取样本的基本方法包括使用随机数表或计算机辅助审计技术选样、系统选样和任意选样。随机选样、系统选样属于统计选样方法，既可用于统计抽样，也可用于非统计抽样；任意选样属于非统计选样方法，只能用于非统计抽样。

1）随机选样。随机数表是由随机生成的从 0～9 共 10 个数字所组成的数表，每个数字出现在表中的概率大致相同，顺序是随机的。表 4-4 就是 5 位随机数表的一部分。随机选样的原理是在选样之前，建立抽样单元与随机数表中随机数的对应关系，从表中随机选取随机数，将对应的抽样单元选出。

表 4-4 部分随机数表

行\列	1	2	3	4	5	6	7
1	32044	69037	29655	92114	81034	40582	01584
2	23821	96070	82592	81642	08971	07411	09037
3	82383	94987	66441	28677	95961	78346	37916
4	68310	21792	71635	86089	38157	95620	96718
5	94856	76940	22165	01414	01413	37231	05509
6	95000	61958	83430	98250	70030	05436	74814
7	20764	64638	11359	32556	89822	02713	81293

应用随机数表进行选样,首先要对总体项目进行编号,建立起总体项目编号与表中数字的对应关系,然后从随机数表中选择一个随机起点和一个选样路线,按照选样路线依次选取样本。

例如,审计人员对 001～400 连续编号的发货单进行检查,从中随机选出一组样本量为 10 的样本。假设审计人员用发货单号码与随机数表数字的后三位数建立对应关系,从第一行第二列开始,自左到右依次进行,选出的 10 个号码是:037、114、034、070、383、346、310、089、157、165。

在进行随机选样时要注意选样顺序,以及样本所在总体的最小和最大编号的范围。编号可利用总体项目中原有的某些编号,如凭证号、支票号、发票号等。在没有编号的情况下,注册会计师需按一定的方法进行编号。

2) 系统选样。系统选样也叫等距选样,是指按照相同间隔从审计对象总体中等距离地选取样本的一种选样方法。采用系统选样,首先要计算选样间距,然后确定选样起点,再根据间隔顺序选取样本。

系统选样步骤是:计算选样间距,选样间距 = 总体规模 ÷ 样本规模;在 1 到选样间距中随机确定选样起点;根据间距顺序选取样本。

例如,假设销售发票的总体范围是 652～3152,设定的样本量是 125,那么选样间距为 20[(3152-652)÷125]。注册会计师必须从 1～20 中选取一个随机数作为抽样起点。如果随机选择的数是 9,那么第一个样本项目是发票号码为 661(652+9)的那一张,其余的 124 个项目是 681(661+20)、701(681+20)、……依此类推,直至第 3141 号。

系统选样方法使用方便,并可用于无限总体。但使用系统选样方法要求总体必须是随机排列的,否则容易发生较大的偏差。

3) 任意选样。任意选样是指审计师不考虑样本项目的性质、大小、外观、位置或其他特征,不带任何偏见地选取样本。任意选样的缺点在于很难完全无偏见地选取样本项目,因而很可能使样本失去代表性。

(3) 实施审计程序。在选取样本阶段的最后一步就是对样本实施审计程序。注册会计师应当针对选取的每个项目,实施适合于具体审计目标的审计程序,以发现并记录样本中存在的误差。

3. 评价样本结果阶段

在评价样本结果时,首先是分析样本误差,然后根据样本误差推断总体误差,最后形成审计结论。

（1）分析样本误差。无论是统计抽样还是非统计抽样，都应当对样本结果进行定性评估和定量评估。

（2）推断总体误差。在实施控制测试时，由于样本的误差率就是整个总体的推断误差率，注册会计师无须推断总体误差率。当实施细节测试时，注册会计师应当根据样本中发现的误差金额推断总体误差金额，并考虑推断误差对特定审计目标及审计其他方面的影响。

二维码 4-9
审计抽样过程

（3）形成审计结论。注册会计师需要针对不同类型的审计抽样分别形成是否接受总体的审计结论。

任务二　记录审计证据

知识学习

收集的审计证据需要通过一定的形式加以记录，并加以保存。今天，我们就来学习如何记录审计证据。

一、审计工作底稿概述

注册会计师的整个工作过程必须以恰当的形式反映出来，这个形式就是审计工作底稿。审计工作底稿是审计证据的载体，反映了审计的全貌。

（一）含义

审计工作底稿是以一定格式编制的档案性原始文件，记录了注册会计师制订的审计计划、实施的审计程序、收集的审计证据以及得出的审计结论。审计工作底稿是审计过程和结果的书面证明。

（二）审计工作底稿的编制目的

因为审计工作底稿的编制贯穿于审计工作的始终，而审计工作又是由多个审计人员协同进行，因此审计工作底稿起着协同、纽带的作用，它将各个人员的工作有机地联系在一起，审计工作底稿的编制目的主要有四个方面。

1. 为计划审计工作提供基础

注册会计师要制订本年度的审计计划，必须参考各种与计划有关的信息，如企业的基本信息、内部控制状况、以前年度的审计结果等，这些信息在连续年度的审计工作底稿中均可获得。审计人员通过查阅这些信息，可以避免走弯路，掌握审计重点，提高工作效率。

2. 为收集的证据和测试的结果提供记录

审计工作底稿是证明注册会计师已按照审计准则执行了充分审计的主要记录手段。必要时可以向监管机构和法庭证明：审计是经过周密计划和充分监督的；所收集的证据是充分适当的；考虑到已获得的审计结果，审计报告是恰当的。

3. 为确定恰当意见类型的审计报告提供信息

审计的最终结果是要提供恰当类型的审计报告，无论提供何种类型的审计报告，都必须以充分、恰当的审计证据为依据，而审计证据被收集起来之后，就要记录于审计工作底稿之中，这为注册会计师最终形成审计意见提供了直接的依据。

4. 为督导人员和合伙人的复核提供基础

审计活动牵涉到公众的利益，因此必须保证审计工作的高质量，包括对审计工作底稿的检查与复核，而完整的底稿为这一切提供了可能。

练一练

注册会计师应列为审计工作底稿的文件包括（　　）。
A．具体审计计划草稿
B．应收账款账龄分析表
C．存货监盘记录
D．未更正错报汇总表

二维码 4-10
练一练解析

（三）审计工作底稿的分类

对审计工作底稿进行分类，便于对审计工作底稿进行整理。审计工作底稿一般可分为综合类工作底稿、业务类工作底稿和备查类工作底稿。综合类工作底稿是注册会计师在审计计划和审计报告阶段，为规划、控制和总结整个审计工作并发表审计意见所形成的审计工作底稿，如审计计划、审计报告等。业务类工作底稿是注册会计师在审计实施阶段为执行具体审计程序所形成的审计工作底稿，如控制测试中形成的内部控制问题调查表、银行询证函等。备查类工作底稿是指注册会计师在审计过程中形成的、对审计工作仅具有备查作用的审计工作底稿，如营业执照复印件、董事会会议纪要等。

审计工作底稿还可按其形式的不同，分为表格、流程图、笔录文稿等；按其职能的不同，分为一般审计工作底稿和专用审计工作底稿，专用审计工作底稿具有专门或统一的格式，用于登记某类专门的内容，而一般审计工作底稿则没有专门的格式。

二、审计工作底稿的编制与复核

（一）审计工作底稿的要素

审计工作底稿的形式虽然多种多样，底稿中记录的内容也不相同，但一般各种业务的审计工作底稿应包括一些基本要素，以货币资金明细表为例（见表 4-5）。

表 4-5　货币资金明细表

被审计单位：杭州飞腾信息技术有限公司　　编制：陈兴　　日期：2021 年 1 月 20 日　　索引号：4101-002
报表截止日：2020 年 12 月 31 日　　复核：王刚　　日期：2021 年 1 月 22 日　　项目：货币资金－明细表

项目	账号	币种	借贷方向	期初未审数 折合本位币	期初调整数	审定期初数 折合本位币	账面借方 发生额	账面贷方 发生额	期末未审数 折合本位币	期末调整数	审定期末数 折合本位币	备注
库存现金												
库存现金	—	—	借	99 041.43	—	99 041.43	4 033 778.12	4 128 394.18	4 425.37		4 425.37	
小计	—	—	—	99 041.43	—	99 041.43	4 033 778.12	4 128 394.18	4 425.37		4 425.37	
银行存款												
农行城西支行	—	—	借	341 255.15		341 255.15	19 401 616.86	19 584 256.96	158 615.05	982 749.86	1 141 364.91	
工商银行城北支行	—	—	借	3 862.19		3 862.19	10.34	—	3 872.53	—	3 872.53	
小计	—	—	—	345 117.34		345 117.34	19 401 627.20	19 584 256.96	162 487.58	982 749.86	1 145 237.44	
其他货币资金												
小计	—	—	—	—		—	—	—	—		—	
合计	—	—	—	444 158.77 ∧		444 158.77 G ∧	23 435 405.32	23 712 651.14	166 912.95 G ∧	982 749.86	1 149 662.81 G ∧	

注：对存在质押、冻结等变现有限制或存在境外的款项在"备注"中予以说明，对不符合现金及现金等价物条件的银行存款、其他货币资金在"备注"中予以说明，并考虑对现金流量表的影响。

（1）审计工作底稿的标题。包括被审计单位的名称、审计项目名称以及资产负债表日或底稿覆盖的会计期间。

（2）审计过程记录。在审计工作底稿中要详细记录审计实施的全过程，包括审计测试的范围、样本选择等。

（3）审计标识及说明。审计标识是审计人员为便于表达审计含义而采用的符号。在审计工作底稿中，审计人员应确切说明审计标识的含义，同时审计标识应保持前后一致。以下是常用的一些审计标识：

1）∧：直加相符。

2）＜：横加相符。

3）B：与上年结转数核对一致。

4）T：与原始凭证核对一致。

5）G：与总分类账核对一致。

6）S：与明细账核对一致。

7）T/B：与试算平衡表核对一致。

8）C：已发询证函。

9）C\：已收回询证函。

（4）索引号及页次。索引号便于存取使用以及计算机的处理。

（5）编制者姓名及编制日期。

（6）复核者姓名及复核日期。为了明确责任，编制者和复核者在各自完成与特定审计工作底稿相关的任务之后，都应在审计工作底稿上签名并注明编制日期和复核日期。

（7）其他应说明事项。

（8）审计结论。审计结论是注册会计师通过实施必要的审计程序后，对某一审计事项所做的专业判断。

（二）审计工作底稿的编制要求

编制审计工作底稿是一项对专业能力与实务经验要求较高的工作，在编制过程中有以下几点要求：

（1）资料翔实。记录在审计工作底稿上的各类资料来源要真实可靠、内容完整。

（2）重点突出。审计工作底稿应力求反映对审计结论有重大影响的内容。

（3）繁简得当。审计工作底稿应当根据记录内容的不同，对重要内容详细记录，对一般内容简单记录。

（4）结论明确。按审计程序对审计项目实施审计后，注册会计师应在审计工作底稿中对该审计项目明确表达其最终的专业判断意见。

（5）要素齐全。即构成审计工作底稿的基本内容应全部包括在内。

（6）格式规范。即审计工作底稿所采用的格式应规范、简洁。虽然审计准则未对审计工作底稿的格式做出规范设计，但有关审计工作底稿的执业规范指南给出了参考格式。

（7）标识一致。即审计符号的含义应前后一致，并明确反映在审计工作底稿上。

（8）记录清晰。即审计工作底稿上记录的内容要连贯，文字要端正，计算要准确。

（三）审计工作底稿的复核

审计工作底稿实行三级复核制度。所谓审计工作底稿三级复核制度，就是会计师事务所制定的以项目经理、部门经理和主任会计师为复核人，对审计工作底稿进行逐级复核的一种复核制度。

项目经理对审计工作底稿逐张复核，这是第一级的详细复核。部门经理只对审计工作底稿中重要会计账项的审计、重要审计程序的执行，以及审计调整事项等进行复核，这是第二级的一般复核。主任会计师对审计过程中的重大会计审计问题、重大审计调整事项及重要的审计工作底稿进行复核，这是第三级的重点复核。

三、审计工作底稿的保管

二维码 4-11
审计工作底稿的编制、复核与保管

审计业务完成后，审计人员应将审计工作底稿归整为审计档案。审计工作底稿的归档期限为审计报告日后 60 天内，如果注册会计师未能完成审计业务，审计工作底稿的归档期限为审计业务中止后的 60 天内。会计师事务所应当自审计报告日起，对审计工作底稿至少保存 10 年，如果审计师未能完成审计工作，会计师事务所应当自审计业务中止日起，对审计工作底稿至少保存 10 年。

项目小结

项目四主要阐述了如何运用各类审计程序去收集审计证据，以及如何将审计证据记录于工作底稿。

审计程序可分为总审计程序与具体审计程序两类，其中具体审计程序包括检查、观察、询问、函证、重新计算、重新执行和分析程序，各种审计程序有其不同的适用性。审计抽样包括审计抽样的类型、抽样风险与非抽样风险以及审计抽样过程。在审计抽样中，要进行样本设计、确定样本规模、通过选样方法选取样本、评价样本结果。

记录审计证据就是将收集到的证据记录于审计工作底稿中，包括审计工作底稿的分类，审计工作底稿的编制、复核与保管。

即测即评

一、单选题

1. 注册会计师实施的下列审计程序中，（　　）是重新执行。
    A. 注册会计师利用被审计单位的银行存款日记账和银行对账单，重新编制银行存款余额调节表，并与被审计单位编制的银行存款余额调节表进行比较
    B. 对应收账款余额或银行存款的函证
    C. 以人工方式或使用计算机辅助审计技术，对记录或文件中的数据计算的准确性进行核对
    D. 对客户执行的存货盘点或控制活动进行观察

2. 为了证明以下财务报表项目的相关认定，注册会计师如果采用函证程序，则获取的审计证据最相关的是（　　）。
    A. 应付账款的完整性　　　　　　　B. 应收账款的存在
    C. 固定资产的存在　　　　　　　　D. 营业成本的准确性

3. 下列选项中，注册会计师通常认为不适合运用实质性分析程序的是（　　）。

A. 营业外支出　　B. 借款利息支出　　C. 房屋租金收入　　D. 固定资产累计折旧

4. 下列有关注册会计师在临近结束时实施分析程序的说法中,错误的是(　　)。
   A. 实施分析程序的目的是确定财务报表是否与注册会计师对被审计单位的了解一致
   B. 实施分析程序所使用的手段与风险评估程序中使用的分析程序基本相同
   C. 实施分析程序应当达到与实质性分析程序相同的保证水平
   D. 如果通过实施分析程序识别出以前未识别的重大错报风险,注册会计师应当修改原计划

5. 下列关于函证的说法中,正确的是(　　)。
   A. 如果银行存款余额较小,那么注册会计师可以不对该账户余额函证
   B. 注册会计师通常在资产负债表日函证资产负债表日的应收账款
   C. 对于不存在大量错误的,注册会计师可以考虑采用消极的函证方式
   D. 当被询证者通过电子邮件回函时,注册会计师可以通过电话联系被询证者,确定被询证者是否发送了回函及金额是否正确。必要时,注册会计师可以要求被询证者提供回函原件

6. 在实施下列程序时,注册会计师应当考虑使用审计抽样的是(　　)。
   A. 细节测试　　B. 实质性分析程序　　C. 风险评估程序　　D. 实质性程序

7. 造成抽样风险的原因是(　　)。
   A. 审计工作的疏忽　　　　　　　　B. 审计程序设计不当
   C. 审计方法选择不合理　　　　　　D. 测试总体中的部分项目

8. 下列有关统计抽样和非统计抽样的说法中,错误的是(　　)。
   A. 注册会计师应当根据具体情况并运用职业判断,确定使用统计抽样或非统计抽样
   B. 注册会计师在统计抽样与非统计抽样方法之间进行选择时主要考虑成本效益
   C. 非统计抽样如果设计适当,也能提供与统计抽样方法同样有效的结果
   D. 注册会计师使用非统计抽样时,不需要考虑抽样风险

9. 下列有关审计工作底稿的说法中,不正确的是(　　)。
   A. 注册会计师获取的每个与审计结论相关的可靠审计证据都应当记录在审计工作底稿
   B. 每张审计工作底稿都能直接为财务报表是否存在重大错报提供证据
   C. 审计工作底稿能为注册会计师是否遵循了审计准则提供证据
   D. 审计工作底稿有助于会计师事务所和监管机构的质量控制复核与检查

10. 应对审计工作底稿进行最终复核的是会计师事务所的(　　)。
    A. 注册会计师　　B. 项目负责人　　C. 主任会计师　　D. 审计助理人员

二、多选题

1. 注册会计师对函证程序的下列设计更有利于实现完整性目标的包括(　　)。
   A. 不列出账户余额,而是要求被询证者提供余额信息
   B. 在询证函中列明相关信息,要求对方核对确认
   C. 扩大函证范围,重点对余额为零或较低的账户实施函证
   D. 要求被审计单位寄发询证函

2. 下列有关注册会计师针对"回函可靠性"的考虑中,正确的有(　　)。
   A. 通过邮寄方式收到的回函,注册会计师可以验证"被询证者确认的询证函是否是原件,是否与注册会计师发出询证函是同一份"等信息

B. 通过跟函方式收到的回函，注册会计师可以观察处理询证函的人员是否按照处理函证的正常流程认真处理回函文件

C. 以电子形式收到的回函，注册会计师必须要求被询证者提供回函文件

D. 在收到对询证口头回复的情况下，注册会计师可以要求被询证者提供直接书面回复

3. 在询证函发出前，注册会计师需要恰当地设计询证函，并对询证函上的各项资料进行充分核对。针对询证函上的各项资料进行核对的下列程序中，正确的有（　　）。

A. 将被询证者的名称和地址信息与被审计单位明细账名称核对

B. 通过拨打公共查询电话核实被询证者的名称和地址

C. 对于供应商，可以将被询证者的名称、地址与被审计单位收到的增值税专用发票中的对方单位名称、地址进行核对

D. 对于客户，可以将被询证者的名称、地址与被审计单位收到的增值税专用发票中的对方单位名称、地址进行核对

4. 下列选项中关于分析程序的说法中正确的有（　　）。

A. 风险评估阶段实施分析程序有助于了解被审计单位及其环境

B. 在总体复核阶段必须执行分析程序

C. 在实质性程序中必须执行分析程序

D. 在不同的阶段运用分析程序的目的不同

5. 注册会计师在对财务报表总体的合理性实施分析程序时，如果识别出以前未识别的重大错报风险，注册会计师应当（　　）。

A. 重新考虑全部或部分认定的风险评估是否恰当

B. 重新评价之前计划的审计程序是否充分

C. 考虑是否有必要追加审计程序

D. 重新考虑是否解除业务约定

6. 不适宜采用审计抽样的审计程序包括（　　）。

A. 询问　　　　　B. 分析程序　　　　　C. 观察　　　　　D. 细节测试

7. 关于审计抽样特征，以下描述中恰当的有（　　）。

A. 对某类交易或账户余额中低于百分之百的项目实施审计程序

B. 审计测试的目的是为了评价该账户余额或交易类型的某一特征

C. 扩大样本规模可以降低非抽样风险

D. 所有抽样单元都有被选取的机会

8. 下列有关抽样风险的说法中，正确的有（　　）。

A. 误受风险和信赖不足风险影响审计效果

B. 误受风险和信赖过度风险影响审计效果

C. 误拒风险和信赖不足风险影响审计效率

D. 误拒风险和信赖过度风险影响审计效率

三、判断题

1. 检查应付账款余额是否有相关原始凭证的支持可以为应付账款的完整性认定提供审计证据。　　　　　　　　　　　　　　　　　　　　　　　　　　　　　　（　　）

2. 检查有形资产，可以证实有形资产是否存在及其状态。　　　　　　　（　　）

3. 函证应收账款，可以证实被审计单位应收账款的计价是否正确。　　　　（　　）

4. 在总体复核中所运用的分析程序，其主要目的在于了解被审计单位及其环境并评估财务报表层次和认定层次的重大错报风险。　　　　（　　）

5. 从 500 张凭证中抽取 50 张凭证审查，则抽样间隔数为 5。　　　　（　　）

6. 审计工作底稿是审计人员在整个审计过程中形成的全部审计记录。　　　　（　　）

7. 审计工作底稿需要通过逐级复核，以保证审计工作底稿质量。　　　　（　　）

四、名词解释

审计程序、检查、顺查、逆查、函证、重新执行、分析程序、审计抽样、抽样风险、系统选样、审计工作底稿

五、简答题

1. 注册会计师在运用审计程序获取审计证据时，需要考虑什么问题？
2. 审计抽样的特征是什么？
3. 导致非抽样风险的原因有哪些？
4. 在审计抽样中，样本设计阶段有哪些工作？
5. 在选样阶段，影响样本规模的因素有哪些？

二维码 4-12
即测即评答案

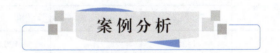

案例分析

1. 注册会计师 A 在审计甲公司 2020 年度财务报表时，确定了存货的审计目标，要求根据表 4-6 的审计目标，列出这些审计目标能够验证的管理层认定，并列出为实现这些具体目标，注册会计师应当执行的审计程序。

表 4-6　管理层认定与审计程序

管理层认定	具体审计目标	审计程序
	甲公司对存货均拥有所有权	
	记录的存货数量包括了甲公司所有的在库存货	
	存货期末余额已按成本与可变现净值适当调整	
	存货成本的计算准确	
	存货的主要类别和计价基础已在财务报表中恰当披露	

2. Y 公司是 ABC 会计师事务所的常年审计客户，注册会计师 A 负责审计 Y 公司 2020 年度财务报表，审计工作底稿中与分析程序相关的部分内容摘录如下：

（1）注册会计师 A 认为分析程序是必要的风险评估程序，并要求项目组成员在了解 Y 公司及其环境的每个方面都必须使用分析程序。

（2）对存在特别风险的审计领域，注册会计师 A 要求项目组成员实施的实质性程序必须包括细节测试，不能仅实施实质性分析程序。

（3）由于评估的存货项目的重大错报风险较往年提高，注册会计师 A 拟相应提高针对存货项目实施实质性分析程序的可接受差异额。

（4）为降低库存压力，Y 公司 2020 年度大幅降低库存产成品的销售价格，但其 2020 年度毛利率反而比 2019 年度上升，且管理层无法做出合理解释。注册会计师 A 据此认为 Y 公司营业成本完整性认定存在重大错报风险。

（5）评价审计证据后，注册会计师 A 认为财务报表不存在重大错报，无须在完成阶段再次实施分析程序。

要求：针对上述事项，逐项指出注册会计师 A 的做法是否恰当。如不恰当，简要说明理由。

3. 注册会计师采用系统选样法从 2 000 张凭证中选取 100 张作为样本，确定随机起点为凭证编号的第 76 号，则抽取的第 5 张凭证的编号应为第几号？

4. 表 4-7 是注册会计师编制的审计工作底稿，请代为指出其中的不当之处。

表 4-7 原材料抽查盘点表

盘点标签号码	存货表号码	存货		盘点结果	
		号 码	内 容	客 户	审计人员
123	6	1—25	A	120 √	150
226	20	1—90	B	50 √	50
367	25	2—30	C	200 √	200
480	31	3—20	D	120 √	150
496	62	4—10	E	60 √	60
502	76	6—23	F	1 100 √	1 100

以上差异已由客户纠正，纠正差异后使被审计单位存货账户余额增加 500 元，抽查盘点存货总价值为 50 000 元，占全部存货价值的 20%，经追查至存货汇总表没有发现其他例外。我们认为错误并不重要。

二维码 4-13
案例分析解析

Module three

模块三

如何实施审计业务

- 项目五　承接业务与计划审计工作 // 074
- 项目六　实施审计测试 // 093
- 项目七　终结审计 // 196

项目五
承接业务与计划审计工作

知识与技能目标

1. 理解初步业务活动目的和内容，熟悉初步业务活动的流程。
2. 了解审计业务约定书。
3. 掌握制定总体审计策略时应考虑的主要事项，理解具体审计计划，理解总体审计策略与具体审计计划的关系。
4. 理解审计重要性概念，掌握审计重要性的分类，理解不同层次不同类别审计重要性的作用。
5. 理解审计风险的概念及组成要素，能够分析审计风险模型并能够设计审计程序，理解审计重性、审计风险与审计证据三者之间的关系。

素养目标

1. 在学习、工作中培养计划观念，养成做计划的习惯。
2. 养成风险控制意识，树立底线思维，培养社会责任感。
3. 掌握辨证法，能够抓住审计重点，达到事半功倍的成效。

职业提示

审计人员都要养成做计划的好习惯，所谓"凡事预则立，不预则废"讲的就是这个道理。审计人员无论在学习还是工作中，都要能够抓住重点，抓住事物的主要矛盾，以达到事半功倍的效果。同时，审计人员还应有风险意识，树立底线思维，以高度的社会责任感从事审计职业。

引导案例

2020年6月8日宝信会计师事务所注册会计师王玲和助理审计人员李丽应隆兴公司的邀请，前往该公司洽谈业务。注册会计师王玲及助理审计人员李丽对隆兴公司委托审计的目的、审计业务的性质、审计收费、审计范围是否受到限制、审计是否能够顺利进行、隆兴公司提供的文件、协助的事项等方面进行了初步了解之后，双方当即签订了审计业务约定书。现在请你思考下，注册会计师王玲与隆兴公司立即签约是否正确，为什么？

任务一　承接审计业务

知识学习

注册会计师审计是受托审计，业务承接是注册会计师审计业务的起点，因此承接审计业务是注册会计师的初步业务活动。

在这个阶段，注册会计师通过与客户的初步接触，了解本次审计业务的目的、被审计单位的基本情况、自身的独立性和专业胜任能力，并最终决定是否承接该业务。

一、初步业务活动的目的和内容

对于会计师事务所来说，取得和保持一定数量的客户至关重要，但这并不意味着所有业务注册会计师都会承接。在决定接受客户委托时，需要保持职业谨慎。因为对于高风险客户，特别是缺乏诚信的客户，接受其业务所带来的风险必然是巨大的。要把握审计业务风险，必须从源头，也就是从承接业务开始就加以控制。因此，承接审计业务过程中的审计活动就显得非常重要了，这一阶段的活动叫作初步业务活动。注册会计师开展初步业务活动主要实现以下三个主要目的：

（1）具备执行业务所需的独立性和能力。
（2）不存在因管理层诚信问题而可能影响注册会计师保持该业务的意愿的事项。
（3）与被审计单位之间不存在对业务约定条款的误解。

为了实现这三个目的，注册会计师应开展下列初步业务活动：

（1）针对保持客户关系和具体审计业务实施相应的质量控制程序。
（2）评价遵守相关职业道德要求的情况。
（3）就审计业务约定条款达成一致意见。

二、初步业务活动的流程

注册会计师开展初步业务的目的和内容是通过初步业务活动的流程实现的，初步业务活动的基本流程如图5-1所示。

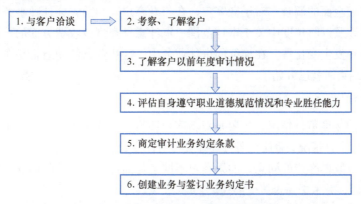

图5-1　初步业务活动的基本流程

1. 与客户洽谈

通过与客户初步沟通，了解客户审计的原因，也使客户了解审计的一些要求等。这里要注意的是，与客户进行洽谈，会计师事务所应派出有经验的注册会计师，通过自身的专业能力取得客户的信任。

2. 考察、了解客户

考察、了解客户是初步业务活动中非常重要的一环，尤其是对于新客户，要对客户全面考察。考察客户主要是了解：

（1）客户的基本情况。客户的基本情况包括客户的性质、所属行业及业务性质、主要股东、治理结构及组织结构、经营情况等。其中重点是了解客户的业务性质、治理结构及组织结构。企业的业务性质不同，其竞争程度就会不一样，其面临的风险也就不一样。

随着社会经济的发展，每年都有可能涌现出新兴行业，对于这些新兴快速增长行业的客户，会计师事务所应非常谨慎，这些行业中的许多企业成长快，失败的也快，承接这些企业的业务，会使会计师事务所承担很大的潜在责任。了解治理结构及组织结构有助于了解企业的风险管理情况。

（2）客户的经营情况。经营情况的了解包括了解客户目前的经营状况、经营规模和经营风险。了解客户的经营状况主要是了解客户的生产销售情况，生产什么、主要销往哪里、库存情况等。了解企业的规模为的是了解企业抵御风险的能力，企业的规模不同，其抵御风险的能力也是不一样的，虽然说船小好掉头，但在大风大浪面前，大企业凭借其雄厚的实力，更能抵抗风险。另外，企业的经营风险会导致企业持续经营能力下降，管理层会面临经营业绩的压力，这些都有可能导致报表的重大错报风险，进而使审计风险增加，所以了解客户的经营情况就显得非常重要了。

在考察、了解客户时，还需注重了解和评价客户的诚信、声誉情况。

注册会计师可以通过哪些途径来获取客户的信息和资料呢？

二维码 5-1　想一想解析

要注意的是，考察、了解客户，既包括新客户，也包括老客户。对于新客户，会计师事务所应对其进行详细全面的调查。对于老客户，在与老客户续约前，会计师事务所也应对其重新评价，评价可能涉及以前年度中关于审计范围、审计意见类型或收费方面的分歧，当然也涉及管理层的诚信是否发生变化等。在连续的审计业务中，这些业务活动通常是在上期审计工作结束后不久或将要结束时就已开始了。

3. 了解客户以前年度审计情况

了解客户以前年度审计情况，主要是对新客户而言，目的是为了进一步了解、评价客户。了解客户以前年度审计情况，后任注册会计师应与前任注册会计师取得联系，当然，在联系之前，后任注册会计师应取得客户的同意。如果客户不同意与前任注册会计师沟通，后任注册会计师应向客户询问原因，并考虑是否接受委托。

与前任注册会计师沟通的内容包括目标客户管理层是否存在诚信方面的问题，前任注册会计师与目标客户管理层在重大会计、审计等问题上存在的意见分歧，目标客户变更会计师事务所的原因等。委托人和受托人在签约前必须就审计业务、审计范围达成一致。在会计报表审计、专项审计、期中审计、验资等诸多审计业务的委托过程中，注册会计师必须清晰地察觉今后的审计范围是否会受到限制，被审计单位能否如实地提供全部资料，注册会计师能否顺利地在审计过程中取得充分适当的证据以支持审计意见等问题。

4. 评价自身遵守职业道德规范情况和专业胜任能力

注册会计师应评价自身遵守职业道德规范情况和专业胜任能力，有无自身利益、自我评价、过度推介等这些对遵循职业道德基本原则产生不利影响的因素，对于专业胜任能力，还要考虑是否存在一些不熟悉的领域需要利用其他专家等。

5. 商定审计业务约定条款

拟承接的业务具备审计准则要求的特征时，注册会计师要与客户商定审计业务约定条款，并就业务约定条款达成一致意见。这里的关键是双方对各项条款理解准确，没有误解。

审计业务约定条款包括业务范围与审计目标、被审计单位的责任与义务、会计师事务所的责任和义务、审计收费、审计报告和审计报告的使用等。尽管会计师事务所收费标准由注册会计师协会统一规定，采用计时或计件方式收取服务费用，但是在实际工作中，会计师事务所更多地采用计时收费方式，因此会计师事务所应合理估计工作时间，向委托人提交审计约定收费预算，并商定应收的审计费用。

6. 创建业务与签订审计业务约定书

注册会计师与客户就审计业务约定条款达成一致意见后，双方正式创建业务，签订审计业务约定书。审计业务约定书是书面合同，上面记载着审计业务的约定条款，一旦签订，双方应履行各自的义务。

实务提醒

承接审计业务阶段的初步业务活动，可以概况为三个关键词，即考察客户、评价自身和达成一致。考察客户的关键是客户的诚信，因此要针对保持客户关系和具体审计业务实施相应的质量控制程序，对客户进行全方位的了解与评价。评价自身就是要确保具备执行业务所需要的独立性和专业胜任能力，因而要评价遵守职业道德规范的情况。最后双方就审计业务约定条款达成一致意见，为最后签约铺平道路。

三、审计业务约定书

审计业务约定书是指会计师事务所与被审计单位签订的，用以记录和确认审计业务的委托与受托关系、审计目标和范围、双方的责任以及报告的格式等事项的书面协议。审计业务约定书具有经济合同的性质，一经双方认可签字，即成为会计师事务所与委托人之间具有法律效力的契约。

实务提醒

签订后的审计业务约定书具有法定约束力，具有其他根据《中华人民共和国经济合同法》签订的经济合同一样（同等）的法律效力，成为委托人和受托人双方之间在法律上的生效契约。如果出现法律诉讼，它是确定双方责任的首要依据之一。从审计工作本身来看，当委托和受托目标全部实现后,即审计工作全部完成后,注册会计师应将审计业务约定书妥善保管,作为一项重要的审计工作底稿资料,纳入审计档案管理。

下列关于审计业务约定书的说法错误的是(　　)。
A. 审计业务约定书是会计师事务所与被审计单位签订的
B. 审计业务约定书具有经济合同的性质,一经各方认可签字,对各方均有法定约束力
C. 会计师事务所承接任何审计业务,均应与被审计单位签订审计业务约定书
D. 审计业务约定书的所有内容和格式不会因不同的被审计单位而不同

附:审计业务约定书参考格式见二维码5-3。

二维码5-2　练一练解析

二维码5-3　审计业务约定书参考格式

任务二　编制审计计划

知识学习

俗话说,凡事预则立,不预则废,说的就是做事要有计划性。良好的计划可以帮助我们达到目标,编制审计计划的作用也在于此。

审计实质上就是计划与执行的过程,在这一过程中,计划占据重要的地位。审计计划是指注册会计师为了完成各项审计业务,达到预期的审计目标,在具体执行审计程序之前编制的工作计划。

一、审计计划的内容

审计计划具有层次性,包含总体审计策略和具体审计计划两个层次。

(一)总体审计策略

总体审计策略是对审计工作的总体性的计划和安排,用以确定审计范围、时间安排和方向,并指导具体审计计划的制订。

注册会计师在制定总体审计策略时,应当考虑的事项包括审计范围,报告目标、时间安排及所需沟通的性质,审计方向和审计资源。

1. 审计范围

注册会计师通过确定审计业务的特征,来确定审计范围。审计业务的特征包括采用的财务

报告编制基础、特定行业的报告要求以及被审计单位组成部分的关系等。

2. 报告目标、时间安排及所需沟通的性质

对于这部分事项，注册会计师要考虑的是审计业务的报告目标，审计业务的时间安排，包括提交审计报告的时间要求、执行审计的时间安排、与管理层和治理层沟通的时间安排及所需沟通的事项。

3. 审计方向

注册会计师根据职业判断，考虑重点审计领域。具体来说就是要确定适当的重要性水平，初步识别可能存在较大重大错报风险的领域，初步识别重要的组成部分和账户余额。

4. 审计资源

注册会计师在制定总体审计策略时，要考虑所需的审计资源的性质、时间安排和范围，包括：

（1）向具体审计领域调配的资源。例如，高风险领域要分派有适当经验的项目组成员，复杂的问题可能还要利用专家工作等。

（2）向具体审计领域分配资源的多少。例如，重要地点进行存货监盘的项目组成员的人数，在集团审计中复核组成部分注册会计师工作的范围，向高风险领域分配的审计时间预算等。

（3）何时调配这些资源。包括是在期中审计阶段还是在关键的截止日期调配资源等。

（4）如何管理、指导、监督这些资源的利用。包括预期何时召开项目组预备会和总结会，预期项目合伙人和经理如何进行复核，是否需要实施项目质量控制复核等。

通过将合适的人员调配到合适的领域，可以抓住主要问题，降低审计风险，提高审计效率。

在制定总体审计策略时，注册会计师还应考虑初步业务活动的结果，以及为被审计单位提供其他服务时所获得的经验。

实务提醒

注册会计师可以同被审计单位的治理层与管理层就计划审计工作的时间安排、总体策略、具体审计计划的某些内容等情况进行沟通，但要保持职业谨慎，以防止由于具体审计程序易于被管理层预见而损害审计工作的有效性。

附：总体审计策略参考格式见二维码5-4。

二维码5-4 总体审计策略参考格式

（二）具体审计计划

具体审计计划是指注册会计师为获取充分、适当的审计证据，以将审计风险降至可以接受的低水平，对项目组成员拟实施的审计程序的性质、时间和范围做出的具体安排。具体审计计划包括风险评估程序、计划实施的进一步审计程序和其他审计程序。其中进一步审计程序包括控制测试和实质性程序。

具体审计计划比总体审计策略更加详细，其目的就是获取充分、适当的审计证据，核心是做出审计程序的性质、时间安排和范围的决策。

审计程序的性质的决策就是考虑选用哪种审计程序，以实现怎样的审计目标。审计程序的范围是指实施审计程序的数量，包括抽取的样本量，对某项控制活动的观察次数等。

需要说明的是，随着审计工作的推进，对审计程序的计划是一步步深入的。例如，计划风险评估程序通常在审计开始阶段进行，计划进一步审计程序则需要依据风险评估程序的结果进行。

实务提醒

二维码 5-5　审计程序表参考格式

在实务中，进一步审计程序通常是以"审计程序表"的形式体现的，在具体实施审计程序时，注册会计师记录所实施的审计程序及结果，形成有关进一步审计程序的审计工作底稿。

附：具体审计计划——审计程序表参考格式见二维码 5-5。

（三）总体审计策略与具体审计计划的关系

总体审计策略指导具体审计计划的编制，具体审计计划是总体审计策略的延伸。总体审计策略是从宏观的角度来计划审计工作，具体审计计划则是从微观的角度来计划审计工作。

虽然制定总体审计策略的过程通常在具体审计计划之前，但是两项计划具有内在紧密联系，对其中一项的决定可能会影响甚至改变对另外一项的决定。

在实务操作过程中，注册会计师通常是将两者结合起来一起来做，以提高计划审计工作的效率。

二、审计过程中对审计计划的更改

计划审计工作不是审计业务的一个孤立阶段，而是一个持续的、不断修正的过程，贯穿于整个审计业务的始终。

二维码 5-6　审计计划

在审计过程中，由于未预期事项、条件的变化或在实施审计程序中获取的审计证据等原因，注册会计师需要对总体审计策略和具体审计计划做出更新和修改。通常来讲，这些更新和修改涉及比较重要的事项。如果注册会计师在审计过程中对总体审计策略或具体审计计划做出重大修改，应当在审计工作底稿中记录做出的重大修改及其理由。

练一练

关于审计计划，下列说法中错误的是（　　）。
A．总体审计策略用以确定审计范围、时间安排和方向，并指导具体审计计划的制订
B．确定审计程序的性质、时间安排和范围是具体审计计划的核心
C．计划审计工作是一个持续的、不断修正的过程
D．总体审计策略一经制定，不得修改，但具体审计计划可以根据情况的变化进行适当修改

二维码 5-7　练一练解析

任务三　确定重要性水平

知识学习

重要性是审计中的一个重要概念，与财务报表总体审计目标相关联。在财务报表审计中，

审计的总体目标之一是"对财务报表整体是否不存在由于舞弊或错误导致的重大错报获取合理保证",那么什么样的错报才是重大错报呢?这就引入了审计重要性的概念,重要性就是衡量错报重大的尺子。

一、审计重要性的概念

审计重要性就是指财务报表中存在错报的严重程度。如果一项错报连同其他错报可能影响预期使用者依据财务报表做出的经济决策,则该错报就是重大的。

从审计的总体目标中,我们知道注册会计师关注的是重大错报,而非全部错报。如果说衡量被审计单位管理层编制的财务报表是否存在错报的标准是财务报告编制基础,财务报告编制基础是一把尺子,那么重要性就是这把尺子上某一刻度值,超过这一刻度值,即为重大错报。其实,从注册会计师角度看,重要性就是注册会计师对财务报表总体能够容忍的最大错报。

在理解和应用重要性概念时,要注意以下三方面:

(1)如果合理预期错报(包括漏报)单独或汇总起来可能影响财务报表使用者做出的经济决策,则通常认为错报是重大的。也就是说,重要性是站在报表使用者角度来说的,影响方式可以是单独的,也可以是汇总的,也就是累积的影响。

(2)对重要性的判断是根据具体环境做出的,并受错报的金额或性质的影响,或受两者共同作用的影响。这是从影响因素来说,重要性的判断要结合具体情况,并且要从金额和性质两个维度来考虑。从金额考虑就是超过重要性的错报即为重大错报,这是对重大错报规模的界定。从性质考虑就是未超过重要性,但性质特殊,也可能构成重大错报。例如,A公司财务报表整体重要性是100万元,营业收入高估50万元,利润总额是30万元,该错报使得A公司由亏损变为盈利,即为性质特殊的重大错报。

(3)判断某事项对财务报表使用者是否重大,是在考虑财务报表使用者整体共同的财务信息需求的基础上做出的。也就是重要性是从公众整体角度来说的,而不考虑错报对个别财务报表使用者可能产生的影响。

想一想

理解了重要性后,那么在审计中,什么时候要确定重要性呢?

二维码 5-8　想一想解析

二、重要性分层分类

重要性有层次性,我们将重要性分为财务报表层次的重要性和认定层次的重要性。

(一)财务报表层次的重要性

财务报表层次的重要性又可分为计划的财务报表整体重要性和实际执行的财务报表重要性。

1. 计划的财务报表整体重要性

计划的财务报表整体重要性是指注册会计师在计划审计工作时确定的错报是否重大的"度",

以发现在金额上重大的错报是否对预期使用者产生影响，进而是否影响后续审计程序和审计意见。对财务报表任何项目来说，一项错报的金额达到这个界限，通常就是重要的。

2. 实际执行的财务报表重要性

实际执行的财务报表重要性是指注册会计师确定的低于财务报表整体重要性的一个或多个金额，旨在将未更正和未发现错报的汇总数超过财务报表整体重要性的可能性降至适当的低水平。一项错报的金额一旦达到这个界限，就可能与其他错报汇总后达到财务报表整体层次的重要性。这是为了避免单独不重大的错报而汇总后可能重大的情形。

（二）认定层次的重要性

认定层次的重要性也分为计划的和实际执行的两类。

1. 认定层次的计划重要性

认定层次的计划重要性是指注册会计师为财务报表中某个或多个特定类别的交易、账户余额或披露确定的重要性。例如某些报表项目，财务报表的预期使用者特别关注，注册会计师合理预期这些项目会影响财务报表使用者做出的经济决策，因此要为这些项目确定重要性。在认定层次，一项错报的金额达到这个界限，通常就是重要的。

2. 认定层次的实际执行重要性

认定层次的实际执行重要性是指注册会计师为财务报表中某个或多个特定类别的交易、账户余额或披露确定的低于计划层次的重要性。在认定层次设置实际执行的重要性，也是为了避免在认定层次，错报单个不重大，汇总起来重大的风险。

所以，不管是财务报表整体还是认定层次的实际执行的重要性，都相当于在重要性下又设置了一个警戒线，以避免单独来看金额低于计划重要性，汇总后可能成为重大错报的情况。因此，实际执行的重要性总是要低于计划的重要性。

需要提醒的是，我们对重要性进行分层分类时还存在一个明显微小错报。所谓明显微小错报，是指无论单独或者汇总，从规模、性质或其发生的环境来看都是明显微不足道的错报。

二维码 5-9　审计重要性概述

想一想

重要性分为几个层次、几个类别？

二维码 5-10　想一想解析

三、重要性水平的确定

重要性水平是对重要性的量化，即从数量上来衡量重要性。在计划审计工作时，注册会计师会确定一个合理的重要性水平，以此决定审计程序的性质、时间和范围，以发现在金额上重大的错报。

1. 计划的财务报表整体的重要性水平的确定

注册会计师应当运用职业判断，以及以往的审计经验，选择一个"基准"，乘以适当的"百

分比"，确定财务报表整体的重要性水平，即重要性水平＝基准×百分比

基准是指注册会计师为确定重要性，根据预期使用者关注的项目和被审计单位的具体情况等选择的确定重要性的"基础"。

基准通常采用财务报表要素中的汇总性财务数据作为财务报表整体的重要性水平的基准。例如，可以将税前利润、营业收入、费用总额、净资产、毛利等作为基准。具体选择哪一个数据作为基准，需要考虑以下一些因素：

（1）财务报表要素。

（2）是否存在特定会计主体的财务报表使用者特别关注的项目。

（3）被审计单位的性质、所处的生命周期阶段以及所处行业和经济环境。

（4）被审计单位的所有权结构和融资方式。

（5）基准的相对波动性。

考虑这些因素及被审计单位具体情况后，一般来说，对于新设期企业，可以采用总资产为基准；对于成长期企业，可以采用营业收入为基准；对于成熟期企业，盈利水平保持稳定，可以采用经常性业务的税前利润为基准；如果企业近年来经营状况大幅度波动，盈利和亏损交替发生，可以采用过去3～5年经常性业务的平均税前利润或亏损来作为基准，亏损取绝对值。

基准确定之后，就要确定百分比。百分比的确定同样需要运用职业判断。百分比和选定的基准之间存在一定的联系，如经常性业务的税前利润对应的百分比通常比营业收入对应的百分比要高。一般来说，所选择的基准的绝对值越大，对应的百分比就越小。例如，对于以营利为目的的制造业企业，一般是经常性业务的税前利润的5%，而对非营利组织，一般是收入总额或费用总额的1%。百分比无论是高一些还是低一些，只要符合具体情况，都是适当的。

练一练

注册会计师在确定财务报表整体的重要性时通常选定一个基准。下列各项因素中，在选择基准时不需要考虑的是（　　　）。

A．被审计单位所处的生命周期

B．被审计单位所有权结构和融资方式

C．基准的重大错报风险

D．基准的相对波动性

二维码5-11
练一练解析

2. 实际执行的财务报表重要性水平的确定

确定实际执行的财务报表重要性水平，同样需要注册会计师运用职业判断，需要考虑的因素包括：

（1）对被审计单位的了解。

（2）前期审计工作中识别出的错报的性质和范围。

（3）根据前期识别出的错报对本期错报做出的预期。

实际执行的重要性通常为财务报表整体重要性的50%～75%，那么什么情况下采用较低的

百分比,什么情况下采用较高的百分比呢?

当存在以下一些情况时,注册会计师考虑采用较低的百分比来确定实际执行的重要性。

(1)首次接受委托的审计项目。

(2)连续审计项目,以前年度审计调整较多。

(3)项目总体风险较高,如处于高风险行业、管理层能力欠缺、面临较大市场竞争压力或业绩压力等。

(4)存在或预期存在值得关注的内部控制缺陷。

如果存在以下一些情况,注册会计师可以考虑采用较高的百分比来确定实际执行的重要性。

(1)连续审计项目,以前年度审计调整较少。

(2)项目总体风险为低到中等。

(3)以前期间的审计经验表明内部控制运行有效。

3. 计划的特定类别交易、账户余额或披露的重要性水平的确定

计划的特定类别交易、账户余额或披露的重要性水平是认定层次的重要性水平,是在计划的财务报表整体重要性水平的基础上确定的,一般应相应低于财务报表层次的重要性。

4. 实际执行的特定类别交易、账户余额或披露的重要性水平的确定

实际执行的特定类别交易、账户余额或披露的重要性水平的确定是在计划的特定类别交易、账户余额或披露的重要性水平的基础上确定的,通常也是其重要性的50%~75%。

5. 明显微小错报临界值的确定

明显微小错报临界值是在财务报表整体重要性的基础上确定的,通常为财务报表整体重要性的3%~5%,也可能更低或更高,但通常不超过财务报表整体重要性的10%。

这里需要说明的是,认定层次的重要性水平,不管是计划的还是实际执行的,只是在适用的情况下才需要确定。而财务报表层次的重要性水平,不管是计划的,还是实际执行的,以及明显微小错报临界值,则需要在每次审计计划中加以明确。

另外,还要注意的是,在审计过程中,如果情况发生重大变化,或者获取了新信息,或者对被审计单位及其经营所了解的情况发生了变化,注册会计师需要修改财务报表整体的重要性水平和特定类别的交易、账户余额或披露的重要性水平。

练一练

二维码 5-12
练一练解析

下列情形中,注册会计师通常考虑采用较高的百分比确定实际执行的重要性的是(　　)。

A. 首次接受委托执行审计

B. 预期本年被审计单位存在值得关注的内部控制缺陷

C. 本年被审计单位面临较大的市场竞争压力

D. 以前年度审计调整较少

议一议

案例资料：上市公司甲公司是 ABC 会计师事务所的常年审计客户，注册会计师 A 负责审计甲公司 2020 年度财务报表，审计工作中与确定重要性评估错报相关的部分内容摘录见表 5-1。

表 5-1 审计工作中与确定重要性评估错报相关的部分内容

（单位：万元）

项　　目	2020 年	2019 年	备　　注
营业收入	16 000（未审数）	15 000（已审数）	2020 年，竞争对手推出新产品抢占市场，甲公司通过降价和增加广告投放促销
税前利润	50（未审数）	2 000（已审数）	2020 年，降价及销售费用增长导致盈利大幅下降
财务报表整体的重要性水平	80	100	
实际执行的重要性水平	60	75	
明显微小错报的临界值	0	5	

（1）2019 年财务报表整体的重要性水平以税前利润的 5% 计算。2020 年，由于甲公司处于盈亏临界点，注册会计师 A 以过去三年税前利润的平均值作为基准确定财务报表的整体重要性水平。

（2）由于 2019 年度审计中提出的多项审计调整建议金额均不重大，注册会计师 A 确定 2020 年度实际执行的重要性为财务报表整体重要性水平的 75%，与 2019 年度保持一致。

（3）2020 年度，治理层提出希望知悉审计过程中发现的所有错报，因此，注册会计师 A 确定 2020 年度明显微小错报的临界值为 0。

（4）甲公司 2020 年年末非流动负债余额中包括一年内到期的长期借款 2 500 万元，占非流动负债总额的 50%。注册会计师 A 认为，该错报对利润表没有影响，不属于重大错报，同意管理层不予调整。

（5）注册会计师 A 仅发现一笔影响利润表的错报，即管理费用少计 60 万元，注册会计师 A 认为，该错报金额小于财务报表整体的重要性，不属于重大错报，同意管理层不予调整。

要求：针对上述第（1）～（5）项，假定不考虑其他条件，逐项指出注册会计师 A 的做法是否恰当。如不恰当，简要说明理由。

二维码 5-13
议一议解析

四、错报的分类

错报已在总体审计目标里已学过，但在总体审计目标里，我们并没有对错报做分类。从前面的学习中，我们知道，错报是由于错误或舞弊导致的，具体来说，错报可能由下列事项导致：

（1）收集或处理用以编制财务报表的数据时出现错误。

（2）遗漏某项金额或披露。

（3）由于疏忽或明显误解有关事实导致做出不正确的会计估计。

（4）注册会计师认为管理层对会计估计做出不合理的判断或对会计政策做出不恰当的选择和运用。

注册会计师在审计中要确保不累积的错报（即低于明显微小错报临界值）连同累积的未更正错报不会汇总成为重大错报。因此，为了评价审计过程中累积的错报的影响以及与管理层和治理层沟通错报事项，这里将错报分为事实错报、判断错报和推断错报。

1. 事实错报

事实错报是毋庸置疑的错报。这类错报产生于被审计单位收集和处理数据的错误，对事实的忽略或误解，或故意舞弊行为。

2. 判断错报

判断错报是由于注册会计师认为管理层对会计估计做出不合理的判断或不恰当地选择和运用会计政策而导致的差异。

3. 推断错报

推断错报是指通过测试样本估计出的总体的错报减去在测试中发现的已经识别的具体错报。

五、重要性水平运用

重要性水平的运用贯穿整个审计过程。在审计的整个过程中，都需要运用重要性水平。

在审计计划阶段，通过初步确定审计重要性水平，确定关键审计领域以及报表项目和重点审计的账户。

在审计实施阶段，审计重要性水平是确定审计证据数量和审计程序的主要因素。一般来说，重要性水平越低，所需的证据数量越多，越需要设计有针对性的审计程序，收集充分、适当的审计证据。同时，对于超过重要性水平的错报，要求被审计单位更正。

在完成审计阶段，这个时候运用重要性水平，主要是评价未更正错报汇总数对发表审计意见的影响。注册会计师应及时与被审计单位管理层沟通错报事项，以便管理层更正错报，如果管理层拒绝更正注册会计师累积识别的错报，则注册会计师需要运用重要性水平，评价未更正错报对发表审计意见的影响。

任务四　评估审计风险

知识学习

审计风险涉及注册会计师需要承担的审计责任，注册会计师必须对审计风险加以评估。

一、审计风险的概念

审计风险是指财务报表存在重大错报时，注册会计师发表不恰当审计意见的可能性。通俗地讲，审计风险就是注册会计师没有发现被审计单位财务报表存在重大错报，或者发现了被审计单位财务报表存在错报，但是注册会计师发表了不恰当的审计意见。

需要强调的是，审计风险隐含着被审计单位财务报表存在重大错报，注册会计师按审计准则的规定实施审计并合理运用职业判断后，仍然有发表不恰当审计意见的可能性。

审计业务是合理保证的鉴证业务，因此，对注册会计师来讲，可接受的审计风险要足够低，以便合理保证所审计财务报表不存在重大错报。所以注册会计师要想对发表的审计意见的正确性有较大把握，那么只能接受较低的审计风险。

例如：注册会计师对审计意见要想有 99% 的保证程度，那么可接受的审计风险就只能为 1%；如果注册会计师对审计意见的保证程度是 95%，那么可接受的审计风险就可以是 5%。这里，可接受审计风险就是注册会计师准备承担的审计风险。

想一想

可接受审计风险和保证程度之间存在怎样的关系？如果注册会计师要想对审计意见有98%的保证程度，那么可接受的审计风险只能是多少呢？

二维码5-14　想一想解析

二、审计风险的组成要素

审计风险取决于重大错报风险和检查风险，即审计风险＝重大错报风险×检查风险。

在审计风险构成要素中，重大错报风险是指财务报表在审计前存在重大错报的可能性。重大错报风险可分为两个层次，一个是财务报表层次，这一层次的重大错报风险与财务报表整体存在广泛联系，可能影响多项认定。另一个是与各类交易、账户余额和披露相联系的认定层次的重大错报风险。同时，认定层次的重大错报风险又可进一步细分为固有风险和控制风险。固有风险是指在考虑相关的内部控制之前，某类交易、账户余额或披露的某一认定易于发生错报（该错报单独或连同其他错报可能是重大的）的可能性。控制风险是指某类交易、账户余额或披露的某一认定发生错报，该错报单独或连同其他错报是重大的，但没有被内部控制及时防止或发现并纠正的可能性。

检查风险是指某一认定存在错报，该错报单独或连同其他错报是重大的，注册会计师为将审计风险降至可接受的低水平而实施审计程序后没有发现这种错报的风险。

重大错报风险与被审计单位有关，在审计之前就已独立存在，注册会计师不能改变重大错报风险。但注册会计师可以通过对被审计单位的了解，对被审计单位重大错报风险的高低做出评估。在此基础上，注册会计师便可确定实质性程序的性质、时间和范围，以便将检查风险和总体审计风险降至可接受的低水平。

与注册会计师紧密相关的是检查风险，检查风险取决于审计程序设计的合理性和执行的有效性，由于现代审计大量采用抽样审计以及注册会计师可能选择不恰当的审计程序等，检查风险不可能降至为零。

在实际执业中，审计风险常常是一个确定的数值，注册会计师只有通过评估重大错报风险进而确定可接受的检查风险，来设计将要做的审计程序。

二维码5-15　审计风险

练一练

如果注册会计师在审计过程中调低了最初确定的财务报表整体的重要性，下列各项中，正确的有（　　）。

A．注册会计师应当确定是否有必要修改实际执行的重要性
B．注册会计师应当调高可接受的检查风险
C．注册会计师应当确定进一步审计程序的性质、时间安排和范围是否仍然适当
D．注册会计师在评估未更正错报对财务报表的影响时应当使用调整后的财务报表整体的重要性

二维码5-16
练一练解析

三、审计重要性水平、审计风险与审计证据的关系

1. 重要性水平与审计风险之间的关系

重要性水平越高,审计风险越低;重要性水平越低,审计风险越高。重要性水平与审计风险之间存在反向关系。这里的重要性水平指的是金额的大小。审计风险越高,越要求注册会计师收集更多、更有效的审计证据,以将审计风险降至可接受的低水平。注册会计师在确定审计程序的性质、时间和范围时应当考虑这种反向关系。

在审计中,金额越大的错报越容易发现,金额越小的错报越难发现,因此,越容易发现的错报审计风险也就越低,越难发现的错报审计风险也就越高。用数字表示,就是重要性水平5 000元与重要性水平3 000元相比,5 000元表示较大的错报,在审计中较易发现,而3 000元代表着较小的错报,在审计中较难发现。由此可见,重要性水平与审计风险之间存在反向关系。

二维码5-17 想一想解析

注册会计师能否通过提高重要性水平来降低审计风险呢?

2. 重要性水平和审计证据之间的关系

重要性水平与审计证据之间呈反向关系,也就是说,重要性水平越低,注册会计师在审计过程中就必须执行较多的测试,获取的审计证据越多。反之重要性水平越高,注册会计师在审计过程中就可以执行相对较少的测试,获取的审计证据也就相对较少。

二维码5-18 引导案例解析

这是因为,重要性水平越低,相应的审计风险就高,而要降低审计风险,就需要收集更多的证据,将更多的错报找出来,因此,重要性水平与审计证据之间呈反向关系。

项目小结

项目五主要阐述了承接审计业务、编制审计计划、确定重要性水平和评估审计风险。

在承接审计业务中,初步业务活动包括目的、内容和流程,在完成初步业务活动后就是签定审计业务约定书。审计计划包含总体审计策略和具体审计计划两个层次,在编制审计计划时,需要做出很多关键的决策,包括确定重要性水平、可接受的审计风险水平和配置项目人员等。

重要性分为财务报表层次和认定层次,不同层次各有计划的重要性和实际执行的重要性。重要性水平是对重要性的量化,通过确定基准和百分比来确定重要性水平,重要性水平的运用贯穿于整个审计过程。错报包括事实错报、判断错报和推断错报。

审计风险取决于重大错报风险和检查风险。重大错报风险包括财务报表层次和认定层次的重大错报风险,注册会计师运用审计风险模型可以帮助设计审计程序,确定可接受的审计风险。

即测即评

一、单选题

1. 下列各项中，属于初步业务活动的是（　　）。
   A. 确定审计范围
   B. 设计进一步审计程序
   C. 确定项目组成员及拟利用的专家
   D. 针对保持客户关系和具体审计业务实施相应的质量控制程序

2. 审计业务约定书至少应一式（　　），会计师事务所留存的审计业务约定书是重要的合约，应归入审计档案。
   A. 1份　　　　　B. 2份　　　　　C. 3份　　　　　D. 4份

3. 关于总体审计策略和具体审计计划，下列说法中错误的是（　　）。
   A. 注册会计师应当针对总体审计策略中所识别的不同事项，制订具体审计计划，并考虑通过有效利用审计资源以实现审计目标
   B. 为获取充分、适当的审计证据，而确定审计程序的性质、时间安排和范围的决策是总体审计策略的核心
   C. 注册会计师应当在制定总体审计策略时确定财务报表整体的重要性
   D. 制定总体审计策略的过程通常在具体审计计划之前，但执行具体审计计划过程中，也可能对总体审计策略做出调整

4. 下列各项中，不属于具体审计计划的是（　　）。
   A. 向高风险领域分派有经验的项目组成员
   B. 确定风险评估程序的性质、时间安排和范围
   C. 确定内部控制测试的时间
   D. 确定实质性程序的性质

5. 使用重要性水平，可能无助于实现下列目的的是（　　）。
   A. 确定风险评估的性质、时间和范围
   B. 识别和评估重大错报
   C. 确定重大不确定事项发生的可能性
   D. 确定进一步审计程序的性质、时间和范围

6. 关于特定类别交易、账户余额或披露的重要性水平，下列说法中，错误的是（　　）。
   A. 只有在适用的情况下，才需确定特定类别交易、账户余额或披露的重要性水平
   B. 确定特定类别交易、账户余额或披露的重要性水平时，可将与被审计单位所处行业相关的关键性披露作为一项考虑因素
   C. 特定类别交易、账户余额或披露的重要性水平应低于财务报表整体的重要性水平
   D. 不需确定特定类别交易、账户余额或披露的实际执行的重要性水平

7. 根据审计风险模型规定，下列表述中不正确的是（　　）。
   A. 在审计业务中，注册会计师应将审计风险降至可接受的低水平，以合理保证财务报表不存在由于舞弊或错误导致的重大错报

  B. 在既定的审计风险水平下，评估的重大错报风险越高，可接受的检查风险越低，需要的审计证据越多

  C. 注册会计师可以通过扩大执行审计程序的性质、时间和范围，消除检查风险

  D. 注册会计师应当获得认定层次充分、适当的审计证据，以便在完成审计工作时，能够以可接受的低审计风险对财务报表整体发表意见

8. 对于审计过程中累积的错报，下列做法中，正确的是（　　）。

  A. 如果错报单独或汇总起来未超过财务报表整体的重要性，注册会计师可以不要求管理层更正

  B. 如果错报单独或汇总起来未超过实际执行的重要性，注册会计师可以不要求管理层更正

  C. 如果错报不影响确定财务报表整体的重要性选定的基准，注册会计师可以不要求管理层更正

  D. 注册会计师应当要求管理层更正审计过程中累积的所有错报

二、多选题

1. 如果会计师事务所决定接受或保持客户关系和具体业务，下列事项中，属于会计师事务所接下来要做的事项有（　　）。

  A. 与客户就相关问题达成一致理解　　B. 与客户形成书面的业务约定书

  C. 考虑是否具备执行业务的必要素质　　D. 与客户的管理层、治理层沟通

2. 总体审计策略的制定应当包括（　　）。

  A. 确定审计业务的特征　　　　　　　B. 明确审计业务的报告目标

  C. 考虑影响审计业务的重要因素　　　D. 实施风险评估程序的性质、时间和范围

3. 下列各项中，属于具体审计计划活动的有（　　）。

  A. 确定重要性

  B. 确定是否需要实施项目质量控制复核

  C. 确定风险评估程序的性质、时间安排和范围

  D. 确定进一步审计程序的性质、时间安排和范围

4. 注册会计师在运用重要性概念时，下列各项中，注册会计师认为应当考虑的有（　　）。

  A. 财务报表整体的重要性

  B. 明显微小错报的临界值

  C. 实际执行的重要性

  D. 特定类别的交易、账户余额或披露的重要性水平（如适用）

5. 关于确定实际执行的重要性应当考虑的因素，以下说法中，正确的有（　　）。

  A. 对被审计单位的了解

  B. 前期审计工作中识别出的错报

  C. 本期识别出的错报

  D. 根据前期识别出的错报对本期错报做出的预期

6. 下列与重大错报风险相关的表述中，错误的有（　　）。

  A. 重大错报风险是因错误使用审计程序产生的

B. 重大错报风险是假定不存在相关内部控制，某一认定发生重大错报的可能性

C. 重大错报风险独立于财务报表审计而存在

D. 重大错报风险可以通过合理实施审计程序予以控制

7. 审计风险取决于重大错报风险和检查风险，下列表述错误的有（   ）。

A. 注册会计师应当获得充分、适当的审计证据，以便在完成审计工作时，能够以可接受的低水平的审计风险对财务报表整体发表意见

B. 在既定的审计风险下，注册会计师应当实施审计程序，将重大错报风险降至可接受的低水平

C. 注册会计师应当合理设计审计程序的性质、时间安排和范围，并有效执行审计程序，以控制重大错报风险

D. 注册会计师应当合理设计审计程序的性质、时间安排和范围，并有效执行审计程序，以消除检查风险

三、判断题

1. 承接审计业务的关键是对客户情况进行初步了解，然后签订审计业务约定书。（   ）
2. 总体审计策略一经制定不能修改。（   ）
3. 不同的企业面临不同的环境，因而判断重要性的标准也不同。（   ）
4. 重要性的运用贯穿整个审计过程。在审计的整个过程中，都需要运用重要性原则。（   ）
5. 注册会计师确定重要性在选择基准时，需要考虑以前年度审计调整的金额。（   ）
6. 如果尚未调整的错报或漏报的汇总数超过重要性水平，审计人员应当考虑扩大实质性测试范围或提请被审计单位调整财务报表，以降低审计风险。（   ）
7. 在审计风险构成要素中，重大错报风险与被审单位有关，注册会计师对此无能为力，因此注册会计师对被审计单位重大错报风险的高低不需要做出评估。（   ）

四、名词解释

审计业务约定书、总体审计策略、具体审计计划、审计重要性、审计风险、检查风险

五、简答题

1. 注册会计师开展初步业务活动的目的是什么？
2. 注册会计师应开展哪些初步业务活动？
3. 简述总体审计策略与具体审计计划的关系？
4. 哪些事项可能导致错报？
5. 重要性水平与审计风险之间的关系是什么？
6. 重要性水平和审计证据之间的关系是什么？

二维码 5-19
即测即评答案

案例分析

1. 注册会计师 A 负责对常年审计客户甲公司 2020 年度财务报表进行审计，撰写了总体审计策略和具体审计计划，部分内容摘录如下：

（1）经初步了解，2020 年度甲公司及其环境未发生重大变化，拟信赖以往审计中对管理层、治理层诚信形成的判断。

（2）因对甲公司内部审计人员的客观性和专业胜任能力存有疑虑，拟不利用内部审计的工作。

（3）如对计划的重要性水平做出修正，拟通过修改计划实施的实质性程序的性质、时间和范围降低重大错报风险。

（4）因审计工作时间安排紧张，拟不函证应收账款，直接实施替代审计程序。

要求：针对上述事项，逐项指出注册会计师 A 拟定的计划是否存在不当之处。如有不当之处，简要说明理由。

2. 审计人员受委托对 W 有限公司 2020 年度的财务报表进行审计。

（1）公司会计报表显示，2020 年全年实现利润 800 万元，资产总额 4 000 万元。

（2）审计人员在审查和阅读该公司财务报表时，发现下列问题：

1）该公司 10 月份虚报冒领工资 1 900 元，被会计人员占为己有。

2）11 月 15 日收到业务咨询费 3 900 元，列入小金库。

3）资产负债表中的存货低估 16 万元（存货项目的实际执行重要性水平是 15 万元），原因尚待查明。上述问题尚未调整。

要求：

（1）根据上述问题，做出重要性的初步判断，即计算财务报表层次的重要性水平，并简要说明理由（假定以资产为基准，百分比为 0.5%，以利润为基准，百分比为 5%）。

（2）分别说明上述发现的三个问题是否重要，并简要阐述注册会计师应如何处理。

3. ABC 会计师事务所首次接受委托审计甲公司 2020 年度财务报表，甲公司处于新兴行业，面临较大竞争压力，目前侧重于抢占市场份额，审计工作底稿中与重要性错报评价相关的部分内容摘录如下：

（1）考虑到甲公司所处市场环境，财务报表使用者最为关注收入指标，审计项目组将营业收入作为确定财务报表整体重要性的基准。

（2）经与前任注册会计师沟通，审计项目组了解到甲公司以前年度内部控制运行良好、审计调整较少，因此，将实际执行的重要性确定为财务报表整体重要性的 75%。

（3）审计项目组将明显微小错报的临界值确定为财务报表整体重要性的 3%，该临界值也适用于重分类错报。

（4）在运用审计抽样实施细节测试时，考虑到评估的重大错报风险水平为低，审计项目组将可容忍的金额设定为实际执行的重要性的 120%。

（5）甲公司某项应付账款被误计入其他应付款，其金额高于财务报表整体重要性水平，因此项错报不影响甲公司的经营业绩和关键财务指标，审计项目组同意管理层不予调整。

要求：针对上述事项，逐项指出审计项目组的做法是否恰当。如不恰当，简要说明理由。

二维码 5—20
案例分析解析

项目六
实施审计测试

知识与技能目标

1. 理解风险评估的概念，能够通过实施风险评估程序来了解被审计单位及其环境。
2. 理解总体应对措施，能够根据风险评估结果，确定进一步审计程序的性质、时间和范围，理解控制测试和实质性程序的性质、时间和范围。
3. 熟悉货币资金业务活动及其内部控制，理解货币资金重大错报风险，能够实施货币资金的控制测试及主要项目的实质性程序。
3. 熟悉销售与收款循环主要业务活动及其内部控制，理解销售与收款循环的重大错报风险，能够实施销售与收款循环的控制测试及主要项目的实质性程序。
4. 熟悉采购与付款循环主要业务活动及其内部控制，理解采购与付款循环的重大错报风险，能够实施采购与付款循环的控制测试及主要项目的实质性程序。
5. 熟悉生产与存货循环主要业务活动及其内部控制，理解生产与存货循环的重大错报风险，能够实施生产与存货循环的控制测试及主要项目的实质性程序。

素养目标

1. 具有全局观，养成善于透过事物现象看本质的思维方式。
2. 在审计中养成大处着眼的思维方式及小处着手的行动方式。
3. 养成严格遵循审计程序的职业习惯，提高专业胜任能力，培养社会责任感。

职业提示

在风险评估与风险应对中，审计人员应有计划地开展审计工作，养成宏观、系统及见微知著的思维方式和大处着眼、小处着手的行为模式。在业务循环审计中，应有严谨求是、严格遵循程序的工作作风，不断提高自己的专业胜任能力。

引导案例

自宝信会计师事务所接受委托审计隆兴公司2020年度财务报表后，宝信会计师事务所成立以注册会计师王玲为项目经理的项目组。项目组成立后根据审计计划对隆兴公司实施风险评估程序，了解隆兴公司所处行业的状况、公司性质、企业的目标及相关的经营风险、隆兴公司的内部控制等，根据对隆兴公司的风险评估结果，决定进一步审计程序采用综合性审计方案，按照隆兴公司的业务循环实施审计程序。那么风险评估要注意哪些方面，什么是综合性审计方案，业务循环审计又是如何进行的，我们就随着项目经理王玲去一窥究竟吧。

任务一　风险评估

知识学习

审计是一个系统化的过程，是在审计目标的指引下通过制订、执行审计计划，有组织地采用科学的程序收集和评价审计证据，完成审计工作，提交审计报告，最终实现审计目标的系统过程。现代审计是风险导向审计，即以被审计单位的重大错报风险为导向，对被审计单位可能引起重大错报的内外部风险因素进行评估，以确定审计的重点和范围；将有限的审计资源集中在高风险领域，合理配置审计资源，以提高审计效率和效果。

《中国注册会计师审计准则第 1211 号——通过了解被审计单位及其环境识别并评估重大错报风险》作为专门规范风险评估的准则，针对注册会计师了解被审计单位及其环境并评估重大错报风险提出了总体要求，规定注册会计师应当了解被审计单位及其环境，以足够识别和评估财务报表重大错报风险，设计和实施进一步审计程序。

一、风险评估的概念和流程

在风险导向审计模式下，注册会计师在审计工作中，贯穿着重大错报风险的识别、评估和应对的主线，最终能够将审计风险控制在可接受的低水平。风险的识别和评估是审计风险控制流程的起点。因此，风险评估就是指注册会计师通过实施风险评估程序，了解被审计单位及其环境（包括被审计单位内部控制），识别和评估财务报表层次和认定层次的重大错报风险。

了解、识别和评估是整个风险评估的流程。识别是要找出财务报表和认定层次的重大错报风险，评估是要对两个层次的重大错报发生的可能性和后果的严重程度进行评价估量。

二、风险评估程序

注册会计师了解被审计单位及其环境，目的是为了识别和评估财务报表重大错报风险。为了解被审计单位及其环境而实施的程序称为"风险评估程序"。注册会计师应当依据实施这些程序所获取的信息，评估重大错报风险。

注册会计师应当实施下列风险评估程序，以了解被审计单位及其环境：①询问被审计单位管理层和内部其他相关人员；②实施分析程序；③观察和检查。

1. 询问被审计单位管理层和内部其他相关人员

询问被审计单位管理层和内部其他相关人员是注册会计师了解被审计单位及其环境的一个重要信息来源。注册会计师可以考虑向管理层和财务负责人询问下列事项：

（1）管理层所关注的主要问题。如新的竞争对手、主要客户和供应商的流失、新的税收法规的实施以及经营目标或战略的变化等。

（2）被审计单位最近的财务状况、经营成果和现金流量。

（3）可能影响财务报告的交易和事项，或者目前发生的重大会计处理问题。如重大的并购事宜等。

（4）被审计单位发生的其他重要变化。如所有权结构、组织结构的变化，以及内部控制的变化等。

尽管注册会计师通过询问管理层和财务负责人可获取大部分信息，但是询问被审计单位内部的其他人士可能为注册会计师提供不同的信息，有助于识别重大错报风险。因此，注册会计师除了询问管理层和对财务报告负有责任的人员外，还应当考虑询问内部审计人员、采购人员、生产人员、销售人员等其他人员，并考虑询问不同级别的员工，以获取对识别重大错报风险有用的信息。

实务提醒

确定向被审计单位的哪些人员进行询问以及询问哪些问题时，注册会计师应当考虑何种信息有助于其识别和评估重大错报风险。例如：询问营销或销售人员，有助于注册会计师了解被审计单位的营销策略及其变化、销售趋势以及与客户的合同安排；询问仓库人员，有助于注册会计师了解原材料、产成品等存货的进出、保管和盘点等情况。

2. 实施分析程序

分析程序是指注册会计师通过研究不同财务数据之间以及财务数据与非财务数据之间的内在关系，对财务信息做出评价。分析程序还包括调查识别出的、与其他相关信息不一致或与预期数据严重偏离的波动和关系。分析程序既可用于风险评估程序和实质性程序，也可用于对财务报表的总体复核。

注册会计师实施分析程序有助于识别异常的交易或事项，以及对财务报表和审计产生影响的金额、比率和趋势。在实施分析程序时，注册会计师应当预期可能存在的合理关系，并与被审计单位记录的金额、依据记录金额计算的比率或趋势相比较；如果发现异常或未预期到的关系，注册会计师应当在识别重大错报风险时考虑这些比较结果。例如，注册会计师通过实施分析程序发现，两个会计期间的毛利率相当。但是，注册会计师通过对被审计单位的了解，获知在生产成本中占较大比例的原材料成本在相关期间内上升，注册会计师预期销售成本也应相应上升，而毛利率应相应下降。上述分析可能使注册会计师得出结论：销售成本可能存在重大错报风险，应对其给予足够的重视。

如果使用了高度汇总的数据，实施分析程序的结果仅可能初步显示财务报表存在重大错报风险，注册会计师应当将分析结果连同识别重大错报风险时获取的其他信息一并考虑。例如，被审计单位存在很多产品系列，各个产品系列的毛利率存在一定差异。对总体毛利率实施分析程序的结果仅可能初步显示销售成本存在重大错报风险，注册会计师需要实施更为详细的分析程序。例如，对每一产品系列进行毛利率分析，或者将总体毛利率分析的结果连同其他信息一并考虑。

3. 观察和检查

观察和检查程序可以支持对管理层和其他相关人员的询问结果，并可提供有关被审计单位及其环境的信息，注册会计师应当实施下列观察和检查程序。

（1）观察被审计单位的生产经营活动。例如，观察被审计单位人员正在从事的生产活动和内部控制活动，可以增加注册会计师对被审计单位人员如何进行生产经营活动及实施内部控制的了解。

（2）检查文件、记录和内部控制手册。例如，检查被审计单位的章程，与其他单位签订的合同、协议，各业务流程操作指引和内部控制手册等，了解被审计单位组织结构和内部控制制度的建立健全情况。

（3）阅读由管理层和治理层编制的报告。例如，阅读被审计单位年度和中期财务报告，股东大会、董事会会议、高级管理层会议的会议记录或纪要，管理层的讨论和分析资料，经营计划和战略，对重要经营环节和外部因素的评价，被审计单位内部管理报告以及其他特殊目的报告（如新投资项目的可行性分析报告）等，了解自上一审计结束至本期审计期间被审计单位发生的重大事项。

（4）实地查看被审计单位的生产经营场所和设备。通过现场访问和实地查看被审计单位的生产经营场所和设备，可以帮助注册会计师了解被审计单位的性质及其经营活动。在实地查看被审计单位的厂房和办公场所的过程中，注册会计师有机会与被审计单位的管理层和担任不同职责的员工进行交流，可以增强注册会计师对被审计单位的经营活动及其重大影响因素的了解。

（5）追踪交易在财务报告信息系统中的处理过程（穿行测试）。这是注册会计师了解被审计单位业务流程及其相关控制时经常使用的审计程序。通过追踪某笔或某几笔交易在业务流程中如何生成、记录、处理和报告，以及相关内部控制如何执行，注册会计师可以确定被审计单位的交易流程和相关控制是否与之前通过其他程序所获得的了解一致，并确定相关控制是否得到执行。

实务提醒

二维码 6-1
风险评估程序

注册会计师根据职业判断认为从被审计单位外部获取的信息有助于识别重大错报风险，应当实施其他审计程序以获取这些信息。例如，询问被审计单位聘请的外部法律顾问、专业评估师、投资顾问和财务顾问等。外部信息包括证券分析师、银行、评级机构出具的有关被审计单位及其所处行业的经济或市场环境等状况的报告等。

练一练

二维码 6-2
练一练解析

注册会计师可能实施的风险评估程序有（   ）。
A．询问被审计单位管理层和内部其他人员
B．实地查看被审计单位生产经营场所和设备
C．执行分析程序
D．重新执行内部控制

延伸阅读

项目组内部讨论

项目组人员从被审计单位内部或外部获取信息，以识别重大错报风险后，项目组内部开展讨论可以使成员更好地了解在各自负责的领域中，由于舞弊或错误导致财务报表重大错报的可

能性，并了解各自实施审计程序的结果如何影响审计的其他方面，包括对确定进一步审计程序的性质、时间安排和范围的影响。

项目组内部的讨论主要围绕被审计单位面临的经营风险、财务报表容易发生错报的领域以及发生错报的方式，特别是由于舞弊导致重大错报批可能性而进行。参与讨论的人员应包括项目组的关键成员，以及根据需要的专家，不要求所有成员每次都参与讨论。项目组应当根据审计的具体情况，在整个审计过程中持续交换有关财务报表发生重大错报可能性的信息。

三、了解被审计单位及其环境

注册会计师主要从六个方面了解被审计单位及其环境：①行业状况、法律环境与监管环境以及其他外部因素；②被审计单位的性质；③被审计单位对会计政策的选择和运用；④被审计单位的目标、战略以及相关经营风险；⑤被审计单位财务业绩的衡量和评价；⑥被审计单位的内部控制。这六个方面中，其中第 1 项是被审计单位的外部环境，第 2、3、4、6 项是被审计单位的内部因素，第 5 项则既是外部因素也是内部因素。

需要注意的是，这六个方面因素彼此之间可能会互相影响。例如，第 1 项因素可能会影响第 4 项因素，而第 4 项因素则可能影响第 3 项和第 6 项因素，因此，注册会计师在了解被审计单位及其环境时，应考虑各因素之间的关系。注册会计师对上述六个方面实施的风险评估的性质、时间安排和范围取决于被审计单位的规模和复杂程度及注册会计师的审计经验。在了解中，要注意识别上述各方面与以前期间相比发生的重大变化，这对于评估重大错报风险非常重要。

实务提醒

了解被审计单位及其环境是一个连续和动态地收集、更新与分析信息的过程，贯穿于整个审计过程的始终，注册会计师应当运用职业判断确定需要了解被审计单位及其环境的程度。

（一）行业状况、法律环境与监管环境以及其他外部因素

1. 行业状况

注册会计师应当了解的被审计单位的行业状况主要包括：
（1）所在行业的市场供求与竞争。
（2）生产经营的季节性和周期性。
（3）产品生产技术的变化。
（4）能源供应与成本。
（5）行业的关键指标和统计数据。

2. 法律环境及监管环境

注册会计师应当了解的被审计单位所处的法律环境及监管环境主要包括：
（1）适用的会计准则、会计制度和行业特定惯例。
（2）对经营活动产生重大影响的法律法规及监管活动。
（3）对开展业务产生重大影响的政府政策，包括货币、财政、税收和贸易等政策。

（4）与所处行业和所从事经营活动相关的环保要求。

3. 其他外部因素

注册会计师应当了解的影响被审计单位经营的其他外部因素，主要包括总体经济情况、利率、融资的可获得性、通货膨胀水平或币值变动、汇率变动等。

实务提醒

注册会计师对行业状况、法律环境与监管环境以及其他外部因素了解的范围和程度会因被审计单位所处行业、规模以及其他因素（如在市场中的地位）的不同而不同。注册会计师应当考虑被审计单位所在行业的业务性质或监管程度是否可能导致特定的重大错报风险，考虑项目组是否配备了具有相关知识和经验的成员。

（二）被审计单位的性质

了解被审计单位的性质有助于注册会计师理解预期在财务报表中反映的各类交易、账户余额和列报。注册会计师应当主要从以下方面了解被审计单位的性质：

（1）所有权结构。
（2）治理结构。
（3）组织结构。
（4）经营活动。
（5）投资活动。
（6）筹资活动。
（7）财务报告。

（三）被审计单位对会计政策的选择和运用

在了解被审计单位对会计政策的选择和运用是否适当时，注册会计师应当关注下列重要事项：

（1）重要项目的会计政策和行业惯例。
（2）重大和异常交易的会计处理方法。
（3）在新领域和缺乏权威性标准或共识的领域，采用重要会计政策产生的影响。
（4）会计政策的变更。如果被审计单位变更了重要的会计政策，注册会计师应当考虑变更的原因及其适当性，并考虑是否符合适用的会计准则和相关会计制度的规定，以及列报和重要事项的披露是否恰当。
（5）被审计单位何时采用以及如何采用新颁布的会计准则和相关会计制度。

实务提醒

注册会计师在了解被审计单位对会计政策的选择和运用时，应特别关注被审计单位是否采用激进的会计政策、方法、估计和判断；财会人员是否有足够的运用会计准则的知识、经验和能力；被审计单位是否拥有足够的资源支持会计政策的运用，如人力资源及培训、信息技术的采用、数据和信息的采集等。

（四）被审计单位的目标、战略以及相关经营风险

目标是企业经营活动的指针。企业管理层或治理层一般会根据企业经营面临的外部环境和内部各种因素，制定合理可行的经营目标。战略是管理层为实现经营目标采用的方法。为了实现某一既定的经营目标，企业可能有多个可行战略。随着外部环境的变化，企业应对目标和战略做出相应的调整。

经营风险是指可能对被审计单位实现目标和实施战略的能力产生不利影响的重要状况、事项、情况、作为（或不作为）所导致的风险，或由于制定不恰当的目标和战略而导致的风险。

注册会计师应当了解被审计单位是否存在与下列方面有关的目标和战略，并考虑相应的经营风险：

（1）行业发展，及其可能导致的被审计单位不具备足以应对行业变化的人力资源和业务专长等风险。

（2）开发新产品或提供新服务，及其可能导致的被审计单位产品责任增加等风险。

（3）业务扩张，及其可能导致的被审计单位对市场需求的估计不准确等风险。

（4）新颁布的会计法规，及其可能导致的被审计单位执行不当或不完整，或会计处理成本增加等风险。

（5）监管要求，及其可能导致的被审计单位法律责任增加等风险。

（6）本期及未来的融资条件，及其可能导致的由于无法满足融资条件而失去融资机会等风险。

（7）信息技术的运用，及其可能导致的被审计单位信息系统与业务流程难以融合等风险。

实务提醒

经营风险与财务报表重大错报风险是既有联系又相互区别的两个概念。前者比后者范围更广。注册会计师了解被审计单位的经营风险有助于其识别财务报表重大错报风险。但要注意的是，并非所有的经营风险都与财务报表相关，注册会计师没有责任识别或评估对财务报表没有重大影响的经营风险。

以下对注册会计师了解经营风险的说法中，恰当的有（　　）。

A．经营风险可能源于不恰当的目标和战略
B．所有经营风险均与财务报表重大错报风险相关
C．多数经营风险最终都会产生财务后果，从而影响财务报表
D．经营风险可能对某些交易、账户余额和披露认定产生重大而且直接的影响

二维码 6-3
练一练解析

（五）被审计单位财务业绩的衡量和评价

在了解被审计单位财务业绩的衡量和评价情况时，注册会计师应当关注下列信息：

（1）关键业绩指标。

（2）业绩趋势。

(3)预测、预算和差异分析。
(4)管理层和员工业绩考核与激励性报酬政策。
(5)分部信息与不同层次部门的业绩报告。
(6)与竞争对手的业绩比较。
(7)外部机构提出的报告。

实务提醒

评价对被审计单位及其环境了解的程度是否恰当,关键是看注册会计师对被审计单位及其环境的了解是否足以识别和评估财务报表重大错报风险。如果了解被审计单位及其环境获得的信息足以识别和评估财务报表重大错报风险,设计和实施进一步审计程序,那么了解的程度就是恰当的。当然,要求注册会计师对被审计单位及其环境了解的程度,要低于管理层为经营管理企业而对被审计单位及其环境需要了解的程度。

四、了解被审计单位的内部控制

(一)内部控制概述

内部控制是被审计单位为了合理保证财务报告的可靠性、经营的效率和效果以及对法律法规的遵守,由治理层、管理层和其他人员设计与执行的政策及程序。

内部控制的目标是合理保证财务报告的可靠性、经营的效率和效果以及对法律法规的遵守。设计和实施内部控制的责任主体是治理层、管理层和其他人员,即组织中的每一个人都对内部控制负有责任。实现内部控制目标的手段就是设计和执行控制政策和程序。

内部控制是一个系统,主要由五要素组成,即控制环境、风险评估过程、与财务报告相关的信息系统和沟通、控制活动、对控制的监督。

实务提醒

内部控制具有固有局限性。例如:人为判断可能出现错误、人为失误导致内部控制失效;可能由于人员串通或管理层凌驾内部控制而被规避。此外,人员素质不适应岗位要求,实施内部控制的成本效益问题及出现不经常发生或未预计到的业务时,都会影响内部控制功能的发挥。因此,内部控制只能对财务报告可靠性提供合理保证,无论评估的控制风险多低,都不能仅依赖内部控制而不实施实质性程序。

(二)对内部控制了解的范围与深度

1. 对内部控制了解的范围

由于注册会计师审计的目标是对财务报表是否不存在重大错报发表审计意见,因此,注册会计师了解和评价的内部控制只是与财务报表审计相关的内部控制,并非被审计单位所有的内部控制。被审计单位通常有一些与目标相关但与审计无关的控制,注册会计师就无须对其加以考虑。例如,被审计单位可能依靠某一复杂的自动化控制提高经营活动的效率和效果,但这些控制通常与审计无关。

2. 对内部控制了解的深度

对内部控制了解的深度是指对内部控制了解的程度，包括评价控制的设计，并确定其是否得到执行，但不包括对控制是否得到一贯执行的测试。注册会计师通过询问被审计单位人员，观察特定控制的运用，检查文件和报告，追踪交易在财务报告信息系统中的处理过程，以获取有关控制设计和执行的审计证据。这些程序都是风险评估程序在了解被审计单位内部控制方面的具体运用。

（三）内部控制要素

1. 控制环境

控制环境包括治理职能和管理职能，以及治理层和管理层对内部控制及其重要性的态度、认识和措施。控制环境设定了被审计单位的内部控制基调，影响员工对内部控制的意识，虽然控制环境本身并不能防止或发现并纠正各类交易、账户余额和披露认定层次的重大错报，但是，良好的控制环境是一个积极的因素，是实施有效内部控制的基础。

注册会计师应当考虑构成控制环境的下列要素，以及这些要素如何被纳入被审计单位业务流程：

（1）对诚信和道德价值观念的沟通与落实。
（2）对胜任能力的重视。
（3）治理层的参与程度。
（4）管理层的理念和经营风格。
（5）组织结构。
（6）职权与责任的分配。
（7）人力资源政策与实务。

在确定构成控制环境的要素是否得到执行时，注册会计师应当考虑将询问与其他风险评估程序相结合以获取审计证据。通过询问管理层和员工，注册会计师可能了解管理层如何就业务规程和道德价值观念与员工进行沟通。通过观察和检查，注册会计师可能了解管理层是否建立了正式的行为守则，在日常工作中行为守则是否得到遵守，以及管理层如何处理违反行为守则的情形。

练一练

下列有关控制环境的说法中，错误的是（　　）。
A．控制环境对重大错报风险的评估具有广泛影响
B．有效的控制环境本身可以防止、发现并纠正各类交易、账户余额和披露认定层次的重大错报
C．有效的控制环境可以降低舞弊发生的风险
D．财务报表层次重大错报风险很可能源于控制环境存在缺陷

二维码 6-4
练一练解析

2. 风险评估过程

被审计单位的风险评估是为了识别、评估和管理影响被审计单位实现经营目标的各种风险。而针对财务报告目标的风险评估过程则包括识别与财务报告相关的经营风险，评估风险的重大性和发生的可能性，以及采取措施管理这些风险。注册会计师应当了解被审计单位的风险评估过程和结果。

在评价被审计单位风险评估过程的设计和执行时，注册会计师应当确定管理层如何识别与财务报告相关的经营风险，如何估计该风险的重要性，如何评估风险发生的可能性，以及如何采取措施管理这些风险。

注册会计师应当询问管理层识别出的经营风险，并考虑这些风险是否可能导致重大错报。在审计过程中，如果识别出管理层未能识别的重大错报风险，注册会计师应当考虑被审计单位的风险评估过程为何没有识别出这些风险，以及评估过程是否适合于具体环境。

3. 信息系统与沟通

（1）与财务报告相关的信息系统。与财务报告相关的信息系统包括用以生成、记录、处理和报告交易、事项和情况，对相关资产、负债和所有者权益履行经营管理责任的程序和记录。与财务报告相关的信息系统应当与业务流程相适应。注册会计师应当从下列方面了解与财务报告相关的信息系统：

1）在被审计单位经营过程中，对财务报表具有重大影响的各类交易。

2）在信息技术和人工系统中，对交易生成、记录、处理、必要的更正、结转至总账以及在财务报表中报告的程序。

3）与交易生成、记录、处理和报告（包括纠正不正确的信息以及信息如何结转至总账）有关的会计记录、支持性信息和财务报表中的特定项目。

4）信息系统如何获取除各类交易之外的对财务报表具有重大影响的事项和情况。

5）被审计单位编制财务报告的过程，包括做出的重大会计估计和披露。

6）与会计分录相关的控制，这些分录包括用以记录非经常性的、异常的交易或调整的非标准会计分录。

（2）与财务报告相关的沟通。与财务报告相关的沟通包括使员工了解各自在与财务报告有关的内部控制方面的角色和职责，员工之间的工作联系，以及向适当级别的管理层报告例外事项的方式。注册会计师应当从下列方面了解与财务报告相关的沟通：

1）管理层就员工的职责和控制责任是否进行了有效沟通。

2）针对可疑的不恰当事项和行为是否建立了沟通渠道。

3）组织内部沟通的充分性是否能够使人员有效地履行职责。

4）对于与客户、供应商、监管者和其他外部人士的沟通，管理层是否及时采取适当的进一步行动。

5）被审计单位是否受到某些监管机构发布的监管要求的约束。

6）外部人士如客户和供应商在多大程度上获知被审计单位的行为守则。

4. 控制活动

控制活动是指有助于确保管理层的指令得以执行的政策和程序，包括与授权、业绩评价、信息处理、实物控制和职责分离等相关的活动。

（1）注册会计师应当了解与授权有关的控制活动。授权的目的在于保证交易在管理层授权范围内进行。授权包括一般授权和特别授权。一般授权是指管理层制定的要求组织内部遵守的普遍适用于某类交易或活动的政策。特别授权是指管理层针对特定类别的交易或活动逐一设置的授权，如重大资本支出和股票发行等。特别授权也可能用于超过一般授权限制的常规交易。

（2）注册会计师应当了解与业绩评价有关的控制活动。与业绩评价有关的控制活动主要包括被审计单位分析评价实际业绩与预算（或预测、前期业绩）的差异，综合分析财务数据与经营数据的内在关系，将内部数据与外部信息来源相比较，评价职能部门、分支机构或项目活动的业绩，以及对发现的异常差异或关系采取必要的调查与纠正措施。

（3）注册会计师应当了解与信息处理有关的控制活动。与信息处理有关的控制活动包括信息技术一般控制和应用控制。信息技术一般控制是指与多个应用系统有关的政策和程序，有助于保证信息系统持续恰当地运行（包括信息的完整性和数据的安全性），支持应用控制作用的有效发挥，通常包括数据中心和网络运行控制，系统软件的购置、修改及维护控制，接触或访问权限控制，应用系统的购置、开发及维护控制。信息技术应用控制是指主要在业务流程层次运行的人工或自动化程序，与用于生成、记录、处理、报告交易或其他财务数据的程序相关，通常包括检查数据计算准确性，审核账户和试算平衡表，设置对输入数据和数字序号的自动检查，以及对例外报告进行人工干预。

（4）注册会计师应当了解实物控制。对实物控制的了解主要包括了解对资产和记录采取适当的安全保护措施，对访问计算机程序和数据文件设置授权，以及定期盘点并将盘点记录与会计记录相核对。实物控制的效果影响资产的安全，从而对财务报表的可靠性及审计产生影响。

（5）注册会计师应当了解职责分离。对职责分离的了解主要包括了解被审计单位如何将交易授权、交易记录以及资产保管等职责分配给不同员工，以防范同一员工在履行多项职责时可能发生的舞弊或错误。

实务提醒

在了解控制活动时，注册会计师应当重点考虑一项控制活动单独或连同其他控制活动，是否能够防止以及如何防止或发现并纠正各类交易、账户余额、列报存在的重大错报。如果多项控制活动能够实现同一目标，注册会计师不必了解与该目标相关的每项控制活动。

5. 对控制的监督

对控制的监督是指被审计单位评价内部控制在一段时间内运行有效性的过程，该过程包括及时评价控制的设计和运行，以及根据情况的变化采取必要的纠正措施。持续的监督活动通常贯穿于被审计单位的日常经营活动与常规管理工作中。

议一议

案例资料：XYZ股份有限公司请你就下列问题提供咨询服务，该公司有三位员工必须分担下列工作：

（1）记录并保管总账。

二维码 6-5
议一议解析

（2）记录并保管应付账款明细账。
（3）记录并保管应收账款明细账。
（4）记录库存现金日记账。
（5）保管、填写支票。
（6）发出销货退回及折让的贷项通知单。
（7）调节银行存款日记账与银行存款对账单。
（8）保管并送存现金收入。

上述工作中，除第6、7两项工作量较小外，其余各项工作量大体相当。

要求： 假如这三位员工的能力都不成问题，而且只需要他们做上面列出的工作。请根据上述资料，说明应如何将这八项工作分配给这三位员工，才能达到内部控制制度的要求。

（四）对内部控制了解的步骤

内部控制要素对被审计单位的影响有些是涉及整体层面，而有些则更多地与特定业务流程有关。例如，控制环境、信息技术一般控制更多地对被审计单位整体层面产生影响，而控制活动、信息技术应用控制则可能更多地与特定业务流程相关。在了解被审计单位的内部控制时，通常采取下列步骤：

（1）确定被审计单位的重要业务流程和重要交易类别。
（2）了解重要交易流程，并记录获得的了解。
（3）确定可能发生错报的环节。
（4）识别和了解相关控制。
（5）执行穿行测试，证实对交易流程和相关控制的了解。
（6）进行初步评价和风险评估。

在实务中，这些步骤可能同时进行。

（五）对内部控制的初步评价

在识别和了解控制后，注册会计师对内部控制的评价结论是：①所设计的控制单独或连同其他控制能够防止或发现并纠正重大错报，并得到执行；②控制本身的设计是合理的，但没有得到执行；③控制本身的设计是无效的或缺乏必要的控制。

针对这些内部控制的评价结论，注册会计师可以进行哪些审计决策呢？

二维码6-6　想一想解析

五、评估重大错报风险

注册会计师在实施风险评估程序，获取关于风险因素和控制对相关风险的抵销信息后，将评估财务报表层次和认定层次的重大错报风险，评估将确定进一步审计程序的性质、范围和时间安排。

在评估重大错报风险时，注册会计师应当确定，识别的重大错报风险是与特定的某类交易、账户余额和披露的认定相关，还是与财务报表整体广泛相关，进而影响多项认定。对于某些重大错报风险，可能仅通过实施实质性程序不能获取充分、适当的审计证据，注册会计师应考虑对相关控制进行控制测试。另外，评估重大错报风险也是一个连续和动态地收集、更新与分析信息的过程，贯穿于整个审计过程的始终。

延伸阅读

内部控制调查描述

内部控制调查描述的方法通常有三种，即调查表法（问卷）、文字表述法、流程图法。

1. 调查表法

调查表法就是将那些与保证会计记录的正确性和可靠性以及与保证资产的完整性有密切关系的事项列为调查对象，由审计人员自行设计成标准化的调查表，交由企业有关人员填写或由审计人员根据调查的结果自行填写。调查表大多采用问答式，一般要按抽查对象分别设计，不宜在一张表上反映整个内部控制制度。调查表法的优点在于能对所调查的对象提供一个简要的说明，有利于审计人员做出分析评价；其次，编制调查表省时省力，可在审计项目初期就较快地编制完成。但是，这种方法也有其缺陷，表现在：由于对被审计单位的内部控制只能按项目分别考查，因此往往不能提供一个完整的看法；此外，对于不同行业的企业或小规模企业，标准问题的调查表常常显得不太适用。

2. 文字表述法

文字表述法是审计人员对被审计单位内部控制健全程度和执行情况的文字叙述。其优点是可对调查对象做出比较深入和具体的描述，弥补调查表法只能做出简单肯定或否定的不足。但其缺点是有时很难用简明易懂的语言来描述内部控制的细节，因而有时文字表述显得比较冗赘，不易迅速、直观地发现其薄弱环节、遗漏和不足，从而不利于为有效地进行内部控制分析和控制风险评价提供依据。因此文字表述法适用于内部控制程序比较简单、比较容易描述的小企业。采用文字表述法时，审计人员通常向被审计单位的工作人员提出一系列问题，如你经办哪些业务和凭证？这些业务是如何发生的？要据以编制哪些凭证？它们要经过哪些审批手续？将这些问题一一记录下来，并经审计人员实地观察和核实，然后整理出来，形成文字表述的书面说明，以描述被审计单位内部控制的实际情况。

3. 流程图法

流程图法是用符号和图形来表示被审计单位经济业务和文件凭证在组织机构内部有序流动。

流程图十分有用，它能很清晰地反映被审计单位内部控制的概况，是审计人员评价内部控制的有用工具。一份好的流程图，可使审计人员直观地看到内部控制是如何运行的，从而有助于发现内部控制中的不足之处。与文字表述法相比较，流程图法最大的优点在于便于表达内部控制的特征，同时便于修改。它的缺点是：编制流程图需具备较娴熟的技术和花费较多的时间；另外，对内部控制的某些弱点有时很难在图上明确地表达出来。

实际运用中将调查表法、文字描述法和流程图法结合使用，以便发挥更好的作用。审计人员要根据所审计企业的业务经营特点，进行详细的调查，熟悉每一步的内容，反复核实，以保证正确。

附：存货内部控制调查表参考格式

存货内部控制调查表

被审计单位名称：　　　　　　　　索引号＿＿＿＿页次
编制人　　　　日期
被审计期间：　　　　　　　　　　复核人＿＿＿＿日期

问　题	回　答			取得方式	备　注
	是	否	不适用		
一、仓储部门收到材料、产成品、商品时，是否对数量进行验收，并同收货报告单或产成品验收单核对					
二、所有入库的材料、产成品、商品是否都填制入库通知单					
三、材料、产成品、商品是否进行分类保管					
四、仓储部门是否只有经授权批准的人才能进入					
五、材料或者商品是否凭经审核批准的生产通知单、领料单或者发货通知单发货					
六、仓储部门是否对库内实物进行巡视检查					
七、保管人员在巡视检查中发现的实物损坏变质、长期不流动情况是否及时填制专门的报告单					
八、生产中未耗用材料或废料是否返还仓库					
九、在外加工的材料发出前是否有经审核批准的文件					
十、存货实物记录与账户记录的职员是否分开					
十一、存货总账账户与明细账账户余额是否定期核对					
十二、永续盘存制下，仓储部门实物账与会计部门明细账是否定期核对					

问题与评价：

即测即评

一、单选题

1. 注册会计师 A 负责对甲公司 2020 年度财务报表进行审计。在进行风险评估时，注册会计师 A 通常采用的审计程序是（　　）。
   A. 将财务报表与其所依据的会计记录相核对
   B. 实施分析程序以识别异常的交易或事项，以及对财务报表和审计产生影响的金额、比率和趋势
   C. 对应收账款进行函证
   D. 以人工方式或使用计算机辅助审计技术，对记录或文件中的数据计算准确性进行核对

2. 下列各项中，不属于注册会计师组织项目组讨论的主要目的是（　　）。
   A. 强调遵守职业道德的必要性
   B. 按照时间预算完成审计工作
   C. 分享对被审计单位及其环境了解所形成的见解
   D. 考虑由于舞弊导致重大错报的可能性

3. 下列有关经营风险对重大错报风险的影响的说法中，错误的是（   ）。
   A. 多数经营风险最终会产生财务后果，从而可能导致重大错报风险
   B. 注册会计师在评估重大错报风险时，没有责任识别或评估对财务报表没有重大影响的经营风险
   C. 经营风险通常不会对财务报表层次重大错报风险产生直接影响
   D. 经营风险可能对认定层次重大错报风险产生直接影响
4. 下列各项中，不属于控制环境要素的是（   ）。
   A. 对诚信和道德价值观念的沟通与落实
   B. 内部审计的职能范围
   C. 治理层的参与
   D. 人力资源政策与实务
5. 下列各项，通常属于业务流程层面控制的是（   ）。
   A. 应对管理层凌驾于控制之上的控制
   B. 信息技术一般控制
   C. 信息技术应用控制
   D. 对期末财务报告流程的控制
6. 既便于表达内部控制的特征，同时便于修改是内部控制调查描述的方法中（   ）的优点。
   A. 调查表法　　　　B. 文字表述法　　　C. 流程图法　　　　D. 测算法
7. 注册会计师通过实施分析程序发现，两个会计期间的毛利率相当。同时，注册会计师通过对被审计单位的了解，获知在生产成本中占较大比例的原材料成本在相关期间内上升，注册会计师预期销售成本也应相应上升，而毛利率应相应下降。上述分析可能使注册会计师得出结论（   ）。
   A. 销售成本一定存在重大错报风险　　　B. 销售成本可能存在重大错报风险
   C. 销售收入一定存在重大错报风险　　　D. 销售收入可能存在重大错报风险
8. 在财务报表重大错报风险的评估过程中，注册会计师确定，识别的重大错报风险是与财务报表整体广泛相关，进而影响多项认定，则属于（   ）。
   A. 某类交易重大错报风险　　　　　　　B. 账户余额重大错报风险
   C. 财务报表层次的重大错报风险　　　　D. 列报的认定重大错报风险
9. 下列关于识别评估和应对重大错报风险说法中错误的是（   ）。
   A. 在实施进一步审计程序的过程中，注册会计师可能修改原来对重大错报风险的评估结果
   B. 在识别和评估重大错报风险时，注册会计师应当考虑发生错报的可能性及潜在错报的重大程度
   C. 对于某些重大错报风险，注册会计师可能认为仅通过实质性程序无法获取充分、适当的审计证据
   D. 注册会计师应将识别的重大错报风险与特定的某类交易、账户余额和披露的认定相联系

二、多选题

1. 以下审计程序中，属于风险评估程序的有（　　　）。
   A. 询问管理层业绩考核指标完成情况
   B. 实施穿行测试，了解销售与收款业务环节内部控制设计是否存在缺陷
   C. 分析行业状况和被审计单位当年的毛利率变动情况
   D. 分析应收账款账龄，复核计提的坏账准备是否准确

2. 注册会计师执行穿行测试可以实现的目的有（　　　）。
   A. 确认对业务流程的了解　　　　　　B. 识别可能发生错报的环节
   C. 评价控制设计的合理性　　　　　　D. 确定控制是否得到执行

3. 了解被审计单位及其环境是必要程序，特别是为注册会计师在下列关键环节做出职业判断提供重要基础的是（　　　）。
   A. 确定重要性水平
   B. 识别需要特别考虑的领域
   C. 确定在实施分析程序时所使用的预期值
   D. 评价所获取审计证据的充分性和适当性

4. 在了解被审计单位对会计政策的选择和运用是否适当时，注册会计师应当关注（　　　）。
   A. 会计政策的变更
   B. 重要项目的会计政策和行业惯例
   C. 适用的会计准则、会计制度和行业特定惯例
   D. 重大和异常交易的会计处理方法

5. 在了解被审计单位财务业绩的衡量和评价时，下列各项中，注册会计师可以考虑的信息有（　　　）。
   A. 经营统计数据　　　　　　　　　　B. 员工业绩考核与激励性报酬政策
   C. 证券研究机构的分析报告　　　　　D. 信用评级机构报告

6. 注册会计师应当了解与授权有关的控制活动，包括（　　　）。
   A. 全部授权　　　B. 一般授权　　　C. 重大授权　　　D. 特别授权

7. 下列各项中，属于职责分离的有（　　　）。
   A. 负责业务收入和应收账款记账的财务人员不得经手货币资金
   B. 采购固定资产需要经适当级别的人员批准
   C. 会计主管每月月末将银行账户余额与银行对账单进行核对，并编制银行存款余额调节表
   D. 管理层定期执行存货盘点，以确定永续盘存制的可靠性

8. 针对了解内部控制后初步评估控制风险的情形，以下说法中，恰当的有（　　　）。
   A. 控制本身的设计是无效的
   B. 内部控制运行有效
   C. 控制本身的设计是合理的，但没有得到执行
   D. 所设计的控制单独或连同其他控制能够防止或发现并纠正重大错报，并得到执行

三、判断题

1. 了解被审计单位及其环境是一个连续和动态地收集、更新与分析信息的过程，贯穿于整个审计过程的始终。（   ）
2. 要求注册会计师对被审计单位及其环境了解的程度，要高于管理层为经营管理企业而对被审计单位及其环境需要了解的程度。（   ）
3. 职责分离主要包括了解被审计单位如何将交易授权、交易记录以及资产保管等职责分配给不同员工，以防范同一员工在履行多项职责时可能发生的舞弊或错误。（   ）
4. 文字表述法最大的优点在于便于表达内部控制的特征，同时便于修改。（   ）
5. 注册会计师要获取对识别重大错报风险有用的信息，只需询问管理层和对财务报告负有责任的人员。（   ）
6. 有效的控制环境可以使注册会计师增强对内部控制和被审计单位内部产生的证据的信赖程度。（   ）
7. 评估的认定层次重大错报风险越低，对通过实质性程序获取的审计证据的相关性和可靠性的要求越高，从而可能影响进一步审计程序的类型及其综合运用。（   ）

四、名词解释

风险评估、内部控制、控制活动

五、简答题

1. 注册会计师应从哪些方面了解被审计单位及其环境？
2. 内部控制要素包括哪些？

二维码 6-7
即测即评答案

案 例 分 析

上市公司甲公司是 ABC 会计师事务所的常年客户，主要从事汽车的生产和销售。注册会计师 A 负责甲公司 2020 年度财务报表的审计，确定财务报表整体重要性为 1 000 万元，明显微小错报的临界值为 30 万元。

资料一：

注册会计师 A 在审计工作底稿中记录了所了解的甲公司情况及其环境，部分内容摘录如下：

（1）2020 年，在钢材价格及劳动力成本大幅上涨的情况下，甲公司通过调低主打车型的价格，保持了良好的竞争力和市场占有率。

（2）自 2020 年 1 月起，甲公司将产品质量保证金的计提比例由营业收入的 3% 调整为 2%。

二维码 6-8
案例分析解析

（3）2020 年 12 月 31 日，甲公司以 1 亿元购入丙公司 40% 股权。根据约定，甲公司按持股比例享有丙公司自评估基准日 2020 年 6 月 30 日至购买日的净利润。

（4）甲公司财务总监已为甲公司工作超过 6 年，于 2020 年 9 月劳动合同到期后被甲公司的竞争对手高薪聘请。由于工作压力大，甲公司会计部门人员流动频繁，除会计主管服务期超过 4 年外，其余人员的平均服务期少于 2 年。

资料二：

注册会计师 A 在审计工作底稿中记录了甲公司的财务数据，部分内容摘录见表 6-1。

表 6-1　甲公司部分财务数据

（单位：万元）

项　　目	未审数	已审数
	2020 年	2019 年
营业收入	100 000	95 000
营业成本	89 000	84 500
销售费用——产品质量保证	2 000	2 850
投资收益——权益法核算（丙公司）		
长期股权投资——丙公司	11 200	0

要求： 针对上述资料一所列事项，结合资料二，假定不考虑其他条件，请逐项指出所列事项是否可能存在重大错报风险。如果认为存在，请简要说明理由，并分别说明该风险是属于财务报表层次还是认定层次。如果属于认定层次，请指出相关事项与何报表项目的何种认定相关。

任务二　风险应对

知识学习

风险应对是注册会计师针对评估的重大错报风险实施审计程序，包括针对评估的财务报表层次重大错报风险确定总体应对措施，针对评估的认定层次重大错报风险设计和实施进一步审计程序，以将审计风险降至可接受的低水平。

一、针对评估的财务报表层次重大错报风险确定总体应对措施

在财务报表重大错报风险的评估过程中，注册会计师应当确定识别的重大错报风险是与特定的某类交易、账户余额、列报的认定相关，还是与财务报表整体广泛相关，进而影响多项认定。如果是后者，则属于财务报表层次的重大错报风险。注册会计师应当针对评估的财务报表层次重大错报风险确定下列总体应对措施：

（1）向项目组强调在收集和评价审计证据过程中保持职业怀疑态度的必要性。

（2）分派更有经验或具有特殊技能的审计人员，或利用专家的工作。由于各行业在经营业务、经营风险、财务报告、法规要求等方面具有特殊性，审计人员的专业分工细化成为一种趋势。审计项目组成员中应有一定比例的人员曾经参与过被审计单位以前年度的审计，或具有被审单位所处特定行业的相关审计经验。必要时，要考虑利用信息技术、税务、评估、精算等方面的专家的工作。

（3）提供更多的督导。对于财务报表层次重大错报风险较高的审计项目，项目组的高级别成员，如项目负责人、项目经理等经验较丰富的人员，要对其他成员提供更详细、更经常、更及时的指导和监督并加强项目质量复核。

（4）在选择拟实施的进一步审计程序时融入更多的不可预见的因素。被审计单位人员，尤其是管理层，如果熟悉注册会计师的审计套路，就可能预先采取手段掩盖财务报告中的舞弊行为。因此，为了使针对重大错报风险的进一步审计程序更加有效，注册会计师要考虑使某些程序不被被审计单位管理层预见或事无了解。

在实务中，注册会计师可以通过以下方式提高审计程序的不可预见性：①对某些未测试过的低于设定的重要性水平或风险较小的账户余额和认定实施实质性程序；②调整实施审计程序的时间，使被审计单位不可预期；③采取不同的审计抽样方法，使当期抽取的测试样本与以前有所不同；④选取不同的地点实施审计程序，或预先不告知被审计单位所选定的测试地点。

（5）对拟实施审计程序的性质、时间和范围做出总体修改。财务报表层次的重大错报风险很可能源于薄弱的控制环境。薄弱的控制环境带来的风险可能对财务报表产生广泛影响，难以限于某类交易、账户余额、列报，注册会计师应当采取总体应对措施。注册会计师对控制环境的了解影响其对财务报表层次重大错报风险的评估。有效的控制环境可以使注册会计师增强对内部控制和被审计单位内部产生的证据的信赖程度。如果控制环境存在缺陷，注册会计师在对拟实施审计程序的性质、时间和范围做出总体修改时应当考虑：

1）在期末而非期中实施更多的审计程序。控制环境的缺陷通常会削弱期中获得的审计证据的可信赖程度。

2）通过实施实质性程序获取更广泛的审计证据。良好的控制环境是其他控制要素发挥作用的基础。控制环境存在缺陷通常会削弱其他控制要素的作用，导致注册会计师可能无法信赖内部控制，而主要依赖实施实质性程序获取审计证据。

3）修改审计程序的性质，获取更具说服力的审计证据。修改审计程序的性质主要是指调整拟实施审计程序的类别及组合。例如，原先可能主要限于检查某项资产的账面记录或相关文件，而调整审计程序的性质后可能意味着更加重视实地检查该项资产。

4）扩大审计程序的范围。例如，扩大样本规模，或采用更详细的数据实施分析程序。

练一练

下列有关审计程序不可预见性的说法中，正确的有（　　）。

A．注册会计师需要与被审计单位管理层事先沟通拟实施具有不可预见性的审计程序的要求，但不能告知其具体内容

B．注册会计师应当在签订审计业务约定书时明确提出拟在审计过程

二维码6-9
练一练解析

中实施具有不可预见性的审计程序,但不能明确其具体内容
C. 注册会计师采取不同的抽样方法使当年抽取的测试样本与以前有所不同,可以增加审计程序的不可预见性
D. 注册会计师通过调整实施审计程序的时间,可以增加审计程序的不可预见性

二、针对认定层次重大错报风险设计和实施进一步审计程序

1. 进一步审计程序概述

(1)进一步审计程序的内涵。进一步审计程序是相对于风险评估程序而言的,是指注册会计师针对评估的各类交易、账户余额和披露认定层次重大错报风险实施的审计程序,包括控制测试和实质性程序。注册会计师设计和实施进一步审计程序时,应考虑包括审计程序的性质、时间和范围,以使审计程序具有针对性。

(2)在设计进一步审计程序时应当考虑的因素。在设计进一步审计程序时应当考虑的因素包括:风险的重要性;重大错报发生的可能性;涉及的各类交易、账户余额、列报的特征;被审计单位采用的特定控制的性质;注册会计师是否拟获取审计证据,以确定内部控制在防止或发现并纠正重大错报方面的有效性。

延伸阅读

实质性方案和综合性方案

拟实施进一步审计程序的总体审计方案包括实质性方案和综合性方案。实质性方案是指注册会计师实施的进一步审计程序以实质性程序为主;综合性方案是指注册会计师在实施进一步审计程序时,将控制测试与实质性程序结合使用。通常情况下,注册会计师出于成本效益的考虑可以采用综合性方案设计进一步审计程序,但当评估的财务报表层次重大错报风险属于高风险水平时,拟实施进一步审计程序的总体方案往往更倾向于实质性方案。

2. 进一步审计程序的性质、时间、范围

(1)进一步审计程序的性质。进一步审计程序的性质是指进一步审计程序的目的和类型。

1)进一步审计程序的目的是通过实施控制测试以确定内部控制运行的有效性,通过实施实质性程序以发现认定层次的重大错报。

2)进一步审计程序的类型包括检查、观察、询问、函证、重新计算、重新执行和分析程序。

在应对评估的风险时,合理确定审计程序的性质是最重要的,因为不同的审计程序应对特定认定错报风险的效力不同,注册会计师应当根据认定层次重大错报风险的评估结果选择审计程序。评估的认定层次重大错报风险越高,对通过实质性程序获取的审计证据的相关性和可靠性的要求越高,从而可能影响进一步审计程序的类型及其综合运用。

(2)进一步审计程序的时间。进一步审计程序的时间是指注册会计师何时实施进一步审计程序,或审计证据适用的期间或时点。注册会计师可以在期中或期末实施控制测试或实质性程序。当重大错报风险较高时,注册会计师应当考虑在期末或接近期末实施实质性程序;或采用不通知的方式,或在管理层不能预见的时间实施审计程序。如果在期中实施了进一步审计程序,

注册会计师还应当针对剩余期间获取审计证据。

在确定何时实施审计程序时，注册会计师应当考虑下列因素：

1）控制环境。

2）何时能得到相关信息。

3）错报风险的性质。

4）审计证据适用的期间或时点。

实务提醒

虽然注册会计师在很多情况下可以根据具体情况选择实施进一步审计程序的时间，但也存在着一些限制选择的情况。例如，将财务报表与会计记录相核对，检查财务报表编制过程中所做的会计调整等，这些程序只能在期末或期末以后实施。另外，如果被审计单位在期末或接近期末发生了重大交易，或重大交易在期末尚未完成，注册会计师应当考虑交易的发生或截止等认定可能存在重大错报风险，然后在期末或期末以后检查此类交易。

注册会计师王一负责对 A 公司 2020 年度财务报表进行审计，经过评估后，决定为存在重大错报风险较高项目确定进一步审计程序的性质和时间，注册会计师王一的下列处理恰当的是（　　）。

A．在 2020 年 10 月份监盘存货

B．在 2020 年 11 月份向重要客户函证应收账款

C．在 2021 年 3 月份观察内部控制执行情况

D．在 2021 年年初检查销售退回业务。

二维码 6-10
练一练解析

（3）进一步审计程序的范围。进一步审计程序的范围是指实施进一步审计程序的数量，包括抽取的样本量，对某项控制活动的观察次数等。在确定审计程序的范围时，注册会计师应当考虑下列因素：

1）确定的重要性水平。确定的重要性水平越低，注册会计师实施进一步审计程序的范围越广。

2）评估的重大错报风险。评估的重大错报风险越高，注册会计师实施的进一步审计程序的范围越广。

3）计划获取的保证程度。计划获取的保证程度越高，注册会计师实施的进一步审计程序的范围越广。

要注意的是，只有当审计程序本身与特定风险相关时，扩大审计程序的范围才是有效的。另外，注册会计师可以使用计算机辅助审计技术对电子化的交易和账户文档进行更广泛的测试，包括从主要电子文档中选取交易样本，或按照某一特征对交易进行分类，或对总体而非样本进行测试。

二维码 6-11
总体应对措施及
进一步审计程序

实务提醒

在风险导向审计的理念下，注册会计师应当针对评估的财务报表层次重大错报风险确定总体应对措施，并针对评估的认定层次重大错报风险设计和实施进一步的审计程序，以将审计风险降至可接受的低水平。确定总体应对措施以及设计和实施进一步审计程序的性质、时间和范围时，注册会计师应当运用职业判断。

三、控制测试

控制测试是指用于评价内部控制在防止或发现并纠正认定层次重大错报方面的运行有效性的审计程序，包括测试控制如何运行、是否一贯执行、由谁或以何种方式运行。当存在下列两种情形之一时，应实施控制测试：

（1）在评估认定层次重大错报风险时，预期控制运行有效。
（2）仅实质性程序不足以提供认定层次充分、适当的证据。

对于第一点隐含着这样的前提，即注册会计师在了解内部控制后，认为某项内部控制存在着被信赖和利用的可能。所以，如果相关内部控制不存在或相关内部控制虽然存在，但注册会计师通过了解发现其并未执行，则可不进行控制测试。另外，控制测试需要考虑成本效益，并非在任何情况下都要实施，如果控制测试的工作量可能大于进行控制测试所减少的实质性测试的工作量，也可不进行控制测试。

你能指出内部控制与控制测试有什么不同吗？

二维码6-12　想一想解析

（一）控制测试的性质

控制测试的性质是指控制测试所使用的审计程序的类型及其组合。注册会计师可选用的控制测试程序有：

（1）检查交易和事项的凭证。
（2）询问并实施观察未留下审计轨迹的内部控制的运行情况。
（3）重新执行相关内部控制程序。

以上三种程序注册会计师既可单独使用，也可合并使用。另外，虽然控制测试和后面要讲到的细节测试的目的不同，前者是评价控制是否有效运行，后者是为了发现认定层次的重大错报，但注册会计师可以考虑针对同一交易同时实施控制测试和细节测试，以实现双重目的，当然，这样的审计程序更应仔细设计和评价。

实务提醒

注册会计师不是对所有的内部控制均要进行控制测试，而只是对可能会导致财务报表出现重大错报或漏报的那些内部控制政策和程序执行控制测试。某些内部控制的失效或执行不当并不一定会影响财务报表的重大错报或漏报。例如，工资的计算需要独立于计算人员的其他人员进行复核，如果未经过复核，则该项控制失效。如果工资计算人员本身是认真负责地进行计算，工资的支出与记录并不一定会出现重大错报。

（二）控制测试的时间

控制测试的时间包括两层含义：一是何时实施控制测试；二是测试所针对的控制适用的时点或期间。因此，总的原则是，注册会计师应当根据控制测试的目的，即需要获取控制在特定时点运行有效性的证据还是需要获取在某一期间运行有效性的证据，来确定控制测试的时间。但要注意的是，如果需要获取某一期间运行有效性的证据，仅在多个不同时点测试运行的有效性是不够的，还应测试被审计单位对控制的监督。

1. 对期中实施控制测试的考虑

对于控制测试，注册会计师在期中实施具有更积极的作用，但这里要注意的是，如果注册会计师已证实控制在期中运行有效，仍需考虑如何能将该结论合理延伸至期末。因此，注册会计师要实施下列审计程序：①获取控制在期中到期末这段时间有无发生变化的审计证据；②针对期中到期末这段时间获取控制运行有效性的补充证据。

针对第一点，如果没有变化，注册会计师可能决定信赖在期中获取的审计证据；如果发生了变化，注册会计师则需要了解并测试这些变化对期中审计证据的影响。针对第二点，注册会计师则需要考虑下列因素以补充审计证据：

① 评估的认定层次重大错报风险的重要程度。重大错报风险越大，需要获取的补充证据越多。

② 期中测试的特定控制自期中测试后发生的重大变动。变动越大，需要获取的补充证据越多。

③ 期中获取的控制运行有效性证据的充分程度。如果期中获取的审计证据比较充分，则可以考虑适当减少剩余期间的补充证据。

④ 剩余期间的长度。剩余期间越长，需要获取的剩余期间的补充证据越多。

⑤ 在信赖控制的基础上拟缩小实质性程序的范围。对相关控制的信赖程度越高，拟缩小的实质性范围就越大，则需要获取的剩余期间的补充证据越多。

⑥ 控制环境的强弱。控制环境越薄弱，则需要获取的剩余期间的补充证据越多。

另外，测试被审计单位对控制的监督也能作为一项有益的补充证据。

2. 对以前审计获取证据的考虑

对以前审计获取证据的考虑，注册会计师的基本思路是考虑控制在本期是否发生了变化。如果控制在本期发生了变化，则在考虑以前获取的证据在本期是否仍然相关的基础上，测试这些控制运行的有效性。如果控制在本期未发生变化，则运用职业判断确定是否在本期审计中测试其运行有效性，另外，还需关注本次测试与上次测试的时间间隔，每三年应至少对控制测试一次。如果控制针对的是特别风险，则无论该控制在本期是否发生变化，均应在本期审计中测试这些控制。

（三）控制测试的范围

控制测试的范围是指某项控制活动的测试次数。从理论上讲，控制测试的范围越大，所能提供的有关控制政策或程序执行有效性的证据就越充分。例如：询问很多人比询问某一个人能提供更多的证据；观察所有信用部门人员批准赊销的情况比只观察一名信用部门人员批准赊销的情况可以提供更多的能证明必要控制程序已执行的证据。运用审查文件程序和重新执行程序的情况也是如此。

在审计实务中，审计人员执行控制测试的范围并不是越大越好，而是要求从最经济有效地实现审计目标的总体需要出发，合理地确定测试的范围。如果注册会计师越拟信赖内部控制，控制测试的范围就越大。除此之外，还需考虑以下因素：

（1）拟信赖期间，控制执行的频率。控制执行的频率越高，控制测试的范围越大。

（2）拟信赖控制运行有效性的时间长度。拟信赖期间越长，控制测试的范围越大。

（3）控制的预期偏差率。预期偏差率越高，需要实施的控制测试的范围越大。

（4）与该认定相关的其他控制获取的证据。针对同一认定，可能存在着不同的控制，当针对其他控制获取的审计证据的充分性和适当性较高时，测试该控制的范围可适当缩小。

（5）拟获取的有关认定层次控制运行有效性的证据的相关性和可靠性。当要求获取的证据的相关性和可靠性越高时，则测试的范围越大。

另外，除非系统发生变动，注册会计师通常不需要增加自动化控制的测试范围。

延伸阅读

内部控制评价

注册会计师完成控制测试后，应对内部控制进行再评价，进而确定将要执行的实质性程序的性质、时间和范围。评价控制风险是评价内部控制在防止或者发现和更正会计报表里的重要错报或漏报的有效程度的过程。

控制风险可评价为高水平，也可评价为低水平。将控制风险评价为高水平，意味着内部控制不能及时防止或者发现和纠正某项认定中的重要错报或漏报的可能性很大。内部控制风险低，意味着内部控制可信程度高；可信程度高，实质性测试就可减少。反过来，风险高，可信程度低，实质性测试就得多做。小规模企业的内部控制通常比较薄弱，一般不做、少做控制性测试，多做实质性测试。

练一练

二维码 6-13
练一练解析

下列有关控制测试程序的说法中，正确的是（　　）。
A．注册会计师应当将观察与其他审计程序结合使用
B．检查程序适用于所有控制测试
C．重新执行程序适用于所有控制测试
D．通常只有当询问、观察和检查程序结合在一起仍无法获得充分的证据时，注册会计师才考虑实施重新执行程序

四、实质性程序

实质性程序是指用于发现认定层次重大错报的审计程序,包括对各类交易、账户余额和披露的细节测试以及实质性分析程序。由于注册会计师对重大错报风险的评估是一种判断,可能无法充分识别所有的重大错报风险,并且由于内部控制存在固有局限性,无论评估的重大错报风险结果如何,注册会计师都应当针对所有重大的各类交易、账户余额、列报实施实质性程序。

注册会计师实施的实质性程序应当包括与财务报表编制完成阶段相关的审计程序:①将财务报表与其所依据的会计记录相核对;②检查财务报表编制过程中做出的重大会计分录和其他会计调整。

(一)实质性程序的性质

实质性程序的性质是指实质性程序的类型及其组合。其两种基本类型是细节测试和实质性分析程序。细节测试是对各类交易、账户余额和披露的具体细节进行测试,目的在于直接识别财务报表认定是否存在错报。细节测试被用于获取与某些认定相关的审计证据,如存在、准确性、计价等。

实质性分析程序从技术特征上讲就是分析程序,主要是通过研究数据间关系来评价信息,是分析程序在实质性程序中的运用,用以识别各类交易、账户余额和披露及相关认定是否存在错报。这里要注意的是,如果使用分析程序比细节测试能更有效地将认定层次的检查风险降至可接受的水平时,注册会计师可以考虑单独或结合细节测试,运用实质性分析程序。

细节测试和实质性分析程序的目的和技术手段存在一定差异,因此各自有不同的适用领域。细节测试适用于对各类交易、账户余额和披露认定的测试,尤其是对存在或发生、计价认定的测试。实质性分析程序通常更适用于在一段时间内存在可预期关系的大量交易。注册会计师应当根据各类交易、账户余额和披露的性质选择实质性程序的类型。

实务提醒

对于细节测试,应根据不同的错报风险设计有针对性的审计程序。例如,针对存在或发生认定的细节测试,应选择财务报表项目追踪至原始业务凭证;针对完整性认定的细节测试,选择获取的原始凭证,调查表明该业务包含在财务报表金额中。也就是说,细节测试应注意方向性,以获取充分、适当的审计证据,达到认定层次所计划的保证水平。在前面已学的审计证据的相关性、审计程序中的检查程序,都有方向性问题,大家可以结合前面所学的内容加以融会贯通。

(二)实质性程序的时间

注册会计师实施实质性程序的"常态"时间是在期末或接近期末实施,这是由财务报表审计的性质,即编制财务报表的时间决定的。这与前述的控制测试不同,在期中实施控制测试更具有一种"常态"。

1. 对期中实施审计程序及获取的审计证据的考虑

在期中实施实质性程序时更需要对成本效益进行权衡。注册会计师需要权衡在期中与期末实施审计程序所消耗的审计资源的总和是否能够显著小于完全在期末实施实质性程序所需消耗的审计资源。如不符合成本效益原则，往往在期末实施实质性程序。另外，是否在期中实施实质性程序，还应考虑下列因素：

（1）控制环境和其他相关的控制。控制环境和其他相关的控制越薄弱，越不宜在期中实施实质性程序。

（2）实施审计程序所需信息在期中之后的可获得性。如果实施审计程序所需信息在期中之后可能难以获取，可考虑在期中实施实质性程序。

（3）实质性程序的目的。如果就某项认定实施实质性程序的目的包括获取期中审计证据，则应在期中实施实质性程序。

（4）评估的重大错报风险。如果评估的重大错报风险越高，则应在期末或接近期末实施实质性程序。

（5）特定类别交易或账户余额以及相关认定的性质。某些交易或账户余额及相关认定的特殊性质决定了注册会计师必须在期末或接近期末实施实质性程序。

（6）在剩余期间，能否通过实施实质性程序或将其与控制测试结合，降低期末存在错报而未被发现的风险。如果较有把握能降低这种风险，则可以考虑在期中实施。

如果在期中实施了实质性程序，注册会计师可以选择两种方式：①针对剩余期间实施进一步的实质性程序；②将实质性程序和控制测试结合使用，以将期中测试得出的结论合理延伸至期末。

2. 对以前审计获取的审计证据的考虑

对于以前审计中通过实质性程序获取的审计证据，审计准则规定应采取更加慎重的态度和更严格的限制。在以前审计中实施实质性程序获取的审计证据，通常对本期只有很弱的证据效力或没有证据效力，不足以应对本期的重大错报风险。只有当以前获取的审计证据及其相关事项未发生重大变动时，以前获取的审计证据才可能用作本期的有效审计证据。如果拟利用以前审计中实施实质性程序获取的审计证据，注册会计师应当在本期实施审计程序，以确定这些审计证据是否具有持续相关性。

（三）实质性程序的范围

在确定实质性程序的范围时，注册会计师应当考虑评估的认定层次重大错报风险和实施控制测试的结果。注册会计师评估的认定层次的重大错报风险越高，需要实施实质性程序的范围越广。如果对控制测试结果不满意，注册会计师应当考虑扩大实质性程序的范围。

在确定细节测试范围时，既要考虑样本规模的大小，也要考虑选样方法的有效性。在确定实质性分析程序的范围时需要考虑两个方面：

（1）分析什么层次的数据。注册会计师可以选择在高度汇总的财务数据层次进行分析，也可以根据重大错报风险的性质和水平调整分析层次。例如，按不同产品线、不同季节或月份、不同经营地点或存货存放地点等实施实质性分析。

（2）调查什么幅度或性质的偏差。这取决于认定层次的重要性水平。可容忍或可接受的偏差（即预期偏差）越大，作为实质性分析程序一部分的进一步调查的范围就越小。因此，在设计实质性分析程序时，注册会计师应当确定已记录金额与预期值之间可接受的差异额。

练一练

下列有关实质性程序的说法中，正确的是（   ）。

A．注册会计师应当针对所有类别的交易、账户余额和披露实施实质性程序

B．注册会计师针对认定层次的特别风险实施的实质性程序应当包括实质性分析程序

C．如果在期中实施了实质性程序，注册会计师应当对剩余期间实施控制测试和实质性程序

D．注册会计师实施的实质性程序应当包括将财务报表与其所依据的会计记录进行核对或调整

二维码6-14
练一练解析

议一议

上市公司甲公司是 ABC 会计师事务所的常年审计客户，主要从事农业机械的生产和销售。注册会计师 A 负责审计甲公司 2020 年度财务报表，确定财务报表整体的重要性为 1 000 万元，明显微小错报的临界值为 30 万元。

注册会计师 A 在审计工作底稿中记录了审计计划，部分内容摘录如下：

（1）注册会计师 A 认为仅实施实质性程序不能获取与成本核算相关的充分、适当的审计证据，因此，拟实施综合性方案：测试相关的内部控制在 2020 年 1 月至 10 月期间的运行有效性，并对 2020 年 11 月至 12 月的成本核算实施细节测试。

（2）因甲公司不存在特别风险，且以前年度与存货相关的控制运行有效，注册会计师 A 拟减少本年度存货细节测试的样本量。

要求：针对上述资料第（1）、（2）项，假定不考虑其他条件，逐项指出审计计划的内容是否恰当。如不恰当，简要说明理由。

二维码6-15
议一议解析

即测即评

一、单选题

1．注册会计师应当针对评估的（   ）重大错报风险，设计和实施总体应对措施。

A．认定层次　　　　　　　　　　B．交易层次

C．财务报表层次　　　　　　　　D．列报层次

2．下列各项措施中，不能应对财务报表层次重大错报风险的是（   ）。

A．扩大控制测试的范围　　　　　B．在期末而非期中实施更多的审计程序

C．增加审计程序的不可预见性　　D．增加拟纳入审计范围的经营地点数量

3. 针对进一步审计程序的性质、时间安排和范围的因素，以下事项中最相关的是（   ）。
   A. 财务报表整体的重要性水平　　　　B. 明显微小错报临界值的金额大小
   C. 认定层次重大错报风险　　　　　　D. 财务报表层次重大错报风险

4. 针对注册会计师确定进一步审计程序的范围时应考虑的因素，下列说法中，正确的是（   ）。
   A. 计划从控制测试中获取的保证程度越高，则拟实施控制测试的范围越大
   B. 计划获取的保证程度越高，则拟实施进一步审计程序的范围越小
   C. 如果注册会计师确定的重要性水平越高，则拟实施的进一步审计的范围越大
   D. 如果评估的重大错报风险越高，则拟实施的进一步审计程序的范围可以适当缩小

5. 下列有关控制测试目的的说法中，正确的是（   ）。
   A. 控制测试旨在发现认定层次的错报的金额
   B. 控制测试旨在评价内部控制在防止或发现并纠正认定层次重大错报方面的运行有效性
   C. 控制测试旨在验证实质性程序结果的可靠性
   D. 控制测试旨在确定控制是否得到执行

6. 下列说法中，正确的是（   ）。
   A. 控制测试发现内部控制无效，说明财务报表中一定存在重大错报
   B. 控制测试发现内部控制无效，说明财务报表中一定不存在重大错报
   C. 实质性程序发现重大错报，说明内部控制可能无效
   D. 实质性程序没有发现重大错报，说明内部控制一定有效

7. 下列有关实质性程序时间安排的说法中，错误的是（   ）。
   A. 控制环境和其他相关控制越薄弱，注册会计师越不宜在期中实施实质性程序
   B. 注册会计师评估的某项认定的重大错报风险越高，越应当考虑将实质性程序集中在期末或者接近期末实施
   C. 如果实施实质性程序所需信息在期中之后难以获取，注册会计师应考虑在期中实施实质性程序
   D. 如果在期中实施了实质性程序，注册会计师应当针对剩余期间实施控制测试，以将期中测试得出的结论合理延伸至期末

8. 下列有关针对重大账户余额实施审计程序的说法中，正确的是（   ）。
   A. 注册会计师应当实施实质性程序
   B. 注册会计师应当实施细节测试
   C. 注册会计师应当实施控制测试
   D. 注册会计师应当实施控制测试和实质性程序

二、多选题

1. 下列做法中，可以提高审计程序的不可预见性的有（   ）。
   A. 针对销售收入和销售退回延长截止测试期间
   B. 向以前没询问过的被审计单位员工询问
   C. 对以前通常不测试的金额较小的项目实施实质性程序
   D. 对被审计单位银行存款年末余额实施函证

2. 注册会计师在设计进一步审计程序时应当考虑的因素包括（　　）。
   A．注册会计师个人喜好　　　　　B．被审计单位采用的特定控制的性质
   C．重大错报发生的可能性　　　　D．风险的重要性
3. 在确定进一步审计程序的范围时，注册会计师考虑的因素有（　　）。
   A．审计程序与特定风险的相关性　B．评估的认定层次重大错报风险
   C．计划获取的保证程度　　　　　D．可容忍的错报或偏差率
4. 注册会计师了解内部控制后，针对是否需要进行控制测试，以下相关的表述中，正确的有（　　）。
   A．如果预期控制运行无效，则应扩大控制测试
   B．如果预期控制风险很高，则不应实施控制测试
   C．如果预期控制风险低，则应实施更多的控制测试
   D．不管控制运行是否有效，均应实施控制测试
5. 下列有关利用以前审计获取的有关控制运行有效性的审计证据的说法中，错误的有（　　）。
   A．如果拟信赖以前审计获取的有关控制运行有效性的审计证据，注册会计师应当通过询问程序获取这些控制是否已经发生变化的审计证据
   B．如果拟信赖的控制在本期发生变化，注册会计师应当考虑以前审计获取的有关控制运行有效性的审计证据是否与本期审计相关
   C．如果拟信赖的控制在本期未发生变化，注册会计师可以运用职业判断决定不在本期测试其运行的有效性
   D．如果拟信赖的控制在本期未发生变化，控制应对的重大错报风险越高，本次控制测试与上次控制测试的时间间隔越短
6. 在确定控制测试的范围时，注册会计师正确的做法有（　　）。
   A．在风险评估时对控制运行有效性的拟信赖程度较高，通常应当考虑扩大实施控制的范围
   B．如果控制的预期偏差率较高，通常应当考虑扩大实施控制测试的范围
   C．对于一项持续有效运行的自动化控制，通常应当考虑扩大实施控制测试的范围
   D．如果拟信赖控制运行有效性的时间长度较长，通常应当考虑扩大实施控制
7. 实务中，由于小规模企业内部控制通常比较薄弱，一般注册会计师（　　）。
   A．不做控制性测试　B．少做控制性测试　C．少做实质性测试　D．多做实质性测试

三、判断题

1. 进一步审计程序是指注册会计师针对评估的各类交易、账户余额、列报（包括披露）认定层次重大错报风险实施的实质性审计程序。（　　）
2. 评估的认定层次重大错报风险越低，对通过实质性程序获取的审计证据的相关性和可靠性的要求越高，从而可能影响进一步审计程序的类型及其综合运用。（　　）
3. 在审计实务中，审计人员执行控制测试的范围越大越好，可以有效地实现审计目标。（　　）
4. 审计人员在考虑使用以前年度的证据时，还必须考虑执行控制测试的时间间隔的长短。一般来说，时间间隔期越长，所能提供的保证就越小。（　　）

5. 由于评估的重大错报风险结果不同,注册会计师可以只针对部分重大的交易、账户余额、列报实施实质性程序。（　　）

四、名词解释

风险应对、进一步审计程序、控制测试、实质性程序

五、简答题

1. 在风险应对中,总体应对措施有哪些?
2. 进一步审计程序的目的是什么?
3. 在确定进一步审计程序的范围时,注册会计师应考虑哪些因素?

二维码 6-16
即测即评答案

案例分析

1. 注册会计师 A 是甲公司 2020 年度财务报表审计业务的项目合伙人。正在针对评估的重大错报风险设计进一步审计程序,相关情况如下:

（1）为应对应收账款项目计价和分摊认定的重大错报风险,注册会计师 A 决定扩大函证程序的范围。

（2）甲公司采用高度自动化信息系统开具销售发票。注册会计师 A 拟信赖该应用控制,因该控制在 2019 年度审计中测试结果满意,且在 2020 年未发生变化,注册会计师 A 拟对信息技术一般控制实施测试。

（3）为应对甲公司在期末之后伪造销售合同以虚增销售收入的风险,注册会计师 A 拟在 2020 年 12 月 31 日向甲公司管理层索取全部销售合同副本。

（4）由于甲公司存在故意错报或操纵的可能性,为将期中实施实质性程序得出的结论延伸到期末,注册会计师 A 拟扩大针对剩余期间实施的审计程序的范围。

要求:指出注册会计师 A 针对评估的重大错报风险设计上述进一步审计程序在性质、时间或范围方面是否恰当。如不恰当,请简要说明理由。

2. ABC 会计师事务所负责审计甲公司 2020 年度财务报表,审计工作底稿中与内部控制相关的部分内容摘录如下:

（1）甲公司营业收入的发生认定存在特别风险。相关控制在 2019 年度审计中经测试运行有效。因这些控制 2020 年未发生变化,审计项目组拟继续予以信赖,并依赖了 2019 年审计获取的有关这些控制运行有效的审计证据。

（2）考虑到甲公司 2020 年固定资产的采购主要发生在下半年,审计项目组从下半年固定资产采购中选取样本实施控制测试。

二维码 6-17
案例分析解析

（3）甲公司与原材料采购批准相关的控制每日运行数次，审计项目组确定样本规模为 25 个，考虑到该控制自 2020 年 7 月 1 日起发生重大变化，审计项目组从上半年和下半年的交易中分别选取 12 个和 13 个样本实施控制测试。

（4）审计项目组对银行存款实施了实质性程序，未发现错报，因此认为甲公司与银行存款相关的内部控制运行有效。

（5）甲公司内部控制制度规定，财务经理每月应复核销售返利计算表，检查销售收入金额和返利比例是否准确，如有异常进行调查并处理，复核完成后签字存档。审计项目组选取了 3 个月的销售返利计算表，检查了财务经理的签字，认为该控制运行有效。

要求：

针对上述事项，逐项指出审计项目组的做法是否恰当。如不恰当，简要说明理由。

任务三 货币资金审计

知识学习

货币资金是企业资产的重要组成部分，是企业资产中流动性最强的一种资产。任何企业进行生产经营活动都必须拥有一定数额的货币资金，毕竟持有货币资金是企业生产经营活动的基本条件，甚至关乎企业命脉。

货币资金主要来源于股东投入、债权人借款和企业经营累积，主要用于资产的取得和费用的结付。企业保持健康运行必须保持健康的、正的现金流。如果出现企业现金流逆转迹象，产生了不健康的、负的现金流，企业将会陷入财务困境，并导致对企业的持续经营能力产生疑虑。

一、涉及的主要凭证与会计记录

货币资金业务涉及的凭证和会计记录主要有：

（1）库存现金盘点表。

（2）银行对账单。

（3）银行存款余额调节表。

（4）有关科目的记账凭证。

（5）有关会计账簿。

二、主要业务活动及相关的内部控制

货币资金的增减变动与企业的日常经营活动密切相关，且涉及销售与收款、采购与付款等多个业务循环，注册会计师通常实施下列程序，了解货币资金的业务活动和相关的内部控制。

（1）询问参与货币资金业务活动的被审计单位人员，如销售部门、采购部门和财务部门的员工和管理人员。

（2）观察货币资金业务流程中特定控制的执行，如观察被审计单位的出纳如何进行库存现金的盘点。

（3）检查相关文件和报告，如检查银行存款余额调节表是否恰当编制以及其中的调节项是否经会计主管的恰当复核等。

另外，注册会计师还可以将上述这些审计程序结合起来，实施穿行测试。例如，选取一笔已收款的银行借款，追踪该笔交易从借款预算审批直至收到银行借款的整个过程。

在之后学习的有关业务循环审计中，了解相关内部控制也是采用这些审计程序，就不一一赘述了。

（一）货币资金的主要业务活动

货币资金与各业务循环中的业务活动都存在密切关系。货币资金的业务活动就是资金在企业不断地循环周转，也即资金从流入企业形成货币资金开始，到通过销售收回货币资金、成本补偿确定利润、部分资金流出企业为止。货币资金的循环周转也是资金的营运过程。

企业的生产经营，本质上就是通过货币资金的垫支、支付和货币资金的回收、分配而完成的。因此，企业的各项经营活动都是货币资金的表现形态，一些最终影响货币资金的错误，也可能在注册会计师对销售与收款、购货与付款、生产与存货等业务循环的审计测试中被发现。货币资金本身的业务活动就是库存现金管理和银行存款管理。

1. 库存现金管理

库存现金由出纳管理。库存现金管理的主要工作是每天出纳要对库存现金进行盘点，编制库存现金日报表，计算当日现金收入、支出及结余额，并将结余额与实际库存额进行核对。会计主管要不定期检查库存现金日报表。

月末，会计主管指定出纳以外的人员对库存现金进行盘点，编制库存现金盘点表，将盘点金额与库存现金日记账余额进行核对。会计主管复核库存现金盘点表，如果盘点金额与库存现金日记账余额存在差异，需要查明原因并报财务经理后进行账务处理。

2. 银行存款管理

（1）银行账户管理。企业银行账户的开立、变更和注销须经财务经理审核，报总经理审批。

（2）编制银行存款余额调节表。每月月末，会计主管指定出纳以外的人员编制银行存款余额调节表，会计主管复核调节表。

（3）票据管理。财务部门要设置银行票据登记簿，出纳登记银行票据的购买、领用、背书转让及注销等事项。空白票据存放在保险柜中。每月月末，会计主管指定出纳以外的人员对空白票据、未办理收款和承兑的票据进行盘点，会计主管复核银行票据盘点表。

（4）印章管理。企业的财务专用章由财务经理保管，办理相关业务的个人名章由出纳保管。

（二）货币资金的内部控制

货币资金一般在企业资产总额中所占比重不大，但由于它具有流动性强、收付业务频繁、涉及多个循环，容易出现被贪污、挪用和业务差错等固有风险特征。良好的货币资金内部控制应包括以下内容：

（1）单位应当建立货币资金业务的岗位责任制。明确相关部门和岗位的职责权限，确保办理货币资金业务的不相容岗位相互分离、制约和监督。出纳人员不得兼任稽核、会计档案保管和收入、支出、费用、债权债务账目的登记工作。单位不得由一人办理货币资金业务的全过程。

（2）单位应当对货币资金业务建立严格的授权批准制度。明确审批人对货币资金业务的授权批准方式、权限、程序、责任和相关控制措施，规定经办人办理货币资金业务的职责范围和工作要求。审批人应当根据货币资金授权批准制度的规定，在授权范围内进行审批，不得超越审批权限。经办人应当在职责范围内，按照审批人的批准意见办理货币资金业务。对于审批人超越授权范围审批的货币资金业务，经办人有权拒绝办理，并及时向审批人的上级授权部门报告。

（3）单位应当按照规定的程序办理货币资金支付业务。

1）支付申请。单位有关部门或个人用款时，应当提前向审批人提交货币资金支付申请，注明款项的用途、金额、预算、支付方式等内容，并附有效经济合同或相关证明。

2）支付审批。审批人根据其职责、权限和相应程序对支付申请进行审批。对不符合规定的货币资金支付申请，审批人应当拒绝批准。

3）支付复核。复核人应当对批准后的货币资金支付申请进行复核，复核货币资金支付申请的批准范围、权限、程序是否正确，手续及相关单证是否齐备，金额计算是否准确，支付方式、支付单位是否妥当等。复核无误后，交由出纳人员办理支付手续。

4）办理支付。出纳人员应当根据复核无误的支付申请，按规定办理货币资金支付手续，及时登记库存现金日记账和银行存款日记账。

（4）对于重要的货币资金支付业务，应当实行集体决策和审批，并建立责任追究制度，防范贪污、侵占、挪用货币资金等行为。

（5）严禁未经授权的机构或人员办理货币资金业务或直接接触货币资金。

（6）收付款凭证的应用及账簿的登记制度。会计人员应及时根据已完成的现金收付业务及已编号并加盖现金收付戳记的记账凭证登记有关账簿。同时，要定期进行账账、账表、账实的核对。

（7）收到的现金及时存入银行，严格遵守银行结算纪律。

（8）加强票据及有关印章管理。

（9）企业应指定专人定期核对银行账户，编制银行存款余额调节表。出纳人员一般不得同时从事银行对账单的获取、银行存款余额调节表的编制工作。

（10）企业应定期和不定期地盘点库存现金，以做到账实相符。

（11）加强对货币资金收支业务的内部审计。

三、货币资金的重大错报风险

货币资金的重大错报风险主要包括：

（1）被审计单位存在虚假的货币资金交易或余额，因而导致银行存款余额的存在性或交易的发生存在重大错报风险。

（2）被审计单位存在大额的外币交易或余额，可能存在外币交易或余额未被准确记录的风险。如可能因未采用正确的折算汇率而导致计价错误。

（3）银行存款的期末收支存在大额的截止性错误。

（4）被审计单位可能存在未能按照企业会计准则的规定对货币资金做出恰当披露的风险。例如，被审计单位期末持有使用受限制的大额银行存款，但在编制财务报表时未在财务报表附注中对其进行披露。

四、货币资金的控制测试

（1）抽取并检查收款凭证。将收款凭证与银行存款日记账、银行对账单、销货发票等进行核对。

（2）抽取并检查付款凭证。检查付款的授权批准手续是否符合规定。将付款凭证与银行存款日记账、银行对账单、购货发票等进行核对。

（3）抽取一定期间的库存现金、银行存款日记账与总账进行核对。

（4）抽取一定期间的银行存款余额调节表，查验其是否按月正确编制并经复核。

（5）评价货币资金内部控制。

议一议

二维码 6-18
议一议解析

案例资料：甲企业会计和出纳分设，由于会计工作量大，财务经理安排由出纳负责登记三大期间费用账户，并且根据规定，收款的同时应为销售部门开具销售发票。办理付款手续时，直接根据采购人员提供的发票办理支付手续。在财务部负责人的授意下，开立多个结算账户，资金紧张的时候就从没有金额的账户给客户开支票，拖延还款时间。期末结账以后，检查人员发现现金经常短款，原因是大量发票单据没有经过有权批准人员的批准，因此没有进行账务处理。

要求：说明甲企业在货币资金管理中存在的问题，并说明改进意见。

五、主要项目实质性程序

（一）库存现金实质性程序

1. 库存现金的审计目标

（1）确定被审计单位资产负债表中的库存现金在财务报表日确实存在。

（2）确定库存现金是否为被审计单位所有。

（3）确定被审计单位在特定期间内发生的现金收支业务是否均已记录完毕，有无遗漏。

（4）确定库存现金余额是否正确。

（5）确定库存现金在财务报表上的披露是否恰当。

2. 库存现金实质性程序的主要内容

（1）核对库存现金日记账与总账的金额是否相符，检查非记账本位币库存现金的折算汇率及折算金额是否正确。要求将库存现金日记账与明细账、总账、报表等进行一一核对。

（2）监盘库存现金。对被审计单位库存现金盘点实施监盘程序既可以用作控制测试，也可以用作实质性程序。企业盘点库存现金，通常包括被审计单位已收到尚未存入银行的现金、零用金、找换金等的盘点。实施监盘程序的要点见表 6-2。

表 6-2 实施监盘程序的要点

目 的	证实资产负债表下所列库存现金是否存在
人 员	注册会计师、被审计单位出纳、财务负责人
方 式	突击性检查
时 间	通常是上午上班前或下午下班后
范 围	企业各部门经管的现金,包括已收到但未存入银行的现金、零用金、找换金等

1）监盘前准备工作。

①由出纳将现金集中起来存入保险柜,必要时可加以封存。

②出纳把已办妥现金收付手续的收付款凭证登入库存现金日记账。

③如果被审计单位库存现金存放部门有两处或两处以上,应同时盘点。

2）库存现金监盘程序。

①查看被审计单位制定的监盘计划,以确定监盘时间。

②检查库存现金日记账,并与现金收付款凭证进行核对。确认库存现金日记账的记录与凭证的内容、金额及日期是否相符,确定盘点日库存现金账面结存余额。

③检查被审计单位库存现金实存数,并将该监盘金额与库存现金日记账余额进行核对。盘点库存现金实存数,编制库存现金盘点表。在盘点表上将盘点的结果分币种、面值进行列示,并结出盘点实存数,要求参与盘点的人员均予以签章。

④在非资产负债表日进行监盘时,应调整至资产负债表日的金额。

（3）库存现金其他审计程序。

1）抽查大额现金收支。例如,注册会计师会抽查大额现金收支的原始凭证内容是否完整,有无授权批准,并核对相关账户的进账情况。

2）现金收支截止测试。注册会计师会抽查资产负债表日前后若干天的、一定金额以上的现金收支凭证来实施截止测试。当然注册会计师必须验证现金收支的截止日期,以确定是否存在跨期事项,是否应考虑提出调整建议。

3）考虑现金交易情况。如果被审计单位的现金交易比例较高,注册会计师需要了解和评估现金交易比例较高的合理性,是否与其业务性质相匹配,是否采取了适当措施保证现金收支完整、准确、安全。

（4）确定库存现金在资产负债表上的恰当列报。确定"库存现金"账户的期末余额是否恰当,进而确定库存现金是否在资产负债表中恰当披露。

练一练

在对甲公司 2020 年度财务报表进行审计时,注册会计师 A 负责审计公司货币资金项目。2021 年 1 月 5 日对甲公司全部库存现金进行监盘后确认实有数额为 1 000 元。甲公司 2021 年 1 月 4 日账面库存现金余额为 2 000 元,

二维码 6-19
练一练解析

1月5日发生的现金收支全部未登记入账，其中收入金额为3 000元、支出金额为4 000元，2021年1月1日至1月4日现金收入总额为165 200元、现金支出总额为165 500元，则推断2020年12月31日库存现金余额应为（　　）元。

A．1 300　　　　　　　　　　　　B．2 300
C．700　　　　　　　　　　　　　D．2 700

议一议

二维码6-20
议一议解析

案例资料：注册会计师M负责对G公司2020度财务报表货币资金项目进行审计。G公司在总部和营业部均设有出纳部门。为顺利监盘库存现金，注册会计师M在监盘前一天通知G公司会计主管人员做好监盘准备。考虑到出纳日常工作安排，对总部和营业部库存现金的监盘时间分别定在上午十点和下午三点。监盘时，出纳把现金放入保险柜，并将已办妥现金收付手续的交易登入库存现金日记账，结出库存现金日记账余额；然后，注册会计师M当场盘点现金，在与库存现金日记账核对后填写库存现金盘点表，并在签字后形成审计工作底稿。

要求：请指出上述库存现金监盘工作中有哪些不当之处，并提出改进建议。

（二）银行存款实质性程序

1．银行存款的审计目标

（1）确定被审计单位资产负债表中的银行存款在财务报表日确实存在。

（2）确定银行存款是否为被审计单位所拥有。

（3）确定被审计单位在特定期间内发生的银行存款收支业务是否均已记录完毕，有无遗漏。

（4）确定银行存款的余额是否正确。

（5）确定银行存款在财务报表上的披露是否恰当。

2．银行存款实质性程序的主要内容

（1）检查银行存款余额明细表。注册会计师要获取银行存款余额明细表，复核加计是否正确，并与总账数和日记账合计数核对是否相符。同时，注册会计师还需对账户完整性进行考虑。例如，注册会计师亲自到人民银行或基本存款账户开户行查询并打印"已开立银行结算账户清单"，以确认被审计单位账面记录的银行账户是否完整。

（2）检查银行存款账户发生额。注册会计师分析不同账户发生银行存款日记账漏记银行存款交易的可能性，获取相关账户相关期间的全部银行对账单。

如果对被审计单位银行对账单的真实性存有疑虑，注册会计师可以在被审计单位协助下亲自到银行获取银行对账单。

在检查银行存款账户发生额时，可分别从对账单和日记账中选取样本与日记账和对账单进行核对。另外，在浏览对账单时，要注意是否有大额异常交易，如一收一付相同金额等，并检查日记账有无此种情况。

（3）检查银行对账单和银行存款余额调节表。取得并检查银行对账单和银行存款余额调节表是证实资产负债表中所列银行存款是否存在的重要程序。

注册会计师通常首先要取得被审计单位加盖银行印章的银行对账单；然后将获取的银行对账单余额与银行存款日记账余额进行核对，如存在差异，获取银行存款余额调节表；最后将被审计单位资产负债表日的银行对账单与银行询证函回函核对，确认是否一致。

一般而言，银行存款余额调节表应由被审计单位编制并向注册会计师提供，但在某些情况下（如被审计单位内控比较薄弱），注册会计师也可亲自编制银行存款余额调节表。注册会计师主要从以下四个方面对银行存款余额调节表进行审计。

1）数量核对。注册会计师要检查调节表中加计数是否正确，调节后银行存款日记账余额与银行对账单余额是否一致。

2）调节事项。注册会计师对于企业已收付、银行尚未入账的事项，应检查相关收付款凭证，并取得期后银行对账单，确认未达账项是否存在，银行是否已于期后入账；而对于银行已收付、企业尚未入账的事项，检查期后企业入账的收付款凭证，确认未达账项是否存在，必要时，提请被审计单位进行调整。

3）合理性检查。注册会计师应关注长期未达账项，查看是否存在挪用资金等事项。

4）关注舞弊。注册会计师应特别关注银付企未付、企付银未付中支付异常的领款事项。

（4）抽查大额银行存款的收支。审计人员应抽查大额银行存款收支的原始凭证是否完整，批准手续是否齐全，入账金额与凭证金额是否相符，并核对相关账户，判断收支的合理性及账务处理是否正确。

（5）函证各银行存款账户余额。银行存款函证是指注册会计师在执行审计业务过程中，需以被审计单位名义向银行发函询证，以验证被审计单位的银行存款是否真实、合法、完整。

函证银行存款余额是证实资产负债表所列银行存款是否存在的重要程序。同时通过向往来银行函证，注册会计师不仅可以了解企业资产的存在，还可以了解企业账面反映所欠银行债务的情况，并有助于发现企业未入账的银行借款和未披露的或有负债。

附：银行询证函参考格式见二维码 6-21。

在函证各银行存款账户余额阶段要注意：

1）函证的范围。审计人员应向被审计单位报告年度所有开户行，包括被审计单位银行存款账户余额为零或已结清的开户银行，同时发函询证。因为被审计单位存款余额为零，可能是由于存在串户或其他差错等原因导致；即使被审计单位的某个账户已经结清，也可能存在贷款尚未归还的情况。

二维码 6-21
银行询证函参考格式

2）函证的内容。银行函证的内容除包括被审计单位的期末银行存、借款余额外，还包括被审计单位与该金融机构往来的所有重要信息。

3）函证的控制。审计准则要求注册会计师必须直接控制函证的收发。出于掩盖舞弊的目的，被审计单位可能设法拦截或更改询证函及回函的内容，如果审计人员对函证程序控制不严密，就可能导致函证结果发生偏差和函证程序失效。注册会计师写好询证函交给被审计单位盖章后，应亲自将询证函寄出，不可将询证函交给客户，并且将寄发银行询证的邮费单据复印后放入底稿；如果被函证单位用传真方式回函，注册会计师也要直接接收，并要求被函证单位将函证原件寄回。

（6）审查银行存款收付的截止日期。需选取资产负债表日前后一段时期内的凭证实施截止测试，关注业务内容及对应项目，如有跨期收支事项，应考虑是否应进行调整。

（7）确定银行存款在资产负债表上的披露是否恰当。

另外，注册会计师还可以实施实质性分析程序，分析比较被审计单位银行存款应收利息收入与实际利息收入是否存在差异，评估利息收入的合理性等。还可关注是否存在质押、冻结等对变现有限制或存在境外的款项，如果存在，是否已做必要的调整或披露。

二维码 6-22
库存现金及银行存款的实质性程序

练一练

二维码 6-23
练一练解析

被审计单位编制的 2020 年 12 月月末银行存款余额调节表显示存在未达账项，其中包括被审计单位已付而银行未付的材料采购款 10 000 元。下列审计程序中，可能为该材料采购款未达账项的真实性提供审计证据的有（　　）。

A．检查 2021 年 1 月份的银行对账单
B．检查相关的采购合同、供应商销售发票和付款审批手续
C．就 2020 年 12 月月末银行存款余额向银行寄发银行询证函
D．向相关的原材料供应商寄发询证函

议一议

二维码 6-24
议一议解析

案例资料：ABC 会计师事务所的注册会计师 A 负责审计甲公司 2020 年度财务报表，与货币资金审计相关的部分事项如下：

（1）注册会计师 A 认为库存现金重大风险很低，因此，未测试甲公司财务主管每月末盘点库存现金的控制，于 2020 年 12 月 31 日实施了库存现金监盘，结果满意。

（2）对于账面余额与银行对账单存在差异的银行账户，注册会计师 A 获取了银行存款余额调节表，检查了调节表中的加计数是否正确，并检查了调节后的银行存款日记账余额与银行对账单余额是否一致，据此认可了银行存款余额调节表。

（3）因对甲公司管理层提供的银行对账单的真实性存有疑虑，注册会计师 A 在出纳陪同下前往银行获取银行对账单，在银行柜台人员打印对账单时，注册会计师 A 前往该银行其他部门实施了银行函证。

（4）甲公司有一笔 2019 年 10 月存入的期限两年的大额定期存款。注册会计师 A 在 2019 年度财务报表审计中检查了开户证实书原件并实施了函证，结果满意，因此，未在 2020 年度审计中实施审计程序。

（5）为测试银行账户交易入账的真实性，注册会计师 A 在验证银行对账单的真实性后，从银行存款日记账中选取样本与银行对账单进行核对，并检查了支持性文件，结果满意。

要求：针对上述事项，逐项指出注册会计师 A 的做法是否恰当。如不恰当，简要说明理由。

延伸阅读

审计组织方式

财务报表的审计组织方式有两种：①对财务报表的每个账户余额单独进行审计，此法称为账户法（account approach）；②将财务报表分成几个循环进行审计，即把紧密联系的交易种类和账户余额归入同一循环中，按业务循环组织实施审计，此法称为循环法（cycle approach）。

一般而言，账户法与多数被审计单位账户设置体系及财务报表格式相吻合，具有操作方便的优点，但它将紧密联系的相关账户（如存货和营业成本）人为地予以分割，容易造成整个审计工作的脱节和重复，不利于审计效率的提高；而循环法则更符合被审计单位的业务流程和内部控制设计的实际情况，不仅可加深审计人员对被审计单位经济业务的理解，而且由于将特定业务循环所涉及的财务报表项目分配给一个或数个审计人员，增强了审计人员分工的合理性，有助于提高审计工作的效率与效果。

即测即评

一、单选题

1. 以下控制活动中，最能预防员工挪用现金收入的是（　　）。
   A. 会计主管每日复核库存现金汇总表与库存现金日记账是否相符
   B. 负责现金收支的岗位与应收账款记账岗位职责分离
   C. 每一笔应收账款在作为坏账处理前均由董事会审批
   D. 会计主管审查出纳记录的每一笔现金收入

2. 注册会计师怀疑被审计单位的经手人员在记账以前截留顾客货款，盗取现金，而后将账目作为坏账冲销，则他应采取（　　）程序予以查实。
   A. 审查坏账注销的准确性　　　　B. 向开户银行发函询证
   C. 向坏账记录中的每位顾客发函　　D. 审查银行存款余额调节表

3. 针对被审计某银行账户的对账单余额与银行存款日记账余额不符，注册会计师实施的审计程序中最有效的是（　　）。
   A. 检查该银行账户的银行存款余额调节表
   B. 重新测试相关的内部控制
   C. 检查银行存款日记账中记录的资产负债表日前后的收付情况
   D. 检查银行对账单中记录的资产负债表日前后的收付情况

4. 注册会计师实施的下列程序中，属于银行存款控制测试程序的是（　　）。
   A. 取得银行存款余额调节表并检查未达账项的真实性
   B. 检查银行存款收支的正确截止
   C. 函证银行存款余额
   D. 检查是否定期取得银行对账单并编制银行存款余额调节表

5. 注册会计师拟对被审计单位的货币资金实施实质性程序。下列审计程序中，属于实质性程序的是（　　）。
    A. 检查银行预留印鉴的保管情况
    B. 检查银行存款余额调节表，查验其是否按月正确编制并经复核
    C. 检查现金交易中是否存在应通过银行办理转账支付的项目
    D. 检查外币银行存款年末余额是否按年末汇率折合为记账本位币金额

6. 被审计单位采购部门负责人虚构采购原材料交易，并以银行存款支付虚构的原材料款，注册会计师最应选择实施下列（　　）程序。
    A. 取得银行对账单，调节银行存款余额
    B. 从银行存款日记账追查至卖方发票
    C. 从卖方发票追查至银行存款日记账
    D. 从银行存款日记账追查至验收单

7. 被审计单位某开户银行的对账单余额为 1 250 000 元，在检查该账户银行存款余额调节表时，注册会计师注意到以下事项：在途存款 215 000 元，未提现支票 72 000 元，未入账的银行存款利息收入 8 500 元，未入账的银行代扣水电费 3 400 元。假定不考虑其他因素，注册会计师审计后确认的该银行存款账户余额应是（　　）元。
    A. 1 316 900   B. 1 401 500   C. 1 393 000   D. 1 398 100

二、多选题

1. 货币资金涉及的文件记录包括（　　）。
    A. 库存现金盘点表   B. 银行对账单
    C. 银行存款余额调节表   D. 有关会计账簿

2. 出纳不得兼任（　　）。
    A. 稽核   B. 会计档案保管
    C. 收入的登记工作   D. 债权债务账目的登记工作

3. 针对现金付款的控制测试程序，下列说法中，正确的有（　　）。
    A. 询问相关业务部门的部门经理和财务经理其在日常现金付款业务中执行的内部控制，以确定其是否与被审计单位内部控制政策要求保持一致
    B. 询问相关业务部门的部门经理和财务经理其在日常现金付款业务中执行的内部控制，以确定内部控制是否得到执行
    C. 观察财务经理复核付款申请的过程，是否核对了付款申请的用途、金额及后附相关凭据，并检查是否经签字确认
    D. 重新核对经审批及复核的付款申请及其相关凭据，并检查是否经签字确认

4. 下列有关甲公司审计工作底稿记载的与货币资金审计相关的情况中，恰当的有（　　）。
    A. 规定办理货币资金支付义务的程序为：申请、审批、支付、复核
    B. 盘点库存现金前，注册会计师审阅了库存现金日记账
    C. 盘点库存现金前，注册会计师核对了库存现金日记账的记录和凭证的内容和金额是否相符
    D. 盘点库存现金前，注册会计师核对了库存现金日记账的日期与收付凭证日期是否相符或接近

5. 下列各项中，属于针对银行存款实施的控制测试的有（　　）。
   A. 观察财务经理复核付款申请的过程，是否核对了付款申请的用途、金额及后付相关凭据，以及在核对无误后是否进行了签字确认
   B. 获取银行存款余额明细表，复核加计是否正确，并与总账数和日记账合计数核对是否相符
   C. 重新核对经审批及复核的付款申请及其相关凭据，并检查是否经签字确认
   D. 取得本年度账户开立、变更、撤销申请项目清单，检查清单的完整性，并在选取适当样本的基础上检查账户的开立、变更、撤销项目是否已经财务经理和总经理审批

6. 被审计单位 2020 年 12 月 31 日的银行存款余额调节表包括一笔"企业已付、银行未付"调节项，其内容为以支票支付赊购材料款。下列审计程序中，能为该调节项提供审计证据的有（　　）。
   A. 检查付款申请单是否经适当批准
   B. 就 2020 年 12 月 31 日相关供应商的应付账款余额实施函证
   C. 检查支票开具日期
   D. 检查 2021 年 1 月的银行对账单

三、判断题

1. 一些最终影响货币资金的错误可在对销售与收款、购货与付款、生产与存货、投资与筹资的业务循环的审计测试中被发现。（　　）
2. 盘点通常有两种方式，一种是通知盘点，另一种是突击盘点，库存现金盘点应采用通知盘点。（　　）
3. 单位对于重要货币资金支付业务，应当实行集体决策和审批，并建立责任追究制度，防范贪污、侵占、挪用货币资金等行为。（　　）
4. 一般而言，银行存款余额调节表应由注册会计师亲自编制，但在某些情况下（如被审计单位内控比较薄弱）也可由被审计单位编制并向注册会计师提供银行存款余额调节表。（　　）
5. 通过函证银行存款余额仅能了解被审单位银行存款的存在。（　　）
6. 审计准则要求注册会计师必须直接控制银行询证函的收发。（　　）

四、简答题

1. 货币资金的重大错报风险有哪些？
2. 简述库存现金的审计目标。
3. 对银行存款账户余额进行函证时，函证的范围和内容是什么？

二维码 6-25
即测即评答案

案例分析

1. ABC 会计师事务所的注册会计师 A 负责审计制造型企业甲公司 2020 年度财务报表，审计工作底稿中与货币资金审计相关的部分内容摘录如下：

（1）甲公司会计主管指定应付账款会计每月月末盘点库存现金并编制库存现金盘点表，将盘点余额与库存现金日记账进行核对，并对差异调节项进行说明。会计主管复核盘点表，超过一定金额的差异需查明原因并报财务经理批准后进行财务处理。注册会计师 A 认为该控制设计有效，实施了控制测试，结果满意。

（2）每月末，甲公司出纳负责获取银行对账单，并将其与银行存款日记账进行核对，编制银行存款余额调节表，查明差异项的原因并进行调节说明。注册会计师 A 认为该控制设计有效，实施了控制测试，结果满意。

（3）考虑到甲公司现金收支业务较少，基于风险评估的结果判断无须对库存现金盘点的控制实施测试，注册会计师 A 仅将库存现金监盘程序用作实质性程序。

（4）注册会计师 A 在对甲公司银行存款、借款及与金融机构往来的其他重要信息实施函证程序时，以会计师事务所名义向银行发询证函，并对询证函保持控制。

（5）注册会计师 A 有充分证据表明某一银行存款对财务报表不重要，决定不对这些项目实施函证，并在审计工作底稿中说明了理由。

要求：针对上述事项，逐项指出注册会计师 A 的做法是否恰当。如不恰当，简要说明理由。

2. ABC 会计师事务所负责审计甲公司 2020 年度财务报表，审计项目组认为货币资金的存在和完整性认定存在舞弊导致的重大错报风险，审计工作底稿中与货币资金审计相关的部分内容摘录如下：

（1）因对甲公司管理层提供的银行账户清单的完整性存有疑虑，审计项目组前往当地中国人民银行查询并打印了甲公司已开立银行结算账户清单，结果满意。

（2）审计项目组未对年末余额小于 10 万元的银行账户实施函证，这些账户年末余额合计小于实际执行的重要性，审计项目组检查了银行对账单原件和银行存款余额调节表，结果满意。

（3）针对年末银行存款余额调节表中企业已开支票银行尚未扣款的调节项，审计项目组通过检查相关的支票存根和记账凭证予以确认。

（4）审计项目组发现 X 银行询证函回函上的印章与以前年度的不同，甲公司管理层解释 X 银行于 2020 年中变更了印章样式，并提供了 X 银行的收款回单，审计项目组通过比对印章样式，认可了甲公司管理层的解释。

要求：针对上述事项，逐项指出审计项目组的做法是否恰当。如不恰当，提出改进建议。

二维码 6-26
案例分析解析

任务四 销售与收款循环审计

知识学习

销售与收款循环涉及可供销售的商品和劳务的所有权转让的各项业务和过程，由于企业所处行业不同，企业具体的收入来源有所不同。销售可以分为现销和赊销两种基本方式，现代经营中商业信用的广泛使用使得赊销成为各企业较为普遍采用的销售方式。这部分内容我们就从了解销售与收款循环所涉及的主要凭证和记录开始。

一、涉及的主要凭证与会计记录

销售与收款业务循环涉及的凭证和进行的相关记录会比较多，在内部控制比较健全的企业，典型的销售与收款循环所涉及的主要凭证和记录有以下几种：

1. 客户订购单

客户订购单是客户提出的书面购货要求，企业可以通过营销人员或其他途径，采用电话、传真、信函、网络等方式接受现有的或潜在的客户订货。

2. 销售单

销售单是记录客户所订商品的名称、规格、数量和其他情况的凭证，是销售方内部处理客户订购单的凭据。

3. 发运凭证

发运凭证是在发运货物时编制的，用以反映发出货物的名称、规格、数量和其他有关数据的凭证。发运凭证一联交给客户，企业保留一联或数联，通常其中有一联由客户在收到商品时签署并返还给销售方，用作销售方确认收入及向客户收取货款的依据。

4. 商品价目表

商品价目表是列示已经授权批准的、可供销售的各种商品的价格清单。

5. 销售发票

销售发票是一种用来证明已销商品的名称、规格、数量、价格、销售金额等内容的凭证。以增值税发票为例，抵扣联和发票联寄送给客户，一联由企业保留。销货发票也是在会计账簿中登记销售业务的基本凭证。

6. 贷项通知单

贷项通知单是一种用来表示由于销售退回或经批准折让而引起的应收货款减少的凭证。其格式通常与销售发票的格式类似。

7. 转账凭证

转账凭证是指记录转账业务的记账凭证，它是根据有关转账业务的原始凭证编制的。

8. 营业收入明细账

营业收入明细账是用来记录销售交易的明细账。它通常记载和反映不同类别商品或服务的营业收入的明细发生情况和总额。

9. 应收账款明细账

应收账款明细账用来记录每个客户各项赊销、货款收回、销售退回及折让的明细账。

10. 折扣与折让明细账

折扣与折让明细账是用来核算企业销售商品时，按合同规定为了尽早收回货款而给予客户的销售折扣和因商品品种、质量等原因而给予客户的销售折让情况的明细账。企业也可以不设置这类明细账，而直接记入营业收入明细账。

11. 汇款通知书

汇款通知书是一种注明客户名称、销售发票号码、金额、销售单位开户银行账户以及金额等内容的凭证。汇款通知书与销售发票一起寄给客户，由客户付款时再寄回销售单位。

12. 库存现金和银行凭证

库存现金和银行凭证是指分别用来记录库存现金和银行存款收入业务和支付业务的记账凭证。

13. 库存现金和银行存款日记账

库存现金和银行存款日记账是用来记录应收账款的收回、现销收入和其他各种库存现金、银行存款收入和支出的日记账，以收付款凭证为记账依据。

14. 应收账款账龄分析表

通常，应收账款账龄分析表按月编制，反映月末尚未收回的应收账款总额的账龄，并详细反映每个客户月末尚未偿还的应收账款数额和账龄。应收账款账龄分析表是计提应收账款坏账准备的重要依据之一。

15. 客户对账单

客户对账单是一种按月定期寄给客户的、用来核对账目的文件。客户对账单上注明应收账款的月初余额、本月各项销售业务的金额、已收到的货款、贷项通知单的金额和月末余额等内容。客户对账单也可以是季度或年度的，取决于企业的经营管理需要。

16. 坏账审批表

坏账审批表是一种用来批准将某些无法收回的应收款项作为坏账予以核销的文件。

二、主要业务活动及相关的内部控制

以一般制造业企业为例，销售与收款循环的主要业务活动有十项，分别是：接受客户订购单，批准赊销信用，根据销售单编制发运凭证并发货，按销售单装运货物，向客户开具发票，记录销售，办理和记录现金、银行存款收入，办理和记录销售退回、销售折扣与折让，提取坏账准备，核销坏账。下面我们就来分析这些业务活动及被审计单位可能存在的相关内部控制。

（一）接受客户订购单

客户提出订货要求是整个销售与收款循环的起点，也是购买某种货物或接受某种劳务的一种申请。管理层一般设有已批准销售的客户名单，在决定是否同意接受某客户的订单时，销售单管理部门应追查该客户是否被列入这张名单。如未被列入，则需要由销售单管理部门的主管来决定是否同意销售。在批准了客户订购单之后，下一步就应编制一式多联的销售单。

销售单应列示客户订购的商品或劳务的名称、规格、数量等，以此作为处理订货的依据。销售单是证明销售交易的"发生"认定的凭据之一，也是此笔销售的交易轨迹的起点之一。另外，客户订购单也能为销售交易的"发生"认定提供补充证据。

（二）批准赊销信用

批准赊销是由信用管理部门根据管理层的赊销政策，在每个客户已授权的信用额度内进行的。赊销的审批必须严格，否则会使坏账损失超过正常水平，导致信用风险。信用管理部门的职员在收到销售单管理部门的销售单后，应将销售单与该客户已被授权的赊销信用额度以及至今尚欠的账款余额加以比较。无论批准赊销与否，都要求被授权的信用管理部门人员在销售单上签署意见，然后再将已签署意见的销售单送回销售单管理部门。

设计赊销信用批准控制的目的是降低坏账风险，因此，这些控制与应收账款账面余额的"计价和分摊"认定有关。

（三）根据销售单编制发运凭证并发货

商品仓库只有在收到经过批准的销售单时才能编制发运凭证并供货，因此，已批准销售单的一联通常应送达仓库，作为仓库按销售单供货和发货给装运部门的授权依据。发运商品是销售与收款循环中出让资产的起点，商品的发出往往是确认销售成立的标志之一。

设立这项控制程序的目的是防止仓库在未经授权的情况下擅自发货。

（四）按销售单装运货物

装运部门职员在装运之前，还必须进行独立验证，以确定从仓库提取的商品都附有经批准的销售单，并且所提取商品的内容与销售单一致。

将按经批准的销售单供货与按销售单装运货物职责相分离，有助于避免负责装运货物的职员在未经授权的情况下装运产品。

（五）向客户开具发票

开具发票是指开具并向客户寄送事先连续编号的销售发票。这项业务活动涉及的问题是：①是否对所有装运的货物都开具了发票（"完整性"认定）；②是否只对实际装运的货物开具发票，有无重复开具发票或虚开发票（"发生"认定）；③是否按已授权批准的商品价目表所列价格计价开具发票（"准确性"认定）。

为了降低开具发票过程中出现遗漏、重复、错误计价或其他差错的风险，应设立以下的控制程序：

（1）负责开发票的员工在开具每张销售发票之前，检查是否存在发运凭证和相应的、经批准的销售单。

(2) 依据已授权批准的商品价目表开具销售发票。
(3) 将发运凭证上的商品总数与相对应的销售发票上的商品总数进行比较。
这些控制与销售交易的"发生""完整性"以及"准确性"认定有关。

(六) 记录销售

在手工会计系统中，记录销售的过程即是按销售发票编制转账凭证或现金、银行存款收款凭证，然后登记营业收入明细账和应收账款明细账或库存现金、银行存款日记账。记录销售的控制程序包括：

(1) 依据附有有效装运凭证和销售单的销售发票记录销售。
(2) 使用事先连续编号的销售发票并对发票使用情况进行监控。
(3) 独立检查已销售发票上的销售金额同会计记录金额的一致性。
(4) 记录销售的职责应与处理销售交易的其他职责相分离。
(5) 对记录过程中所涉及的有关记录的接触予以限制，以减少未经授权批准的记录发生。
(6) 定期独立检查应收账款的明细账与总账的一致性。
(7) 由不负责现金出纳和销售及应收账款记账的人员定期向客户寄发对账单，对不符事项进行调查，必要时调整会计记录，编制对账情况汇总报告并交管理层审核。

(七) 办理和记录现金、银行存款收入

这项业务活动涉及的是有关货款的收回，导致现金、银行存款增加以及应收账款减少。在办理和记录现金、银行存款收入时，最应注意的是货币资金失窃的可能性。货币资金的失窃可能发生在登记入账之前，也可能发生在登记入账之后。处理货币资金收入时最重要的是要保证全部货币资金都必须如数、及时地记入库存现金、银行存款日记账和应收账款明细账，并如数、及时地将现金存入银行。在这方面，汇款通知书起着很重要的作用。企业实施的控制包括出纳与库存现金记账的职责分离、库存现金盘点、编制银行存款余额调节表、定期向客户发送对账单等。

(八) 办理和记录销售退回、销售折扣与折让

客户如果对商品不满意，销售企业一般都会同意接受退货，或给予一定的销售折让；客户如果提前支付货款，销售企业则可能会给予一定的销售折扣。发生这类事项时，必须经授权批准并应确保与办理此事有关的部门和职员各司其职，分别控制实物流和会计处理。在这方面，严格使用贷项通知单会起到关键的作用。

(九) 提取坏账准备

企业一般应定期对应收账款的可回收性进行评估，预计各项应收款项可能发生的坏账，计提坏账准备。坏账准备提取的数额必须能够抵补企业以后无法收回的销货款。

(十) 核销坏账

因客户经营不善、宣告破产、死亡等原因确认应收账款无法收回时，企业应经适当审批后及时注销该笔货款。

在了解销售和收款循环的业务活动和相关的内部控制时，我们可以看到，企业通常从以下

几方面设计和执行内部控制。

1. 适当的职责分离

适当的职责分离有助于防止各种有意或无意的错误。在销售与收款业务中，相关职责分离的基本要求是：

（1）企业应当分别设立办理销售、发货、收款三项业务的部门（或岗位）。

（2）企业在销售合同订立前，应当指定专门人员就销售价格、信用政策、发货及收款方式等具体事项与客户进行谈判。谈判人员至少应有两人以上，并与订立合同的人员相分离。

（3）编制销售发票的人员与开具销售发票的人员应相互分离。

（4）销售人员应当避免接触销货现款。

（5）企业应收票据的取得和贴现必须经由保管票据以外的主管人员的书面批准。

2. 恰当的授权审批

对于授权审批，注册会计师应当关注以下四个关键点：

（1）在销售发生之前，赊销已经正确审批。

（2）非经审批，不得发出货物。

（3）销售价格、销售条件、运费、折扣等必须经过审批。

（4）审批人应当在授权范围内进行审批，不得超越审批权限。

3. 充分的凭证和记录

充分的凭证和记录是实现各项控制目标的基础。例如，企业在收到客户订购单后，就应立即编制一份预先编号的一式多联的销售单，分别用于批准赊销、审批发货、记录发货数量以及向客户开具发票等。在这样的制度下，只要定期清点销售单和销售发票，就可以避免漏开发票或漏记销售的情况。

4. 凭证的预先编号

对凭证预先进行编号，是为了防止销售以后遗漏向客户开具发票或登记入账，也可防止重复开具账单或重复记账。定期检查全部凭证的编号，并调查凭证缺号或重号的原因，是实施这项控制的关键点。

5. 按月寄出对账单

由不负责现金出纳和销售及应收账款记账的人员按月向客户寄发对账单，能促使客户在发现应付账款余额不正确后及时反馈有关信息。

6. 建立内部核查程序

由内部审计人员或其他独立人员核查销售交易的处理和记录，是实现内部控制目标所不可缺少的一项控制措施。

对于销售和收款循环的内部控制，除了要遵循货币资金内部控制的要求外，还要根据销售收款的特点建立内部控制。例如：要按客户设置应收账款台账，及时记录应收账款余额的增减变动和信用额度情况；建立应收账款信息分析制度和逾期应收账款催收制度；对于可能成为坏账的应收账款应及时报告，以确定是否确认坏账；对于注销的坏账应进行备查登记，如果已注销的坏账又收回应及时入账；应收票据的取得和贴现应有保管票据以外的主管人员的书面批准等。

练一练

1. 以下关于销售与收款循环中各业务活动和相关认定的说法，注册会计师认为正确的有（   ）。

    A．财务部门正确编制应收账款账龄分析表，与应收账款的存在认定直接相关

    B．会计主管人员检查向客户开具的销售发票是否连续编号，与营业收入的发生认定直接相关

    C．会计主管人员按照客户验收单载明的日期进行收入确认，与营业收入的截止认定直接相关

    D．开具账单部门依据已批准的商品价目表开具销售发票，与营业收入的准确性认定直接相关

2. 向客户寄送对账单的员工不能同时负责（   ）。

    A．记录应收账款明细账

    B．收取现金销售款或应收账款还款

    C．调查与客户对账的差异

    D．处理与该客户的销售交易

二维码6-27
练一练解析

议一议

二维码6-28
议一议解析

案例资料：注册会计师A负责对ABC公司2020年度财务报表进行审计。在对ABC公司的内部控制了解和测试时，注意到下列情况：

（1）根据批准的客户订单，销售部门编制预先连续编号的一式三联现销或赊销销售单。经销售部门被授权人员批准后，所有销售单的第一联直接送仓库作为按销售单供货和发货给装运部门的授权依据，第二联交开具账单部门，第三联由销售部留存。

（2）仓储部门根据批准的销售单供货，装运部门将从仓库提取的商品与销售单核对无误后装运，并编制一式四联预先连续编号的发运单，其中三联及时分送开具账单部门、仓库和客户，一联留存装运部门。

（3）开具账单部门在收到发运单并与销售单核对无误后，编制预先连续编号的销售凭证，并将其连同发运单和销售单及时送交会计部门。会计部门在核对无误后由财务部丁职员据以登记收入明细账和应收账款明细账。

（4）由负责登记应收账款备查簿的人员在每月末定期给客户寄送对账单，并对客户提出的异议进行专门追查。

要求：请指出上述四种情况中内部控制是否存在缺陷。如有请指出，并说明理由及提出改进建议。

三、销售与收款循环的重大错报风险

在了解了业务流程和相关内部控制后，就可以评估销售与收款循环的相关交易和余额存在的重大错报风险，为设计和实施进一步的审计程序提供基础。销售与收款循环存在的重大错报风险通常包括：

（1）收入确认存在的舞弊风险。如为了达到粉饰财务报表的目的而虚增收入或提前确认收入；为了达到报告期内降低税负或转移利润等目的而少计收入或延后确认收入。

（2）收入的复杂性可能导致的错误。

（3）发生的收入交易未能得到准确记录。

（4）期末收入交易可能未计入正确的期间，包括销售退回交易的截止错误。

（5）收款未及时入账或记入不正确的账户，因而导致应收账款（或应收票据/银行存款）的错报。

（6）应收账款坏账准备的计提不准确。

练一练

下列有关收入确认的舞弊风险的说法中，错误的是（　　）。

A．如果被审计单位已经超额完成当年的利润目标，但预期下一年度的目标较难达到，表明收入的截止认定存在舞弊风险的可能性较大

B．如果被审计单位采用完工百分比法确认收入，且合同完工进度具有高度估计不确定性，表明收入的准确性认定存在舞弊风险的可能性较大

C．对于以营利为目的的被审计单位，收入的发生认定存在舞弊风险的可能性通常大于完整性认定存在舞弊风险的可能性

D．关联方交易比非关联方交易更容易增加收入的发生认定存在舞弊风险的可能性

二维码 6-29
练一练解析

四、销售与收款循环的控制测试

整个审计过程就是围绕风险评估与风险应对进行的。如果注册会计师在评估销售与收款循环的重大错报风险时，预期相关控制的运行是有效的，注册会计师应当实施控制测试，就控制在相关期间或时点的运行有效性获取充分、适当的审计证据。在实施控制测试时，要考虑以下四个方面的问题：

（1）控制测试所使用的审计程序。在控制测试中所使用的审计程序主要包括询问、观察、检查和重新执行，其中，重新执行还是控制测试特有的审计程序。这四种提供的保证程度是不同的，提供的保证程度依次递增。注册会计师需要根据所测试的内部控制的特征及需要获得的保证程度，选择适当的测试程序。

（2）控制测试的时间。控制测试可以在期中进行，也可以在期末进行。但是，如果在期中实施了控制测试，注册会计师应当在年末审计时就控制在剩余期间的运行情况获取证据，以确

定控制是否在整个被审计期间持续运行有效。

（3）控制测试的范围。控制测试的范围取决于注册会计师需要通过控制测试获取的保证程度。

（4）关于自动化控制。如果内部控制是由计算机执行的自动化控制，注册会计师除了测试自动化应用控制的运行有效性，还需要就相关的信息技术一般控制的运行有效性获取审计证据。如果人工控制利用了系统生成的信息或报告，注册会计师除了测试人工控制，还需对系统生成的信息或报告的可靠性获取审计证据。

在销售与收款循环的控制测试中所考虑的这四个问题，也同样适用于其他业务循环的控制测试。表6-3列示了在通常情况下，销售与收款循环中可能发生的错报环节及影响的相关报表项目、存在的内部控制和注册会计师实施的控制测试。

表6-3 销售与收款循环的风险、存在的内部控制和内部控制测试程序

可能发生的错报环节		相关的财务报表项目及认定	存在的内部控制（自动）	存在的内部控制（人工）	内部控制测试程序
订单处理和赊销的信用控制	可能向没有获得赊销授权或超出了其信用额度的客户赊销	收入：发生 应收账款：存在	订购单上的客户代码与应收账款主文档记录的代码一致；目前未偿付余额加上本次销售额在信用限额范围内 上述两项均满足才能生成销售单	对于不在主文档中的客户或是超过信用额度的客户订购单，需要经过适当授权批准，才可生成销售单	询问员工销售单的生成过程；检查是否所有生成的销售单均有对应的客户订购单为依据。检查系统中自动生成销售单的生成逻辑，是否确保满足了客户范围及其信用控制的要求。对于系统外授权审批的销售单，检查是否经过适当批准
发运商品	可能在没有批准发货的情况下发出了商品	收入：发生 应收账款：存在	当客户销售单在系统中获得发货批准时，系统自动生成连续编号的发运凭证	保安人员只有当附有经批准的销售单和发运凭证时才能放行	检查系统内发运凭证的生成逻辑以及发运凭证是否连续编号 询问并观察发运时保安人员的放行检查
	发运商品与客户销售单可能不一致	收入：准确性 应收账款：计价与分摊	计算机把发运凭证中所有准备发出的商品与销售单上的商品种类和数量进行比对。打印种类或数量不符的例外报告，并暂缓发货	管理层复核例外报告和暂缓发货的清单，并解决问题	检查例外报告和暂缓发货的清单
	已发出商品可能与发运凭证上的商品种类和数量不符	收入：准确性 应收账款：计价与分摊		商品打包发运前，装运部门对商品和发运凭证内容进行独立核对，并在发运凭证上签字以示商品已与发运凭证核对且种类和数量相符 客户要在发运凭证上签字以作为收到商品且商品与订购单一致的证据	检查发运凭证上相关员工及客户的签名，作为发货一致的证据

（续）

可能发生的错报环节		相关的财务报表项目及认定	存在的内部控制（自动）	存在的内部控制（人工）	内部控制测试程序
发运商品	已销售商品可能未实际发运给客户	收入：发生 应收账款：存在		客户要在发运凭证上签字以作为收到商品且商品与订购单一致的证据	检查发运凭证上客户的签名，作为收货的证据
开具发票	商品发运可能未开具销售发票或已开出发票但没有发运凭证的支持	应收账款：存在、完整性、权利和义务 收入：发生、完整性	发货以后系统根据发运凭证及相关信息自动生成连续编号的发票和发运凭证的对应关系，并定期生成例外报告	复核例外报告并调查原因	检查系统生成发票的逻辑 检查例外报告及跟进情况
	由于定价或产品摘要不正确以及销售单或发运凭证或销售发票代码输入错误，可能导致销售价格不正确	收入：准确性 应收账款：计价与分摊	通过逻辑登录限制控制定价主文档的更改。只有得到授权的员工才能进行更改 系统通过使用和检查主文档版本序号，确定正确的定价主文档版本已经被上传 系统检查录入的产品代码的合理性	核对经授权的有效的价格更改清单与计算机获得的价格更改清单是否一致 如果发票由手工填写或没有定价主文档，则有必要对发票价格进行独立核对	检查文件以确定价格更改是否经授权 重新执行以确定打印出的更改后价格与授权是否一致 通过检查IT一般控制和收入交易的应用控制，确定正确的定价主文档版本是否已被用来生成发票 如果发票由手工填写，检查发票中价格复核人员的签名 通过核对经授权的价格清单与发票上的价格，重新执行该核对过程
	发票上的金额可能出现计算错误	收入：准确性 应收账款：计价与分摊	每张发票的单价、计算、商品代码、商品摘要和客户账户代码均由计算机程序控制 如果由计算机控制的发票开具程序的更改是受监控的，在操作控制帮助下，可以确保使用的是正确的发票生成程序版本 系统代码有密码保护，只有经授权的员工才可以更改 定期打印所有系统上做出的更改的时间	上述程序的所有更改由上级复核和审批 如果由手工开具发票，独立复核发票上计算的增值税和总额的正确性	对于自动控制：询问发票生成程序更改的一般控制情况，确定是否经授权以及现有的版本是否正在使用 对于人工控制：检查与发票计算金额正确性相关人员的签名 重新计算发票金额，证实其是否正确
记录赊销	销售发票入账的会计期间可能不正确	收入：截止、发生 应收账款：存在、完整性、权利和义务	系统根据销售发票的信息自动汇总生成当期销售入账记录	定期执行人工销售截止检查程序 向客户发送月末对账单，调查并解决客户质询的差异	检查系统中销售记录生成的逻辑 重新执行销售截止检查程序；检查客户质询信件并确定问题是否得到解决

（续）

可能发生的错报环节		相关的财务报表项目及认定	存在的内部控制（自动）	存在的内部控制（人工）	内部控制测试程序
记录赊销	销售发票入账的金额可能不准确	收入：准确性 应收账款：计价和分摊	系统根据销售发票的信息自动汇总生成当期销售入账记录	复核明细账与总账间的调节 向客户发送月末对账单，调查并解决客户质询的差异	检查系统销售入账记录的生成逻辑，对手工调节项目进行检查，并调查原因是否合理 检查客户质询信件并确定问题是否已得到解决
	销售发票可能被记入不正确的应收账款明细账	应收账款：计价与分摊	系统将客户代码、商品发送地址、发运凭证、发票与应收账款主文档中的相关信息进行比对	应收账款客户主文档中明细账的汇总金额与应收账款总分类账核对。对于二者之间的调节项需要调查原因并解决 向客户发送月末对账单，调查并解决客户质询的差异	检查核对每日收款汇总表、电子版收款清单和银行存款清单的核对记录和核对人签名 检查银行存款余额调节表和负责编制的员工的签名 检查客户质询信件并确定问题是否已得到解决
记录应收账款的收款	应收账款记录的收款与银行存款可能不一致	应收账款/货币资金：完整性、存在、权利和义务、计价与分摊	在每日编制电子版存款清单时，系统自动贷记应收账款	将每日收款汇总表、电子版收款清单和银行存款清单相比较 定期取得银行对单，独立编制银行存款余额调节表 向客户发送月末对账单，对客户质询的差异应予以调查并解决	检查并核对每日收款汇总表、电子版收款清单和银行存款清单的核对记录和核对人签名 检查银行存款余额调节表和负责编制的员工的签名 检查客户质询信件并确定问题是否已得到解决
	收款可能被记入不正确的应收账款账户	应收账款：计价与分摊、存在	电子版的收款清单与应收账款明细账与应收账款之间建立连接界面，根据对应的客户名称、代码、发票号等将收到的款项对应到相应的客户账户。对于无法对应的款项生成例外事项报告 系统定期生成按客户细分的应收账款账龄分析表	将生成例外事项报告的项目进行手工核对，或调查产生的原因并解决 向客户发送月末对账单，对客户质询的差异应予以调查并解决 管理层每月复核按客户细分的应收账款账龄分析表，并调查长期余额或其他异常余额	检查系统中的对应关系审核设置是否合理 检查对例外事项报告中的信息进行核对的记录以及无法核对事项的解决情况 检查客户质询信件并确定问题是否已被解决 检查管理层对应收账款账龄分析表的复核及跟进情况
坏账准备计提及坏账核销	坏账准备的计提可能不充分	应收账款：计价与分摊	系统自动生成应收账款账龄分析表	管理层对财务人员基于账龄分析表，采用预期信用损失模型计算编制的坏账准备计提表进行复核；复核无误后需在坏账准备计提表上签字 管理层复核坏账核销的依据，并进行审批	检查财务系统计算账龄分析表的规则是否正确 询问管理层如何复核坏账准备计提表的计算，检查是否有复核人员的签名 检查坏账核销是否经过管理层的恰当审批

（续）

可能发生的错报环节		相关的财务报表项目及认定	存在的内部控制（自动）	存在的内部控制（人工）	内部控制测试程序
记录现金销售	登记入账的现金收入与企业已经实际收到的现金不符	收入：完整性、发生、截止、准确性 货币资金：完整性、存在	现金销售通过统一的收款台用收银机集中收款，并自动打印销售小票	销售小票应交于客户确认金额一致 通过监视器监督收款台。每个收款台都打印每日现金销售汇总表 盘点每个收款台收到的现金，并与相关销售汇总表调节相符 独立检查所有收到的现金已存入银行 将每日现金销售汇总表与银行存款清单相比较 定期取得银行对账单，独立编制银行存款余额调节表	实地观察收银台、销售点的收款过程，并检查在这些地方是否有足够的物理监控 检查收款台打印销售小票和现金销售汇总表的程序设置和修改权限设置 检查盘点记录和结算记录表上负责计算现金和与销售汇总表相调节工作的员工的签名 检查银行存款清单和销售汇总表上的签名，证明已实施复核 检查银行存款余额调节表的编制和复核人员的审核记录

上面列示的是销售与收款循环一些较为常见的内部控制和相应的控制测试程序，需要说明的是，这并不是销售与收款循环当中所有的内部控制和控制测试。在审计实务工作中，注册会计师需要从实际出发，设计适合被审计单位具体情况的实用、高效的控制测试计划。

练一练

注册会计师 A 计划获取被审计单位甲公司 2020 年财务报表中与营业收入"是否均已登记入账"相关的内部控制运行有效的审计证据，下列控制测试程序能够达到该审计目标的有（　　）

A．检查发运凭证连续编号的完整性
B．检查赊销业务是否经过授权批准
C．检查销售发票连续编号的完整性
D．观察已经寄出的对账单的完整性

二维码 6-30
练一练解析

五、主要项目实质性程序

在对销售与收款循环进行控制测试后，注册会计师将对销售与收款循环中涉及的相关财务报表项目进行实质性程序，下面对销售与收款循环中较为常见的针对营业收入和应收账款的实质性程序进行阐述，这些程序从风险对应的具体审计目标和相关认定的角度出发，可以从一个或多个认定方面应对识别的重大错报风险。当然，在实施实质性程序前，注册会计师会根据控制测试的结果，即控制运行是否有效，来确定是否需要对个体审计计划中设计的实质性程序的性质、时间安排和范围做适当调整。

（一）营业收入的实质性程序

营业收入包括主营业务收入和其他业务收入，具体包括销售商品收入、提供劳务收入和销售材料、出租固定资产、出租无形资产等实现的收入。对营业收入审计，首先要确定它的审计目标。

1. 营业收入的审计目标

（1）确定利润表中记录的营业收入是否已发生，且与被审计单位有关（发生认定）。

（2）确定所有应当记录的营业收入是否均已记录（完整性认定）。

（3）确定与营业收入有关的金额及其他数据是否已恰当记录，包括对销售退回、销售折扣与折让的处理是否适当（准确性认定）。

（4）确定营业收入是否已记录于正确的会计期间（截止认定）。

（5）确定营业收入是否已记录于恰当的账户（分类认定）。

（6）确定营业收入是否已按照企业会计准则的规定在财务报表中做出恰当的列报（列报认定）。

2. 营业收入实质性程序的主要内容

以主营业务收入为例：

（1）取得或编制主营业务收入明细表，复核加计其正确性，并与总账数、明细账数核对，确定其一致性。这个程序可以帮助注册会计师对该报表项目获取一个总体了解。如果被审计单位有以非记账本位币结算的主营业务收入，注册会计师还要检查主营业务收入使用的折算汇率及折算是否正确。

（2）实施实质性分析程序。实施实质性分析程序通常是基于这样的假定，企业在没有发生异常事项时，其经营业绩将会与以前业绩或行业趋势保持一致。实施实质性分析程序的步骤是：

1）确定要比较的项目。根据对被审计单位及其环境的了解，考虑有关数据间关系的影响，建立有关数据的期望值。

例如：将本期主营业务收入与上期的主营业务收入、销售预算或预测数据等进行比较，分析主营业务收入及其构成变动是否异常，并分析原因；计算本期重要产品的毛利率，与上期数、预算数比较，检查是否存在异常，各期之间是否存在重大波动，并分析原因；比较本期各月各类主营业务收入的波动情况，是否符合被审计单位季节性、周期性的经营规律，查明异常现象和重大波动的原因；将本期重要产品的毛利率与同行业企业进行对比分析，检查是否存在异常。

2）确定可接受的差异额。

3）将实际金额与期望值相比较，计算差异。

4）如果其差额超过可接受的差异额，调查并获取充分的解释和恰当的、佐证性质的审计证据，如通过检查相关的凭证等获取。

5）评估实质性分析程序的结果。

（3）检查主营业务收入的确认条件、方法是否符合企业会计准则的规定。由于收入确认的复杂性且需要被审计单位做出主观判断，因此，在收入确认上容易出现错报。要根据企业会计准则的最新收入确认条件来判断被审计单位的收入确认是否正确、合理。

（4）核对收入交易的原始凭证与会计分录。对这个审计程序，可以从五个方面实施。

1）以主营业务收入明细账中的会计分录为起点，检查相关原始凭证，如订购单、销售单、发运凭证、发票等，以评价已入账的营业收入是否真实发生。

2）检查订购单和销售单，用以确认存在真实的客户购买要求，销售交易已经过适当的授权批准。

3）销售发票存根上所列的单价与经过批准的商品价目表进行比较核对，对其金额小计和合计数也要进行复算。

4）将发票中列出的商品的规格、数量和客户代码等，与发运凭证进行比较核对，尤其是与客户签收商品的一联核对，确定已按合同约定完成交易，可以确认收入。

5）检查原始凭证中的交易日期，以确认收入记入了正确的会计期间。

（5）从发运凭证中选取样本，追查至销售发票存根和主营业务收入明细账。以确定是否存在遗漏事项，这是对完整性认定的测试。采用此程序时，注册会计师必须确认全部发运凭证均已归档，这一般可以通过检查发运凭证的顺序编号来查明。

（6）结合对应收账款实施的函证程序，选择主要客户函证本期销售额。

（7）实施销售截止测试。实施销售截止测试的目的在于确定被审计单位主营业务收入的会计记录归属期是否正确，即应记入本期或下期的主营业务收入是否被推延至下期或提前至本期。但是实施销售截止测试有一个前提：注册会计师要充分了解被审计单位的收入确认会计实务，识别能够证明某笔销售符合收入确认条件的关键单据。销售截止测试的程序是：

1）选取资产负债表日前后若干天已经客户签收的发运凭证，与应收账款和主营业务收入明细账进行核对；同时，从应收账款和主营业务收入明细账选取在资产负债表日前后若干天的凭证，与客户签收的发运凭证核对，以确定销售是否存在跨期现象。

截止测试有两条路线。第一条路线就是以发运凭证为起点，追查至账簿记录，目的是确定营业收入是否已记入恰当的会计期间，有无漏记收入，防止收入被低估。第二条路线就是以账簿记录为起点，追查至记账凭证和客户签收的发运凭证。目的是证实已入账的收入是否在同一期间已发货并由客户签收，有无多记收入，防止收入被高估。实务中，这两条路线通常结合使用。

2）复核资产负债表日前后销售和发货水平，确定业务活动水平是否异常，并考虑是否有必要追加实施截止测试程序。

3）取得资产负债表日后所有的销售退回记录，检查是否存在提前确认收入的情况。

4）结合对资产负债表日应收账款的函证程序，检查有无未取得对方认可的销售。

（8）存在销货退回的，检查相关手续是否符合规定，结合原始销售凭证检查其会计处理是否正确，结合存货项目审计关注其真实性。

（9）检查销售折扣与折让。这方面的程序包括：

1）获取折扣与折让明细表，复核加计是否正确，并与明细账合计数核对是否相符。

2）了解被审计单位有关折扣与折让的政策和程序，抽查折扣与折让的授权批准情况，与实际执行情况进行核对。

3）检查折扣与折让的会计处理是否正确。

（10）检查主营业务收入在财务报表中的列报和披露是否符合企业会计准则的规定。

二维码 6-31
营业收入的实质性程序

练一练

二维码 6-32
练一练解析

以下关于达美集团销售与收款循环的内部控制中，注册会计师认为与营业收入的发生认定直接相关的是（   ）。
A．赊销业务需经信用管理部门审批
B．仓储部门收到经审批的销售单后才能安排供货
C．开票人员无权修改系统中已设置好的商品价目清单
D．财务人员根据销售单、客户签收单和销售发票确认收入

议一议

二维码 6-33
议一议解析

案例资料：注册会计师 A 首次接受委托，负责审计上市公司甲公司 2020 年度财务报表。相关资料如下：

注册会计师 A 对营业收入的发生认定进行审计，编制了审计工作底稿，部分内容摘录见表 6-4。

表 6-4 审计工作底稿部分内容

（单位：万元）

记账凭证日期	记账凭证编号	记账凭证金额	发 票 日 期	出库单日期
2020 年 1 月 5 日	转字 10	12	2020 年 1 月 8 号	2020 年 1 月 8 号
2020 年 2 月 28 日	转字 45	7	2020 年 2 月 27 日	2020 年 2 月 27 日
2020 年 3 月 20 日	转字 40	8	2020 年 3 月 19 日	2020 年 3 月 19 日
（略）				
2020 年 11 月 3 日	转字 4	10	2020 年 11 月 2 日	2020 年 11 月 2 日
2020 年 11 月 15 日	转字 28	200	2020 年 11 月 14 日	2020 年 11 月 14 日
2020 年 12 月 10 日	转字 50	250	2020 年 12 月 10 日	2020 年 12 月 10 日
（略）				

审计说明：
（1）根据销售合同约定，在客户收到货物、验收合格并签发收货通知后，甲公司取得收取货款的权利。审计中已检查销售合同。
（2）已检查记账凭证日期、发票日期和出库单日期，未发现异常。发票和出库单中的其他信息与记账凭证一致。
（3）11 月转字 28 号和 12 月转字 50 号记账凭证反映的销售额较高，财务经理解释是调整售价所致。

要求：针对资料中的审计说明，指出注册会计师 A 审计程序是否有不当之处。如有，其不当之处是什么，并简要说明理由。

（二）应收账款的实质性程序

应收账款的余额一般包括应收账款账面余额和相应的坏账准备两部分。企业的应收账款是在销售交易或提供劳务的过程中产生的。因此，应收账款的审计应结合销售交易来进行。由于坏账准备与应收账款的联系非常紧密，我们将坏账准备的审计与应收账款的审计结合在一起阐述。

1. 应收账款的审计目标

（1）确定资产负债表中记录的应收账款是否存在（存在认定）。

（2）确定所有应当记录的应收账款是否均已记录（完整性认定）。

（3）确定记录的应收账款是否由被审计单位拥有或控制（权利和义务认定）。

（4）确定应收账款是否可收回，坏账准备的计提方法和比例是否恰当，计提是否充分（计价和分摊认定）。

（5）确定应收账款及其坏账准备是否已按照企业会计准则的规定在财务报表中做出恰当列报（列报认定）。

2. 应收账款实质性程序的主要内容

（1）取得或编制应收账款明细表。

1）复核加计是否正确，并与总账数和明细账合计数核对是否相符，结合坏账准备科目与报表数核对是否相符。

2）如果以非记账本位币结算的应收账款，则要检查非记账本位币应收账款的折算汇率及折算是否正确。

3）分析应收账款明细账余额。应收账款明细账的余额一般在借方，注册会计师在分析应收账款明细账余额时，如果发现有应收账款贷方余额，应查明原因，必要时建议做重分类调整。

4）结合其他应收款、预收款项等往来项目的明细余额，调查有无同一客户多处挂账、异常余额或与销售无关的其他款项。必要时提出调整建议。

（2）分析与应收账款相关的财务指标。

1）复核应收账款借方累计发生额与主营业务收入关系是否合理，并将当期应收账款借方发生额占销售收入净额的百分比与被审计单位相关赊销政策、管理层考核指标进行比较。

2）计算应收账款周转率、周转天数等指标，并与被审计单位相关赊销政策、历史情况、行业指标对比。

（3）检查应收账款账龄分析是否正确。应收账款账龄通常是指资产负债表中的应收账款从销售实现、产生应收账款之日起，至资产负债表日止所经历的时间。

首先，获取由被审计单位编制的应收账款账龄分析表，注册会计师通过查看应收账款账龄分析表了解和评估应收账款的可收回性。其次，测试应收账款账龄分析表计算的准确性，将表中的合计数与应收账款总分类账余额相比较，调查重大调节项目。最后，从账龄分析表中抽取一定数量的项目，追查至相关销售原始凭证，测试账龄划分的准确性。应收账款账龄分析表参考格式见表6-5。

表6-5 应收账款账龄分析表

年　月　日　　　　　　　　　货币单位

客户名称	期末余额	账　龄			
		1年以内	1～2年	2～3年	3年以上
合计					

注册会计师通过对应收账款账龄分析表的分析，可确定应收账款的欠款时间及收款效率，

有助于判断应收账款的可收回性及坏账准备的计提是否正确。

（4）对应收账款实施函证程序。对应收账款实施函证的目的在于证实应收账款账户余额是否真实准确。

1）函证决策。除非有充分证据表明应收账款对被审计单位财务报表而言是不重要的，或者函证很可能是无效的，否则注册会计师应当对应收账款进行函证。如果注册会计师不对应收账款进行函证，应当在审计工作底稿中说明理由，并实施替代审计程序，以获取相关、可靠的审计证据。

2）函证的范围和对象。函证的范围和对象指的是函证样本的选择。函证范围受多种因素影响，主要有：

① 应收账款在全部资产中的比重。如果应收账款在全部资产中的比重较大，则函证的范围应大一些；反之，则可小一些。

② 应收账款内部控制的强弱。如果内部控制制度较健全，则可相应减少函证量；反之，则应扩大函证范围。

③ 以前年度的函证结果。如果以前年度函证中发现重大差异，或欠款纠纷较多，则应扩大函证范围。

注册会计师选择函证项目时，除了考虑金额较大的项目，也需要考虑风险较高的项目。例如，账龄较长的项目，与债务人发生纠纷的项目，重大关联方项目，主要客户（包括关系密切的客户）项目，新增客户项目，交易频繁但期末余额较小甚至余额为零的项目，可能产生重大错报或舞弊的非正常的项目。

要说明的是，这种基于一定的标准选取函证样本的方法具有针对性，适用于应收账款余额金额和性质差异较大的情况。如果应收账款余额是由大量金额较小且性质类似的项目构成，则注册会计师可以采用抽样技术选取函证样本。

3）函证的方式。函证的方式包括积极的函证方式和消极的函证方式。在实务中，这两种方式可以结合使用。但是，如果应收账款存在高估风险，且与之相关的收入确认存在舞弊风险的情况下，通常对应收账款采用积极的函证方式。

4）函证时间的选择。对函证时间的选择，注册会计师通常以资产负债表日为截止日，在资产负债表日后适当时间实施函证，如果重大错报风险评估为低水平，也可在资产负债表日前适当日期为截止日实施函证。

5）函证的控制。注册会计师应当对函证全过程保持控制，包括对需要确认或填列的信息、选择适当的被询证者、设计询证函以及发出和收回询证函等的控制。在函证过程中，注册会计师是通过函证结果汇总表对询证函的收回情况加以汇总的。应收账款函证结果汇总表见表6-6。

表 6-6 应收账款函证结果汇总表

被审计单位名称：　　　　　　　制表　　　　　　　日期
结账日：　年　月　日　　　　　复核　　　　　　　日期

序号	客户名称	地址及联系方式	账面金额	函证方式	函证日期		回函日期	替代程序	确认金额	差异金额及说明	备注
					第一次	第二次					
	合计										

6）对不符事项的处理。对回函中出现的不符事项，注册会计师需要调查核实原因，确定其是否构成错报。注册会计师要通过询问、检查相关的原始凭证和文件资料确定不符事项的原因和性质，必要时与被询证方联系，获取相关信息和解释。

不符事项的原因可能是由于：双方登记入账的时间不同；一方或双方记账错误；被审计单位的舞弊行为。其中，登记入账的时间不同而产生的不符事项主要表现为：

① 客户已经付款，被审计单位尚未收到货款。
② 被审计单位的货物已经发出并已做销售记录，但货物仍在途中，客户尚未收到货物。
③ 客户由于某种原因将货物退回，而被审计单位尚未收到。
④ 客户对收到的货物的数量、质量及价格等方面有异议而全部或部分拒付货款等。

7）对未回函项目实施替代程序。实施替代程序可以从三个方面着手。

① 检查资产负债表日后收回的货款。这里，注册会计师不能仅查看应收账款的贷方发生额，而是要查看相关的收款单据，以证实付款方确为该客户且与资产负债表日的应收账款相关。
② 检查相关的销售合同、销售单、发运凭证等文件。注册会计师需要根据被审计单位的收入确认条件和时点，确定能够证明收入发生的凭证。
③ 检查被审计单位与客户之间的往来邮件，如有关发货、对账、催款等事宜邮件。

（5）对应收账款余额实施函证以外的细节测试。这是在未实施应收账款函证的情况下，注册会计师需要实施的其他审计程序，这些审计程序与未收到回函情况下实施的替代程序相似。

3. 检查坏账的冲销和转回

首先，注册会计师应检查有无债务人破产或者死亡的，以及破产或以遗产清偿后仍无法收回的，或者债务人长期未履行清偿义务的应收账款；其次，应检查被审计单位的坏账处理是否经授权批准，有关会计处理是否正确。

4. 确定应收账款的列报是否恰当

注册会计师除了需检查被审计单位是否按企业会计准则的要求做出披露外，如果被审计单位是上市公司，注册会计师还要评价其披露是否符合证券监管部门的特别规定。

（三）坏账准备实质性程序

（1）取得或编制坏账准备明细表，复核加计是否正确，与坏账准备明细账与总账余额核对是否相符。
（2）将应收账款坏账准备计提数与资产减值损失相应明细项目的发生额核对是否相符。
（3）检查应收账款坏账准备计提和核销的批准程序。取得书面报告等证明文件，结合应收账款函证回函结果，评价计提坏账准备所依据的资料、假设及方法。
（4）实际发生坏账损失的，检查转销依据是否符合有关规定，会计处理是否正确。
（5）已经确认并转销的坏账重新收回的，检查其会计处理是否正确。
（6）确定应收账款坏账准备的披露是否恰当。

议一议

案例资料：ABC 会计师事务所负责审计甲公司 2020 年度财务报表。审计项目组确定财务报

二维码6-34
议一议解析

表整体的重要性为100万元，明显微小错报的临界值为5万元。审计工作底稿中与函证程序相关的部分内容摘录如下：

（1）审计项目组在寄发询证函前，将部分被询证方的名称、地址与甲公司持有的合同及发票中的对应信息进行了核对。

（2）甲公司应付账款年末余额为550万元。审计项目组认为应付账款存在低估风险，选取了年末余额合计为480万元的两家主要供应商实施函证，未发现差异。

（3）审计项目组成员跟随甲公司出纳到乙银行实施函证。出纳到柜台办理相关事宜，审计项目组成员在等候区等候。

（4）客户丙公司年末应收账款余额100万元，回函金额90万元。因差异金额高于明显微小错报的临界值，审计项目组据此提出了审计调整建议。

（5）客户丁公司回函邮戳显示发函地址与甲公司提供的地址不一致。甲公司财务人员解释是由于丁公司有多处办公地址所致。审计项目组认为该解释合理，在审计工作底稿中记录了这一情况。

要求：针对上述事项，逐项指出审计项目组的做法是否恰当。如不恰当，简要说明理由。

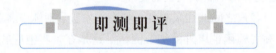
即测即评

一、单选题

1. 有关收入的风险评估，下列说法中，不正确的是（　　）。
   A. 如果管理层难以达到预期的业绩，则收入的发生认定错报风险可能较大，完整性认定则通常不存在舞弊风险
   B. 如果管理层想隐瞒收入降低税负，则完整性认定的舞弊风险较大
   C. 如果管理层预期难以达到下一年度的销售目标，而已经超额完成本年的销售目标，则收入的截止认定舞弊的风险较大
   D. 注册会计师需要将与收入相关的所有认定都假定存在舞弊风险

2. 在被审计单位存在的高估本期销售收入的下列各种错报中，性质最严重的是（　　）。
   A. 提前到本期确认收入，违反截止认定
   B. 多计本期销售金额，违反准确性认定
   C. 虚构本期销售交易，违反发生认定
   D. 本期误用会计科目，违反分类认定

3. 以下控制活动中，与营业收入发生认定直接相关的是（　　）。
   A. 销售价格、付款条件、运费和销售折扣的确定已经适当的授权批准
   B. 销售交易以附有有效发运凭证和附有销售单的销售发票为依据登记入账
   C. 销售发票均经事先连续编号，并已登记入账
   D. 应收票据的取得、贴现由保管票据以外的主管人员书面批准

4. 对采用预收账款销售方式的被审计单位最可能出现的错报类型是（　　）。
   A. 在开具销售发票时确认收入
   B. 在商品已经发出时确认收入
   C. 在收到全部货款时确认收入
   D. 在收到预收账款时确认收入

5. 针对被审计单位年末某产成品可能存在的虚假销售行为，下列审计程序中，最不相关的是（   ）。

   A. 计算与该产成品销售有关的全年平均毛利率，并与上年毛利率进行比较
   B. 对期末该产成品存货实施监盘
   C. 对该产成品销售进行截止测试
   D. 选择12月份大额销售客户寄发询证函

6. 注册会计师在检查登记入账的销货业务的真实性时，有效的做法是（   ）。

   A. 从发运凭证追查至营业收入明细账　　B. 从营业收入明细账追查至发运凭证
   C. 从销售发票存根追查至发运凭证　　　D. 从发运凭证追查至销售发票存根

7. 针对被审计单位年末隐瞒销售收入的行为，下列审计程序中，最不相关的是（   ）。

   A. 抽取本年度12月31日开具的销售发票，检查相应的发运凭证和账簿记录
   B. 抽取本年度12月31日的发运凭证，检查相应的销售发票和账簿记录
   C. 从次年1月份主营业务收入明细账记录中抽取某些项目，检查相应的记账凭证、发运单和销售发票
   D. 以当年12月31日主营业务收入明细账记录为起点，抽取项目，检查相应的记账凭证、发运凭证和销售发票

8. 注册会计师对被审计单位实施销货业务的截止测试，其主要目的是为了检查（   ）。

   A. 年底应收账款的真实性　　　　　　　B. 是否存在过多的销货折扣
   C. 销货退回是否已经核准　　　　　　　D. 销货业务的入账时间是否正确

9. 在确定应收账款函证时间时，以下情形中，注册会计师不应选择的是（   ）。

   A. 为减少函证回函差异，在执行其他审计程序后实施函证
   B. 审计项目组进驻被审计单位审计现场后，立即进行函证
   C. 因被审计单位固有风险和控制低，注册会计师在预审时函证
   D. 在年终对存货监盘的同时，对应收款项进行函证

10. 对大额逾期应收账款如果无法获取询证函回函，则注册会计师应（   ）。

    A. 审查所审计期间应收账款回收情况
    B. 了解大额应收账款客户的信用情况
    C. 审查与销货有关的销售订单、发票、发运凭证等文件
    D. 提请被审计单位提高坏账准备提取比例

二、多选题

1. 适当的职责分离有助于防止各种有意或无意的错误，以下的表述中未进行适当的职责分离的有（   ）。

   A. 编制销售发票通知单的人员不能同时开具销售发票
   B. 在销售合同订立前，由专人就销售价格、信用政策、发货及收款方式等具体事项与客户进行谈判
   C. 负责库存现金日记账的出纳编制银行存款余额调节表
   D. 应收票据的取得、贴现和保管由某一会计专门人员负责

2. 下列针对销售交易发生认定控制中，设计合理的有（   ）。

   A. 销售发票上单价与经批准的商品价目表一致

B. 根据发运凭证和经批准的销售单开具销售发票并登记入账
C. 未经信用管理部门审核批准，不得赊销
D. 销售发票上的商品数量与发运凭证一致

3. 注册会计师在对被审计单位已发生的销售业务是否均已登记入账进行审计时，常用的控制测试程序有（　　）。
   A. 检查赊销业务是否经过授权批准
   B. 观察已经寄出的对账单的完整性
   C. 检查发运凭证连续编号的完整性
   D. 检查销售发票连续编号的完整性

4. 下列各项审计程序中，可以为营业收入发生认定提供审计证据的有（　　）。
   A. 从营业收入明细账中选取若干记录，检查相关原始凭证
   B. 对应收账款余额实施函证
   C. 检查应收账款明细账的贷方发生额
   D. 调查本年新增客户的工商资料、业务活动及财务状况

5. 注册会计师在对主营业务收入进行审计时，如果认为有必要实施分析程序，下列说法中正确的有（　　）。
   A. 比较本期各月各类主营业务收入的波动情况，分析其变动趋势是否正常，是否符合被审计单位季节性、周期性的经营规律
   B. 将本期重要产品的毛利率与同行业进行对比分析，估算全年收入，与实际收入金额比较
   C. 将本期重要产品的毛利率与上期比较，检查是否存在异常，各期之间是否存在重大波动，查明原因
   D. 根据增值税发票申报表或普通发票，分析产品销售的结构和价格变动是否异常，并分析异常变动的原因

6. 在对特定会计期间的业务收入进行审计时，注册会计师应重点关注的与被审计单位的业务收入确认有密切关系的日期包括（　　）。
   A. 发票开具日期或收款日期
   B. 记账日期
   C. 销售截止测试实施日期
   D. 发货日期或提供劳务日期

7. 关于销售的截止测试，下列说法中正确的有（　　）。
   A. 测试的目的在于确定被审计单位主营业务收入的会计记录归属期是否正确
   B. 以账簿记录为起点，从资产负债表日前后若干天的账簿记录查至记账凭证，检查发票存根与发运凭证，主要针对的是收入低估
   C. 实施截止测试的前提是注册会计师充分了解被审计单位的收入确认会计实务，并识别能够证明某笔销售符合收入确认条件的关键单据
   D. 以发运凭证为起点，从资产负债表日前后若干天的发运凭证查至发票开具情况与账簿记录，主要针对的是收入低估

8. 下列关于应收账款函证的说法中，正确的有（　　）。
   A. 注册会计师应当对被审计单位的所有应收账款实施函证程序
   B. 函证应收账款的目的在于证实应收账款余额的完整性
   C. 在确定应收账款函证的范围、对象、方式和时间时，应考虑被审计单位内部控制的有效性

D. 通过函证应收账款，可以比较有效地证明被询证者的存在和被审计单位记录的可靠性

9. 在对询证函的以下处理方法中，正确的有（　　　）。
   A. 在粘封询证函时对其统一编号，并将发出询证函的情况记录于审计工作底稿
   B. 询证函经会计师事务所盖章后，由注册会计师直接发出
   C. 收回询证函后，将重要的回函复制给被审计单位管理层以帮助其催收货款
   D. 对以电子邮件方式回收的询证函，必要时，要求被询证单位将原件盖章后寄至会计师事务所

三、判断题

1. 实施2020年度主营业务收入截止测试时，注册会计师应当以该年度的销售发票为起点，以检查是否高估主营业务收入。（　　　）
2. 应收账款的重要性水平越高，所需的函证数量越少。（　　　）
3. 销售和收款循环的审计，通常可以相对独立于其他业务循环而单独进行，因此其审计是孤立的。（　　　）
4. 由原始凭证追查至明细账是用来测试完整性目标，从明细账追查至原始凭证是用来测试真实性目标。（　　　）
5. 对于大额应收账款余额，注册会计师必须采用积极式函证予以证实。（　　　）
6. 应收账款的账龄分析将有助于取得应收账款可收回性的证据。（　　　）
7. 注册会计师如果将收入与资产虚报问题确定为被审计单位销货业务的审计重点，则通常无需对销货业务完整性进行交易实质性测试。（　　　）

四、简答题

1. 简述销售与收款循环所涉及的主要业务活动。
2. 销售与收款循环所涉及的主要内部控制有哪些？
3. 营业收入审计的实质性程序有哪些？
4. 应收账款的函证与银行存款的函证有什么区别？

二维码6-35
即测即评答案

案例分析

1. 甲公司主要生产和销售汽车零部件，注册会计师A连续三年负责审计甲公司的财务报表。在2020年度财务报表审计中，注册会计师A了解的相关情况、实施的部分审计程序及相关结论摘录见表6-7。

表 6-7 实施的审计程序及相关结论

序 号	甲公司情况概述	实施的审计程序及相关结论
（1）	甲公司内部控制制度规定，应当将销售合同、发运凭证、销售单、客户验收单和销售发票核对一致后记录收入	对该项控制，注册会计师 A 预计控制偏差率为零，并抽取 25 笔交易作为样本实施控制测试，发现其中 2 笔交易没有客户验收单。管理层解释说客户验收单已遗失，属于例外情况。注册会计师 A 接受了管理层解释，认为该控制运行有效
（2）	甲公司与现金销售相关的内部控制设计合理并得到执行	注册会计师 A 对与现金销售相关的内部控制实施测试。经询问财务经理，了解到 2020 年度相关控制运行有效，未发现例外事项。注册会计师 A 认为 2020 年度与现金销售相关的内部控制运行有效
（3）	甲公司与多个关联方发生大量非常规交易	注册会计师 A 认为甲公司的关联方交易存在特别风险，因此，不再了解相关内部控制，直接实施实质性程序

要求：针对以上资料中所述的审计程序及相关结论，假定不考虑其他条件，逐项指出注册会计师 A 的做法是否适当，并简要说明理由。

2．上市公司甲公司是 ABC 会计师事务所的常年审计客户，主要从事药品的研发、生产和销售。注册会计师 A 负责审计甲公司 2020 年度财务报表，确定财务报表整体的重要性为 300 万元，明显微小错报的临界值为 10 万元。

资料一：2020 年，甲公司生产了每盒售价为 22 元的 C 胶囊 1 200 万盒，该产品 2019 年年末和 2020 年年末的库存数量分别为 100 万盒和 50 万盒。

资料二：注册会计师 A 在审计工作底稿中记录了甲公司的财务数据，部分内容摘录见表 6-8。

表 6-8 甲公司财务数据部分内容

（单位：万元）

项 目	未 审 数	已 审 数
	2020 年	2019 年
营业收入——C 胶囊	30 800	22 000

要求：针对资料一，结合资料二，假定不考虑其他条件，指出所列事项是否可能表明存在重大错报风险。如果认为可能表明存在重大错报风险，简要说明理由；如果认为该风险为认定层次重大错报风险，说明该风险主要为哪些财务报表项目的哪些认定相关（不考虑税务影响）。

3．ABC 会计师事务所接受委托，审计了 Y 公司 2020 年度的财务报表。注册会计师 A 了解和测试了与应收账款相关的内部控制，并将控制风险评估为高水平。注册会计师 A 取得 2020 年 12 月 31 日的应收账款明细表，并于 2021 年 1 月 18 日采用积极的函证方式对所有重要客户寄发了询证函。注册会计师 A 将与函证结果相关的重要异常情况汇总见表 6-9。

表 6-9 重要异常情况汇总表

（单位：万元）

序 号	函证编号	客户名称	询证金额	回 函 日 期	回 函 内 容
1	22	甲	300 000	2021 年 1 月 22 日	购买 Y 公司 300 000 元货物属实，但款项已于 2020 年 12 月 25 日用支票支付
2	56	乙	550 000	2021 年 1 月 19 日	因产品质量不符合要求，根据购货合同，于 2020 年 12 月 28 日将货物退回
3	64	丙	650 000	2021 年 1 月 19 日	2020 年 12 月 10 日收到 Y 公司委托本公司代销的货物 640 000 元，尚未销售
4	82	丁	900 000	2021 年 1 月 18 日	采用分期付款方式购货 900 000 元，根据购货合同，已于 2020 年 12 月 25 日首付 300 000 元
5	134	戊	600 000	因地址错误，被邮局退回	

要求：针对以上情况，如何实施进一步审计程序。

二维码 6-36
案例分析解析

任务五　采购与付款循环审计

知识学习

企业的采购与付款循环包括购买商品、劳务和固定资产，以及企业在经营活动中为获取收入而发生的直接或间接的支出。采购业务是企业生产经营活动的起点，不同的企业其支出在性质、数量和发生频率上有很大不同，这里主要关注与购买货物和劳务、应付账款的支付有关的重大交易及控制活动，固定资产的采购和管理与普通的原材料等商品的采购和管理有较大不同，在审计实务中一般也需单独考虑。

一、涉及的主要凭证与会计记录

在采购与付款循环中，一般需经过请购—订货—验收—付款这样的程序，因而需要通过多种凭证对整个交易活动加以记录，以一般的制造业企业为例，典型的采购与付款循环所涉及的主要凭证和记录有以下几种：

1. 采购计划

企业一般都是以销定产，因此企业会以销售和生产计划为基础，考虑供需关系及市场计划变化等因素，制订采购计划，并经适当的管理层审批后执行。

2. 供应商清单

企业通过文件审核及实地考察等方式对合作的供应商进行认证，对通过认证的供应商信息进行手工或系统维护，并及时进行更新。

3. 请购单

请购单是由产品制造、资产使用等部门的有关人员填写，送交采购部门，申请购买商品、劳务或其他资产的书面凭证。请购单上注明所要采购的物品的种类、数量及请购人。

4. 订购单

订购单是由采购部门填写，经适当的管理层审核后提交供应商，用来记录企业准备采购的商品和劳务的名称、种类、数量及其他有关内容的书面凭证。

5. 验收单及入库单

验收单是收到采购的商品时由验收部门编制的凭证，列示通过质量检验的收到商品的名称、种类、数量等内容。入库单是由仓库管理人员填写的验收合格品入库的凭证。

6. 卖方发票

卖方发票是由供应商开具的，交给买方的标明采购的商品或劳务的种类、数量、价格等内容的书面凭证。

7. 付款凭单

付款凭单是由采购企业应付凭单部门编制的，载明已收到的商品、资产或接受的劳务，应付款金额和日期的凭证。付款凭单是企业内部记录和支付债务的授权证明文件。

8. 转账凭证

转账凭证是记录转账交易的记账凭证，它是根据有关转账交易的原始凭证编制的。

9. 付款凭证

付款凭证是用来记录库存现金和银行存款支出交易的记账凭证，包括现金付款凭证和银行存款付款凭证。

10. 应付账款明细账

应付账款明细账是列明供应商贷方详细情况的明细分类账。

11. 库存现金日记账和银行存款日记账

库存现金和银行存款日记账是用来记录应收账款的收回、现销收入和其他各种现金、银行存款收入和支出的日记账，以收付款凭证为记账依据。

12. 供应商对账单

供应商对账单是由供应商按月编制，标明期初余额、本期购买、本期支付款项和期末余额的凭证。供应商对账单是供应商对有关业务的陈述，除了有争议的事项和时间上的差异，采购方应付款项期末余额应与供应商对账单的余额一致。

二、主要业务活动及相关的内部控制

采购与付款循环涉及采购和付款两个交易类别，下面以一般制造业企业的商品采购为例，介绍采购与付款循环通常涉及的主要业务活动及其相关的内部控制。

1. 制订采购计划

这项活动的要点是生产、仓储等部门定期编制采购计划，经部门负责人等适当的管理人员审批后提交采购部门，具体安排商品及服务采购。

2. 供应商认证及信息维护

企业通常对合作的供应商事先进行资质等审核，将通过审核的供应商信息录入系统，形成完整的供应商清单，并及时对其信息变更进行更新。采购部门只能向通过审核的供应商进行采购。

3. 请购商品或劳务

生产部门根据采购计划，对需要购买的已列入存货清单的原材料等项目填写请购单，其他部门也可以对所需要购买的商品或劳务编制请购单。企业一般对正常经营所需物资的购买进行一般授权。例如，生产部门在现有库存达到再订购点就可直接提出采购申请，其他部门对正常的维修工作和类似工作直接申请采购有关物品。由于企业内不少部门都可以填列请购单，请购单可以分部门连续编号。为加强控制，每张请购单必须经过对这类支出预算负责的主管人员签字批准。请购单是证明有关采购交易的"发生"认定的凭据之一，也是采购交易轨迹的起点。

4. 编制订购单

采购部门在收到请购单后，只能对经过批准的请购单发出订购单。这项活动的要点是：

（1）确定最佳的供应来源，对一些大额、重要的采购项目，应采取竞价方式来确定供应商，以保证供货的质量、及时性和成本的低廉。

（2）订购单应正确填写所需要的商品品名、数量、价格、厂商名称和地址等，预先予以顺序编号并经过被授权的采购人员签名。其正联应送交供应商，副联则送至企业内部的验收部门、应付凭单部门和编制请购单的部门。

（3）独立检查订购单的处理，以确定是否确实收到商品并正确入账。这项检查与采购交易的"完整性"和"发生"认定有关。

5. 验收商品

有效的订购单代表企业已授权验收部门接受供应商发运来的商品。这项活动的要点是：

（1）验收部门应比较所收商品与订购单上的要求是否相符，如商品的品名、摘要、到货时间等，然后盘点商品并检查商品有无损坏。如果验收不合格，则不得签发验收单，而要求采购部门与供应商交涉，采取进一步措施维护企业利益。

（2）验收部门验收后，应对已收货的每张订购单编制一式多联、预先按顺序编号的验收单，作为验收和检验商品的依据。验收单是支持资产以及与采购有关的负债的"存在或发生"认定的重要凭证。

（3）验收人员将商品送交仓库或其他请购部门时，应取得经过签字的收据，或要求其在验收单的副联上签收，以确立他们对所采购的资产应负的保管责任。验收人员还应将其中的一联验收单送交应付凭单部门。

（4）定期独立检查验收单的顺序以确定每笔采购交易都已编制凭单，这项检查则与采购交易的"完整性"认定有关。

6. 储存已验收的商品

商品入库时应编制入库单。另外还须注意：已验收商品的保管与采购的其他职责相分离；存放商品的仓储区应相对独立，限制无关人员接近。这些控制与商品的"存在"认定有关。

7. 编制付款凭单

记录采购交易之前，应付凭单部门应编制付款凭单，在编制付款凭单时，应核对订购单、验收单和卖方发票的一致性。这项控制的功能包括：

（1）确定供应商发票的内容与相关的验收单、订购单的一致性。

（2）确定供应商发票计算的正确性。

（3）编制有预先编号的付款凭单，并附上支持性凭证（如订购单、验收单和供应商发票等）。

（4）独立检查付款凭单计算的正确性。

（5）在付款凭单上填入应借记的资产或费用账户名称。

（6）由被授权人员在凭单上签字，以示批准照此凭单要求付款。所有未付凭单的副联应保存在未付凭单档案中，以待日后付款。

经适当批准和有预先编号的凭单为记录采购交易提供了依据，这些控制与"存在""发生""完整性""权利和义务""计价和分摊"等认定相关。

8. 确认与记录负债

正确确认已验收商品和劳务的债务，要求正确而及时地记录负债。这些记录对财务报表和价款支付有重大影响。应付账款部门人员在收到卖方发票时应将发票上所列品名、规格、价格、数量、运费等与订单、验收单等相关凭证核对，据以编制有关记账凭证和登记有关账簿；会计主管应监督记账凭证的编制和账簿的登记；独立检查人员应定期检查；记录现金支出的人员不得经手现金、有价证券和其他资产。

9. 办理付款

企业有多种款项结算方式，以支票结算方式为例，编制和签署支票的有关控制包括：

（1）独立检查已签发支票的总额与所处理的付款凭单的总额的一致性。

（2）应由被授权的财务部门的人员负责签署支票。

（3）被授权签署支票的人员应确定每张支票都附有一张已经适当批准的未付款凭单，并确定支票收款人姓名和金额与凭单的内容一致。

（4）支票一经签署就应在其凭单和支持性凭证上用加盖印戳或打洞等方式将其注销，以免重复付款。

（5）支票签署人不应签发无记名甚至空白的支票。

（6）支票应预先顺序编号，保证支出支票存根的完整性和作废支票处理的恰当性。

（7）应确保只有被授权的人员才能接近未经使用的空白支票。

10. 记录现金、银行存款支出

仍以支票结算为例，会计部门应根据签发的支票编制付款记账凭证，并据以登记银行存款日记账及其他相关账簿。以记录银行存款支出为例，相关的内部控制是：

（1）会计主管独立检查记入银行存款日记账和应付账款明细账的金额的一致性，以及与支票汇总记录的一致性。

（2）通过定期比较银行存款日记账记录的日期与支票副本的日期，独立检查入账的及时性。

（3）独立编制银行存款余额调节表。

11. 与供应商对账

在采购与付款循环活动中，其内部控制的设置与销售与收款循环存在很多类似之处。例如，在采购交易中，需进行适当的职责分离、恰当的授权审批、凭证的预先编号及对例外报告的跟进处理等。而在付款交易中，由于每个企业的性质、所处行业、规模等不同，使得与付款交易相关的内部控制可能有所不同，但以下与付款交易相关的内部控制通常应当共同遵循。

（1）企业应当按照《现金管理暂行条例》《支付结算办法》等有关货币资金内部控制的规定办理采购付款交易。

（2）企业财会部门在办理付款交易时，应对采购发票、验收证明等相关的真实性、完整性等进行严格审核。

（3）企业应当建立预付账款和定金的授权批准制度，以加强管理。

（4）企业应当加强应付账款和应付票据的管理，已到期的应付款项需经有关授权人员审批后方可办理结算与支付。

（5）企业应当建立退货管理制度，以及时收回货款。

（6）企业应当定期与供应商核对应付账款、应付票据、预付款项等往来款项。

练一练

下列有关采购与付款循环主要业务活动及其涉及的相关认定的说法，正确的有（　　）。

A．请购单是证明有关采购交易的"发生"认定的凭据之一

B．独立检查订购单的处理，以确定是否确实收到商品并正确入账，这项检查与采购交易的"存在"认定有关

C．定期独立检查验收单的顺序以确定每笔采购交易都已编制凭单，与采购交易的"完整性"认定有关

D．将已验收商品的保管与采购的其他职责相分离，与商品的"存在"认定有关

二维码 6-37
练一练解析

议一议

案例资料：注册会计师 A 负责对 ABC 公司 2020 年度财务报表进行审计。在对 ABC 公司的内部控制了解和测试时，注意到下列情况：

（1）ABC 公司的材料采购需要经授权批准后方可进行。采购部根据经批准的请购单发出订购单。货物运达后，验收部根据订购单的要求验收货物，并编制一式多联的未连续编号的验收单。仓库根据验收单接收货物，在验收单上签字后，将货物移入仓库加以保管。验收单上有数量、品名、单价等要素。验收单一联交采购部登记采购明细账和编制付款凭单，付款凭单经批准后，月末交会计部；一联交会计部登记材料明细账；一联由仓库保留并登记材料明细账。会计部根据只附验收单的付款凭单登记有关账簿。

二维码 6-38
议一议解析

（2）会计部审核付款凭单后，支付采购款项。ABC 公司授权会计部的经理签署支票，经理将其授权给会计人员甲负责，但保留了支票印章。会计甲根据已批准的凭单，在确定支票收款人名称与凭单内容一致后签署支票，并在凭单上加盖"已支付"的印章。对付款控制程序实行测试后，注册会计师 A 未发现与公司规定有不一致之处。

要求：请指出上述情况中内部控制是否存在缺陷，如有，请说明理由并提出改进建议。

三、采购与付款循环的重大错报风险

在了解了采购与付款循环业务流程和相关内部控制后，就可以评估采购与付款循环的相关交易和余额存在的重大错报风险，为设计和实施进一步审计程序提供基础，这些重大错报风险包括：

（1）低估负债或相关准备。在盈利压力下，被审计单位管理层可能试图低估应付账款等负债或资产相关准备，包括遗漏交易、采用不正确的费用支出截止期、将应当及时确认损益的费用性支出资本化，然后通过资产的逐步摊销予以消化等。

（2）被审计单位管理层可能为了完成预算，满足业绩考核要求，保证从银行获得资金等各种原因，通过操纵负债和费用的确认控制损益。

（3）费用支出的复杂性，导致费用支出分配或计提的错误。

（4）不正确地记录外币交易。

（5）舞弊和盗窃的固有风险。例如，大型零售业务的采购，由于所采购商品和固定资产的数量及支付的款项庞大，交易复杂，容易造成商品发运错误，员工和客户发生舞弊和盗窃的风险较高。

（6）存在未记录的权利和义务。

练一练

二维码 6-39
练一练解析

当被审计单位管理层具有高估利润、粉饰财务状况的动机时，注册会计师主要关注的是被审计单位（　　）的重大错报风险。

A．低估费用，高估负债　　　　　　B．高估费用，高估负债

C．低估负债，低估费用　　　　　　D．高估费用，低估负债

四、采购与付款循环的控制测试

在采购与付款循环的控制测试中，要注意两点：①在实际工作中，注册会计师并不需要对业务流程中的所有控制点进行测试，而是选择关键控制点进行控制测试。②控制测试的具体方法需要根据具体控制的性质确定。例如，控制系统是人工控制还是系统自动控制，从而选择不同的测试方法。表 6-10 列示了在通常情况下，采购与付款循环中可能发生的错报环节及影响的相关报表项目、存在的内部控制，以及注册会计师实施的控制测试。

表 6-10　采购与付款循环的风险、存在的内部控制和内部控制测试程序

可能发生的错报环节	相关的财务报表项目及认定	存在的内部控制（自动）	存在的内部控制（人工）	内部控制测试程序
采购计划未经适当审批	存货：存在 其他费用：发生 应付账款：存在		生产、仓储等部门根据生产计划制订需求计划，采购部门汇总需求，按采购类型制订采购计划，经复核人复核后执行	询问复核人复核采购计划的过程，检查采购计划是否经复核人恰当复核
新增供应商或供应商信息变更未经恰当的认证	存货：存在 其他费用：发生 应付账款：存在	订购单上的供应商代码必须在系统供应商清单中存在匹配的代码，才能生效并发送供应商	复核人复核并批准供应商数据的变更请求，包括供应商地址或银行账户的变更以及新增供应商等。复核时，评估拟进行的供应商数据变更是否得到合适文件的支持，诸如由供应商提供的新地址或银行账户明细或经批准新供应商的授权表格。当复核完成且复核人提出的问题/要求的修改已经得到满意的解决后，复核人在系统中确认复核完成	询问复核人复核供应商数据变更请求的过程，抽样检查变更需求是否有相关文件支持及有复核人的复核确认 检查系统中订购单的生成逻辑，确认是否存在供应商代码匹配的要求

项目六 实施审计测试

（续）

可能发生的错报环节	相关的财务报表项目及认定	存在的内部控制（自动）	存在的内部控制（人工）	内部控制测试程序
录入系统的供应商数据可能未经恰当复核	存货：存在 其他费用：发生 应付账款/其他应付款：存在	系统定期生成对供应商信息所有新增变更的报告（包括新增供应商、更改银行账户等）	复核人员定期复核系统生成报告中的项目是否均经恰当授权，当复核工作完成或要求的修改得到满意解决后，签字确认复核工作完成	检查系统报告的生成逻辑及完整性 询问复核人对报告的检查过程，确认其是否签字
订购单与有效的请购单不符	存货：存在、准确性 其他费用：发生、准确性 应付账款/其他应付款：存在、准确性、计价和分摊		复核人复核并批准每一个订购单，包括复核订购单是否有经适当权限人员签署的请购单支持。复核人也确认订购单的价格与供应商一致且该供应商已通过审核。当复核完成且复核人提出的问题/要求的修改已经得到满意的解决后，签字确认复核工作完成	询问复核人复核订购单的过程，包括复核人提出的问题及其跟进记录。抽样检查订购单是否有对应的请购单及复核人签字确认
订单未被录入系统或在系统中重复录入	存货：存在、准确性 其他费用：发生、完整性 应付账款/其他应付款：存在、完整性	系统每月末生成列明跳码或重码的订购单的例外报告	复核人定期复核列明跳码或重码的订购单的例外报告，以确定是否有遗漏、重复的记录。该复核确定所有订购单是否都输入系统，且仅输入了一次	检查系统例外报告的生成逻辑 询问复核人对例外报告的检查过程，确认发现的问题是否及时得到了跟进处理
接收了缺乏有效订购单或未经验收的商品	应付账款：存在、完整性 存货：存在、完整性 其他费用：发生、完整性	入库确认后，系统生成连续编号的入库单	收货人员只有完成以下程序后，才能在系统中确认商品入库： ① 检查是否存在有效的订购单 ② 检查是否存在有效的验收单 ③ 检查收到的货物的数量是否与发货单一致	检查系统入库编号的连续性 询问收货人员的收货过程，抽样检查入库单是否有对应一致的订购单及验收单
临近会计期末的采购未被记录在正确的会计期间	应付账款：完整性 存货/其他费用：完整性 应付账款：存在、完整性 存货：存在、完整性 其他费用：发生、完整性	系统每月末生成列明跳码或重码的入库单的例外报告 系统每月末生成包含所有已收货但相关发票未录入系统货物信息的例外报告	复核人复核系统生成的例外报告，检查是否有遗漏、重复入库单。当复核完成且复核人提出的问题/要求的修改已经得到满意的解决后，签字确认复核已经完成 复核人复核该例外报告中的项目，确定采购是否被记录在正确的期间以及负债计提是否有效。当复核完成且复核人提出的问题/要求的修改已经得到满意的解决后，签字确认复核已经完成	检查系统例外报告的生成逻辑 询问复核人对例外报告的复核过程 确认发现的问题是否及时得到了跟进处理 检查系统例外报告的生成逻辑 询问复核人对例外报告的复核过程，核对报告中的采购是否计提了相应负债，检查复核人的签字确认
发票未被正确编码，导致在成本或费用之间的错误分类	存货：准确性、计价和分摊、完整性 其他费用：准确性、完整性 应付账款：存在、完整性	系统自动将相关的发票归集入对应的总分类账费用科目	每张发票开具前均经复核人复核并批准，复核人评估正确的总分类账代码是否被应用到该项目	询问复核人对发票编号/总分类账代码的复核过程，抽样检查相关发票是否被恰当分类到了相关费用

（续）

可能发生的错报环节	相关的财务报表项目及认定	存在的内部控制（自动）	存在的内部控制（人工）	内部控制测试程序
发票未被正确编码，导致在成本或费用之间的错误分类	费用/成本：完整性、准确性 应付账款：完整性、计价和分摊		定期编制所选定关键绩效指标（如分成本中心/部门的费用、费用占收入的比例等）与管理层预期（包括以前期间或预算等信息）相比较的报告，复核人识别关键绩效指标与预期之间差异的相关问题（如波动、例外或异常调整），并与相关人员跟进。所有问题会被合理应对，复核人通过签署关键绩效指标报告以证明完成复核	根据样本量要求选取关键绩效指标报告，确定是否经管理层复核；复核是否在合理时间内完成；核查关键绩效指标的计算是否准确，是否与账面记录核对一致；评估用于调查重大差异的界限是否适当 向复核人询问其复核方法，对于其提出的问题，检查是否经恰当处理。评价使用数据的完整性和准确性
批准付款的发票上存在价格/数量错误或劳务尚未提供的情形	应付账款：完整性、计价和分摊 存货/成本：完整性、计价和分摊	当入库单录入系统后，系统将其与订购单进行核对。当发票录入系统后，系统将其详细信息与订购单进行核对。如信息相符或差异不超过可接受差异，系统将自动批准发票可以付款。如信息不符，发票将被列示于例外报告中，由人工跟进	负责应付账款且无职责冲突的人员负责跟进例外报告中的所有项目。仅当不符信息从例外报告中消除后才可以付款	检查系统报告的生成逻辑，确认例外报告的完整性及准确性 与复核人讨论其复核过程，抽样选取例外/删改情况报告。检查每一份报告并确定： ①是否存在管理层复核的证据 ②复核是否在合理的时间范围内完成 ③复核人提出问题的跟进是否适当、是否能使交易恰当记入会计系统 抽样选取采购发票，检查是否与入库单和订购单所记载的价格、供应商、日期、描述及数量一致
现金支付未记录、未记录在正确的供应商账户（串户）或记录金额不正确	应付账款：计价与分摊、存在 存货：计价与分摊 其他费用：准确性 应付账款：存在、完整性、计价与分摊 存货：存在、完整性、计价和分摊 其他费用：发生、完整性、计价和分摊		独立于负责现金交易处理的会计人员每月末编制银行存款余额调节表。所有重大差异由调节表编制人跟进，并根据具体情形进行跟进处理。经授权的管理人员复核所编制的银行存款余额调节表，当复核工作完成或复核人提出的问题/要求的修改已得到满意的解决后，签字确认复核工作已完成 应付账款会计人员将供应商提供的对账单与应付账款明细账进行核对，并对差异化进行跟进处理 复核人定期复核供应商对账结果，该对账通过从应付账款明细账中抽取一定数量的应付供应商余额与供应商提供的对账单进行核对。当复核工作完成或复核人提出的问题/要求的修改已得到满意的解决后，签字确认复核工作已完成	询问复核人对银行存款余额调节表的复核过程 抽样检查银行存款余额调节表，检查其是否及时得到复核、复核的问题是否得到了恰当的跟进处理、复核人是否签字确认 询问复核人对供应商对账结果的复核过程 抽样选取供应商对账单，检查其是否与应付账款明细账得到了正确的核对，差异是否得到了恰当的跟进处理 检查复核人的相关签字确认

（续）

可能发生的错报环节	相关的财务报表项目及认定	存在的内部控制（自动）	存在的内部控制（人工）	内部控制测试程序
员工具有不适当的访问权限，使其能够实施违规交易或隐瞒错误	应付账款:存在、完整性、准确性 存货：存在、完整性、计价和分摊 其他费用：发生、完整性、计价和分摊	采购系统根据管理层的授权进行权限设置，以支持采购职能所要求的上述职责分离	管理层分离以下活动： ①供应商主信息维护 ②请购授权 ③输入订购单 ④开具供应商发票 ⑤按照订单收取货物 ⑥存货盘点调整等	检查系统中相关人员的访问权限 复核管理层的授权职责分配表，对不相容职位（申请与审批等）是否设置了恰当的职责分离
总账与明细账中的记录不一致	应付账款：完整性、准确性 其他费用：完整性、准确性	应付账款/费用明细账的总余额与总账账户间的调节表会在每个期间末及时执行	任何差异会被调查，如恰当，将进行调整 复核人会复核调节表及相关支持文档，任何差异及/或调整会被批准	核对总账与明细账的一致性，检查复核人的复核及差异跟进记录

上面列示的是采购与付款循环一些较为常见的内部控制和相应的内部控制测试程序，需要说明的是，这并不是采购与付款循环当中所有的内部控制和内部控制测试，在审计实务工作中，注册会计师需要从实际出发，设计适合被审计单位具体情况的实用高效的控制测试计划。

练一练

下列选项中不属于针对采购发票可能未被记录于正确的会计期间的内部控制或内部控制测试的是（　　）。

A．由计算机将供应商发票上的单价与订购单上的单价进行比对，如有差异应生成例外报告

B．由计算机将记录采购的日期和采购入库通知单上的日期进行比对，如果这些日期归属不同的会计期间，应生成例外报告的打印文件

C．询问和检查例外报告的打印文件并重新执行截止程序

D．由会计人员输入必要的分录，确保对计入当期的负债的核算是恰当的

二维码 6-40
练一练解析

五、主要项目实质性程序

（一）应付账款的实质性程序

应付账款是企业在正常经营过程中，因购买材料、商品和接受劳务等而应付给供应商的款项。一般来说，采购与付款交易的重大错报风险是低估负债，因此，应付账款的审计主要是检查付款记录是否完整，审查有无隐匿负债或利用应付账款隐匿利润的情况。

1. 应付账款的审计目标

（1）确定资产负债表中记录的应付账款是否存在（存在认定）。

（2）确定所有应当记录的应付账款是否均已记录（完整性认定）。

（3）确定资产负债表中记录的应付账款是否为被审计单位应当履行的现时义务（权利和义务认定）。

（4）确定应付账款是否以恰当的金额包括在财务报表中，与之相关的计价调整是否已恰当记录（计价和分摊认定）。

（5）确定应付账款是否已按照企业会计准则的规定在财务报表中做出恰当的列报（列报认定）。

2. 应付账款实质性程序的主要内容

（1）获取或编制应付账款明细表。在执行这个审计程序时，除了复核加计是否正确，与报表数、总账数和明细账合计数核对是否相符之外；还要检查非记账本位币的折算汇率及折算是否正确；检查有无借方余额的项目。应付账款出现借方余额，可能是重复付款、付款后退货、预付货款、记账错误等。应分析查明原因，必要时，建议做出重分类调整。

还要结合预付账款、其他应付款等往来项目的明细余额，检查有无针对同一交易在应付账款和预付款项同时记账的情况、异常余额或与购货无关的其他款项。

（2）实施分析程序。对应付账款实施分析程序，可以将应付账款按不同的采购来分类分析。例如，可以将不同地区的采购分开分析。在分析时，要了解被审计单位的付款周期和付款特征，将本期期末余额与期初余额做对比，或者将采购金额与应付账款余额做对比，还可以用比率分析，如计算应付账款与存货的比率、应付账款与流动负债的比率，并与以前期间对比分析，评价应付账款整体的合理性。

（3）函证应付账款。对应付账款来说，函证并不是必需的审计程序。因为函证并不能保证查出未记录的应付账款。但在某些情况下，也应考虑对应付账款实施函证，如控制风险较高，某应付账款账户金额较大或被审计单位处于财务困难阶段等。

1）获取适当的供应商相关清单。例如，本期采购量清单、所有现存供应商名单或应付账款明细账。在获取该清单时，要询问该清单是否完整，考虑该清单是否应包括预期负债等附加项目。

2）选择函证对象和方式。要选择较大金额的债权人或报表日金额不大甚至为零，但属于重要供应商的债权人作为函证对象。最好采用积极的函证方式，并具体说明应付金额。

3）对整个函证过程要实施控制。

4）对回函进行检查。将询证函余额与已记录金额相比较，如存在差异，检查支持性文件，评价已记录金额是否适当。

5）对未做回复的函证实施替代程序。主要是检查付款文件，如现金支出、电汇凭证和支票复印件等；检查相关的采购文件，如订购单、验收单、发票和合同等。

6）如果认为回函不可靠，则要评价对评估的重大错报风险以及其他审计程序的性质、时间安排和范围的影响。

（4）检查应付账款是否计入了正确的会计期间，是否存在未入账的应付账款。基本思路是首先检查资产负债表日之前形成债务的相关资料，其次是检查与供应商之间的对账差异及资产负债日前后的存货入库资料，最后是检查资产负债表日后确认的负债和支付的款项。具体的实施过程是：

1）对资产负债表日前资料的检查。对本期发生的应付账款增减变动，检查至相关支持性文件，确认会计处理是否正确。

2）对资产负债表日资料的检查。获取并检查被审计单位与其供应商之间的对账单，以及被审计单位编制的差异调节表，查找有无未入账的应付账款，确定应付账款金额的准确性；结合存货监盘程序，检查被审计单位在资产负债日前后的存货入库资料，如验收报告、入库单，检查是否有大额货到单未到的情况，确认相关负债是否计入了正确的会计期间。

3）对资产负债表日后资料的检查。检查资产负债表日后应付账款明细账贷方发生额的相应凭证，关注其购货发票的日期，确认其入账时间是否合理；针对资产负债表日后付款项目，检查银行对账单及有关付款凭证，询问被审计单位内部或外部的知情人员，查找有无未及时入账的应付账款。

如果注册会计师通过这些程序发现某些未入账的应付账款，应将有关情况详细记入工作底稿，然后根据其重要性确定是否需建议被审计单位进行相应的调整。

实务提醒

"查找未入账的应付账款"表面看似简单，其实不然。在财务报表审计中，通常认为，注册会计师审计应付账款"完整性"认定比审计应付账款"存在"认定的难度大，特别是注册会计师应当从哪些角度设计程序获取审计证据证明"完整性"认定。依此类推，注册会计师审计应收账款"完整性"认定（即"查找未入账应收账款"）的审计程序比审计应收账款"存在"认定的审计程序难度大。

为证实被审计单位应付账款的发生和偿还记录是否完整，应实施适当的审计程序，以查找未入账的应付账款。以下各项审计程序中，可以实现上述审计目标的有（　　）。

A. 结合存货监盘程序，检查被审计单位资产负债表日是否存在有材料入库凭证但未收到购货发票的业务
B. 抽查被审计单位本期应付账款明细账贷方发生额，核对相应的购货发票和验收单据，确认其入账时间是否正确
C. 检查被审计单位资产负债表日后收到的购货发票，确认其入账时间是否正确
D. 检查被审计单位资产负债表日后应付账款明细账借方发生额的相应凭证，确认入账时间是否正确

二维码6-41
练一练解析

（5）检查应付账款长期挂账的原因并做出记录。对被审计单位长期挂账的应付账款，要求被审计单位做出解释，判断被审计单位是否缺乏偿债能力或利用应付账款隐瞒利润。对确实无须支付的应付账款的会计处理是否正确。

（6）对与关联方交易形成的应付款项的检查。要了解与关联方交易的商业理由；检查证实交易的支持性文件，如发票、合同、协议及入库和运输单据等相关文件；检查被审计单位与关联方的对账记录或向关联方函证。

（7）检查应付账款是否已按照企业会计准则的规定在财务报表中做出恰当列报和披露。

二维码6-42
应付账款的实质程序

议一议

二维码 6-43
议一议解析

案例资料：ABC 会计师事务所的注册会计师 A 负责审计甲公司 2020 年度财务报表，审计工作底稿中与负债审计相关的部分内容摘录如下：

（1）甲公司各部门使用的请购单未连续编号，请购单由部门经理批准，超过一定金额还需总经理批准。注册会计师 A 认为该项控制设计有效实施了控制测试，结果满意。

（2）甲公司有一笔账龄三年以上、金额重大的其他应付款，因 2020 年未发生变动，注册会计师 A 未实施进一步审计程序。

（3）为查找未入账的应付账款，注册会计师 A 检查了资产负债表日后应付账款明细账贷方发生额的相关凭证，并结合存货监盘程序，检查了甲公司资产负债表日前后的存货入库资料，结果满意。

（4）甲公司应付账款年末余额为 550 万元，注册会计师 A 认为应付账款存在低估风险，选取了年末余额合计为 480 万元的两家主要供应商实施函证，未发现差异。

要求：针对上述事项，逐项指出注册会计师 A 的做法是否恰当。如不恰当，简要说明理由。

（二）固定资产的实质性程序

固定资产是企业的有形资产，在企业资产总额中一般都占有较大的比例。企业持有固定资产是为了生产商品、提供劳务、出租或经营管理的需要，固定资产的安全、完整对企业的生产经营影响极大。固定资产在使用和管理中，重要的是保持账、物、卡的一致。由于固定资产项目余额由固定资产科目余额扣除累计折旧科目余额和固定资产减值准备科目余额构成，因此这三项都属于固定资产的审计范围。

1. 固定资产的审计目标

（1）确定资产负债表中固定资产是否存在。

（2）确定所有应记录的固定资产是否均已记录。

（3）确定记录的固定资产是否归被审计单位拥有或控制。

（4）确定固定资产是否以恰当的金额包括在财务报表中，与之相关的计价或分摊是否已恰当记录。

（5）确定固定资产是否已按照企业会计准则的规定在财务报表中做出恰当列报和披露。

2. 固定资产——账面余额实质性程序的主要内容

（1）获取或编制固定资产明细表。固定资产明细表其实是一张分类汇总表，检查固定资产的分类是否正确并与总账数和明细账合计数核对是否相符，结合累计折旧、减值准备科目与报表数核对是否相符。

（2）对固定资产实施实质性分析程序。对固定资产实施实质性分析程序，可以获取固定资产总体合理性的审计证据。首先，基于对被审计单位及其环境的了解，建立有关数据的期望值。然后可以分类计算本期计提折旧额与固定资产原值的比率，并与上期比较；或者计算固定资产修理及维护费用占固定资产原值的比例，并进行本期各月、本期与以前各期的比较。

实务提醒

被审计单位当年已计提的折旧费用与其对应的固定资产原值之间存在明确的预期关系，如果通过分析发现偏离预期关系，则表明被审计单位固定资产"计价和分摊"认定存在错报。例如，某公司有A类固定资产，折旧年限20年，净残值为零，则其折旧率为5%。如果注册会计师计算出当年A类固定资产计提的折旧与固定资产原值的比率是3%，则通过分析程序获取的证据表明，A类固定资产折旧计提不足，财务报表固定资产"计价和分摊"认定存在错报风险。

（3）实地检查重要固定资产。实地检查的目的是确定固定资产是否存在，关注是否存在已报废但仍未核销的固定资产。

实地检查的方向，有两条线路：①以固定资产明细账为起点，进行实地追查，以证明会计记录中所列固定资产确实存在，并了解其目前的使用状况；②以固定资产实物为起点，追查到固定资产明细账，以获取实际存在的固定资产均已入账的证据。

实地检查的重点是本期新增的重要固定资产，确定检查范围需要依据内部控制的强弱、固定资产的重要性和注册会计师的经验。首次接受审计，应扩大检查范围。

（4）检查固定资产的所有权或控制权。对于各类固定资产，注册会计师应获取、收集不同的证据以确定其是否归被审计单位所有。

1）对于外购的机器设备等固定资产，通常经审核采购发票、购货合同等予以确定。

2）对于房地产类固定资产，需查阅有关的合同产权证明、财产税单、抵押借款的还款凭据、保险单等书面文件。

3）对于融资租入的固定资产，应验证有关融资租赁合同，证实其并非经营租赁。

4）对于汽车等运输设备，应验证有关运营证件等。

5）对于受留置权限制的固定资产，通常还应审核被审计单位的有关负债项目予以证实。

（5）检查本期新增固定资产的入账价值。如果不正确核算固定资产的增加，将对资产负债表和利润表产生长期影响。在审计中，应根据固定资产增加的不同途径，检查其计价是否正确、手续是否齐备、会计处理是否正确。

1）对于外购固定资产，通过核对购货合同、发票、保险单、发运凭证等文件，抽查测试其入账价值是否正确、授权批准手续是否齐备、会计处理是否正确。

2）对于在建工程转入的固定资产，检查固定资产确认时点是否符合规定，入账价值与在建工程的记录是否相符，与竣工决算、验收和移交报告等是否一致；对已经达到预定可使用状态但尚未办理竣工决算手续的固定资产，检查其是否已按估计价值入账，并按规定计提折旧。

3）对于投资者投入的固定资产，应检查其入账价值是否按投资各方确认的价值入账，并检查确认价值是否公允，固定资产交接手续是否齐全。

4）对于更新改造增加的固定资产，应查明增加的固定资产原值是否符合资本化条件、是否真实，会计处理是否正确；重新确定的剩余折旧年限是否恰当。

5）对于融资租赁增加的固定资产，应获取融资租入固定资产的相关证明文件，检查融资租赁合同的主要内容，检查相关的会计处理是否正确。

6）对于企业合并增加的固定资产，检查产权过户手续是否齐备，检查入账价值及确认的损益和负债是否符合规定。

（6）检查本期固定资产的减少。审计固定资产减少的主要目的在于查明已减少的固定资产是否已做适当的会计处理。审计要点包括检查授权批准文件；检查会计处理，验证金额准确性；结合固定资产清理和待处理固定资产净损失科目，抽查转销是否正确；检查是否存在未做会计记录的固定资产减少业务。

（7）检查固定资产是否已按照企业会计准则的规定在财务报表中做出恰当列报和披露。固定资产的列报要结合累计折旧和减值准备的审计，将固定资产的原价减去计提的累计折旧再减去计提的减值准备后，以净值填列。对于要披露的内容，是否已做充分披露。

3. **固定资产——累计折旧实质性程序的主要内容**

（1）获取或编制固定资产及累计折旧分类汇总表，复核加计是否正确，并与报表数、总账数和明细账合计数核对是否相符。

（2）审查折旧政策和方法是否符合相关会计准则的规定，并前后一致。

（3）复核本期折旧费用的计提和分配是否正确。例如：已计提减值准备的固定资产，计提的折旧是否正确；已全额计提减值准备的固定资产，是否已停止计提折旧；因更新改造而停止使用的固定资产，是否已停止计提折旧；因大修理而停止使用的固定资产，是否照提折旧；未使用、不需用固定资产，是否按规定计提折旧。检查折旧费用的分配方法是否合理，是否与上期一致。

（4）将"累计折旧"账户贷方的本期计提折旧额与相应的成本费用中的折旧费用明细账户的借方相比较，以查明所计提折旧金额是否已全部摊入本期产品成本或费用。

（5）检查累计折旧的减少是否合理，会计处理是否正确。

（6）确定累计折旧的披露是否恰当。

4. **固定资产——固定资产减值准备实质性程序的主要内容**

（1）获取或编制固定资产减值准备明细表，复核加计是否正确，并与总账数和明细账合计数核对是否相符。

（2）检查被审计单位固定资产减值准备计提的依据是否充分，会计处理是否正确。

（3）获取闲置固定资产清单，观察其状况，是否存在减值迹象。

（4）计算本期期末固定资产减值准备占期末固定资产原值的比率，并与期初该比率比较，分析固定资产质量状况。

（5）检查被审计单位处置固定资产时原计提的减值准备是否同时结转，会计处理是否正确。

（6）检查是否存在转回固定资产减值准备的情况。

（7）确定固定资产减值准备的披露是否恰当。

一、单选题

1. 审计人员在审查被审计单位采购与付款循环的职责分工时，发现批准请购与采购循环的职责未能相互分离，这种情况可能导致（　　）。

  A. 未按实际收到的商品数额登记入账 B. 采购部门购入过量或不必要的物资
  C. 应付账款记录不正确 D. 未及时向特定债权人支付货款

2. 以下关于达康集团采购与付款循环的内部控制中，注册会计师认为与应付账款的完整性认定直接相关的是（　　）。

  A．采用适当的会计科目表核算采购与付款交易

  B．采购价格和折扣须经被授权人员批准

  C．会计主管复核付款凭单后是否附有完整的相关单据

  D．订购单均经事先连续编号并将已完成的采购登记入账

3. 以下审计程序中，注册会计师D最有可能证实已记录应付账款存在的是（　　）。

  A．从应付账款明细账追查至购货合同、购货发票和入库单等凭证

  B．检查采购文件以确定是否使用预先编号的订购单

  C．抽取购货合同、购货发票和入库单等凭证，追查至应付账款明细账

  D．向供应商函证零余额的应付账款

4. 审计人员为审查被审计单位未入账负债而实施的下列审计程序中，最有效的是（　　）。

  A．审查资产负债表日后货币资金支出情况

  B．审查资产负债表日前后几天的发票

  C．审查应付账款、应付票据的函证回函

  D．审查购货发票与债权人名单

5. 注册会计师执行的下列审计程序中，与实现采购交易截止认定最相关的是（　　）。

  A．参照卖方发票，比较会计科目表上的分类

  B．追查存货的采购至存货永续盘存记录

  C．将验收单和卖方发票上的日期与采购明细账中的日期进行比较

  D．从验收单追查至采购明细账

6. 审计人员要证实被审计单位应付账款是否在资产负债表上充分披露时，不应当考虑（　　）。

  A．预付账款明细账的期末贷方余额是否并入应付账款项目

  B．应付账款的发生是否恰当

  C．应付账款明细账的期末借方余额是否并入预付账款项目

  D．应付账款的分类是否恰当

7. 为了确定A公司是否存在已减少的固定资产未入账的情况，审计人员准备实施的下列审计程序中不恰当的是（　　）。

  A．分析营业外收支账户　　　　B．检查固定资产的所有权凭证

  C．询问A公司固定资产管理部门　　D．以固定资产明细账为起点，进行实地追查

8. 以下程序中，审计人员最有可能获取固定资产存在的审计证据的是（　　）。

  A．观察经营活动，并将固定资产本期余额与上期余额进行比较

  B．询问被审计单位的管理层和生产部门

  C．以检查固定资产明细账为起点，检查固定资产实物和相关凭证

  D．以检查固定资产实物为起点，检查固定资产明细账和相关凭证

二、多选题

1. 适当的职责分离有助于防止各种有意或无意的错误，采购与付款业务不相容岗位包括（　　）。

    A. 询价与确定供应商 　　　　　　　B. 请购与审批
    C. 付款审批与付款执行 　　　　　　D. 采购合同的订立与审批

2. 与请购和合同相关的内部控制包括（　　　　）。
    A. 主要的物资采购是否编制了采购计划并已批准
    B. 主要的物资采购是否有订货合同并已授权批准
    C. 主要物资的供货单位是否经招标确定
    D. 所有的物资是否均有请购单并经授权批准

3. 与订货、验收和仓储相关的内部控制包括（　　　　）。
    A. 应付账款的记录是否定期与供货单位核对
    B. 采购部门是否只根据经批准的请购单发出订货单
    C. 物资入库后是否根据订货合同、订货单对其品名、规格型号、质量进行验收
    D. 订货单是否事先顺序编号

4. 为应对"记录的采购价格可能不正确"的错报风险，下列关于注册会计师采取的应对措施，说法错误的有（　　　　）。
    A. 询问、检查授权批准和授权越权的文件
    B. 询问、检查打印文件，以及解决差异的证据，通过对照发票价格与订购单上的价格，重新执行价格测试
    C. 询问、检查文件，以证实对未执行订购单的跟进情况
    D. 询问、检查打印文件并重新执行截止程序

5. 以下控制活动中能够控制应付账款完整性认定错报风险的有（　　　　）。
    A. 应付凭单均经事先连续编号并确保已付款的交易登记入账
    B. 订购单均经事先连续编号并确保已完成的采购交易登记入账
    C. 销售价格和销售折扣的确定已经适当的授权批准
    D. 验收单均经事先连续编号并确保已验收的采购交易登记入账

6. 下列审计程序中，（　　　　）与查找未入账应付账款有关。
    A. 审核期后现金支出的主要凭证
    B. 审核期后未付账单的主要凭证
    C. 追查年终前签发的验收单至相关的卖方发票
    D. 审核应付账簿记录

7. 验证应付账款是真实存在的，可通过（　　　　）程序测试。
    A. 将应付账款清单加总
    B. 从应付账款清单追查卖方发票和卖方对账单
    C. 函证应付账款的重点是大额、异常项目
    D. 对未列入本期的负债进行测试

8. 注册会计师发现被审计单位对下列固定资产正在计提折旧，应当提请被审计单位进行调整的包括（　　　　）。
    A. 已全额计提减值准备的固定资产　　B. 因更新改造而停止使用的固定资产
    C. 因大修理而停止使用的固定资产　　D. 融资租入的固定资产

三、判断题

1. 应付账款通常不需要函证，如果需要函证，最好采用否定式函证。　　　　　　　　（　　　）

2. 审计人员对负债项目的审计，主要是防止企业低估债务。（　　）
3. 企业验收商品时，首先应将所收商品与卖方发票的数量相核对。（　　）
4. 由于多数舞弊企业在低估应付账款时，是以漏记赊购业务为主，所以函证无益于寻找未入账的应付账款。（　　）
5. "应付账款"科目所属明细科目的借方余额应在"预收账款"项目中列示。（　　）
6. 注册会计师在对固定资产进行实地观察时，可以以固定资产明细分类账为起点，重点观察本期新增加的重要固定资产。（　　）

四、简答题

1. 简述采购与付款循环所涉及的主要业务活动。
2. 简述应付账款的主要实质性程序。
3. 审计人员如何查找未入账的应付账款？
4. 与应收账款函证相比，应付账款函证有什么特点？

案例分析

1. X 公司是 ABC 会计师事务所常年审计客户。ABC 会计师事务所审计 X 公司 2020 年度财务报表时，对 X 公司采购与付款循环内部控制进行了解、测试与评价，审计工作底稿中记录了所了解的控制程序，部分内容摘录如下：

（1）采购原材料须由请购部门编制请购单，采购部门审核请购单后发出预先连续编号的订购单。采购的原材料经采购人员验收后入库，仓库人员收到原材料后编制预先连续编号的入库单，并交采购人员签字确认。

（2）应付凭单部门核对供应商发票、入库单和订购单，并编制预先连续的付款凭单。会计部门在接到经应付凭单部门审核的上述单证和付款凭单后，登记原材料和应付账款明细账。月末，在与仓库核对连续编号的入库单和订购单后，应付凭单部门对相关原材料入库数量和采购成本进行汇总。应付凭单部门对已经验收入库但尚未收到供应商发票的原材料编制清单，会计部门据此将相关原材料暂估入账。

要求：

（1）针对上述所列事项，假定不考虑其他条件，请逐项判断 X 公司上述控制程序在设计上是否存在缺陷。如果存在缺陷，请分别予以指出，并简要说明理由，提出改进建议。

（2）针对所列事项及"已发生的购货业务均已记录"这一控制目标，写出针对该控制目标的测试程序。

2. 注册会计师 A 负责审计甲公司 2020 年度财务报表。在对甲公司的应付账款项目进行审计时，根据需要，决定对甲公司四个明细账户（见表 6-11）中的两个进行函证。

表 6-11 甲公司四个明细账户的应付账款

（单位：元）

项 目	应付账款年末余额	本年度供货总额
A 公司	32 850	56 100
B 公司	—	9 800 000
C 公司	85 000	96 000
D 公司	389 000	2 233 000

要求：注册会计师 A 应选择哪两家供应商进行函证？为什么？

3. 注册会计师甲审计 ABC 股份有限公司 2020 年度"固定资产"和"累计折旧"项目时，发现下列情况：

（1）"未使用固定资产"中有固定资产——Y 设备已于本年度 5 月份投入使用，该公司未按规定转入"使用固定资产"和计提折旧。

（2）对所有的空调器，按其实际使用的时间（5 月至 9 月）计提折旧。

（3）对已提足折旧继续使用的某设备，仍计提折旧。

（4）该公司采用平均年限法计提折旧，但于本年度 9 月改为工作量法，这一改变已经股东大会批准，但未报财政部及有关部门备案，也未在财务报表附注中予以说明。

二维码 6-45
案例分析解析

要求：请代注册会计师甲指出上述各项中存在的问题，并提出改进建议。

任务六 生产与存货循环审计

知识学习

生产与存货循环同其他业务循环的联系非常密切，以制造业为例，原材料经过采购与付款循环进入生产与存货循环，生产与存货循环又随销售与收款循环中产成品、商品的销售环节而结束。生产与存货循环涉及的内容主要是存货的管理及生产成本的计算等。考虑财务报表项目与业务循环的相关程度，该循环所涉及的资产负债表项目主要是存货等；所涉及的利润表项目主要是营业成本等。

一、涉及的主要会计凭证和记录

在内部控制比较健全的企业，处理生产与存货业务通常需要使用很多单据与会计记录，典型的生产与存货循环所涉及的主要会计凭证和记录有以下几种：

1. 生产指令

生产指令又称"生产任务通知单",是企业下达制造产品等生产任务的书面文件,用以通知供应部门组织材料发放,生产车间组织产品制造,会计部门组织成本计算。广义的生产指令也包括用于指导产品加工的工艺规程,如机械加工企业的"路线图"等。

2. 领发料凭证

领发料凭证是企业为控制材料发出所采用的各种凭证,如材料发出汇总表、领料单、领料登记簿、退料单等。

3. 产量和工时记录

产量和工时记录是登记工人或生产班组出勤内完成产品数量、质量和生产这些产品所耗费工时数量的原始记录。产量和工时记录的内容与格式是多种多样的,在不同的生产企业中,甚至在同一企业的不同生产车间中,由于生产类型不同而采用不同格式的产量和工时记录。常见的产量和工时记录主要有工作通知单、工序进程单、工作班产量报告、产量通知单、产量明细表、废品通知单等。

4. 工薪汇总表及工薪费用分配表

工薪汇总表是为了反映企业全部工薪的结算情况,并据以进行工薪结算总分类核算和汇总整个企业工薪费用而编制的,它是企业进行工薪费用分配的依据。工薪费用分配表反映了各生产车间各产品应负担的生产工人工薪及福利费。

5. 材料费用分配表

材料费用分配表是用来汇总反映各生产车间各产品所耗费的材料费用的原始记录。

6. 制造费用分配汇总表

制造费用分配汇总表是用来汇总反映各生产车间各产品所应负担的制造费用的原始记录。

7. 成本计算单

成本计算单是用来归集某一成本计算对象所应承担的生产费用,计算该成本计算对象的总成本和单位成本的记录。

8. 产成品入库单和出库单

产成品入库单是产品生产完成并经检验合格后从生产部门转入仓库的凭证。产成品出库单是根据批准的销售单发出产成品的凭证。

9. 存货明细账

存货明细账是用来反映各种存货增减变动情况和期末库存数量及相关成本信息的会计记录。

10. 存货盘点指令、盘点表及盘点标签

一般制造企业通常会定期对存货实物进行盘点,将实物盘点数量与账面数量进行核对,对差异进行分析调查,必要时做账务调整,以确保账实相符。在实施存货盘点之前,管理人员通常编制存货盘点指令,对存货盘点的时间、人员、流程及后续处理等方面做出安排。在盘点过程中,通常会使用盘点表记录盘点结果,使用盘点标签对已盘点存货及数量做出标识。

11. 存货货龄分析表

很多制造企业通过编制存货货龄分析表，识别流动较慢或滞销的存货，并根据市场情况和经营预测，确定是否需要计提存货跌价准备。这对于管理具有保质期的存货（如食物、药品、化妆品等）尤其重要。

针对生产与存货循环主要单据与会计记录，下列说法中不正确的是（　　）。
A．产成品入库单是产品生产完成并经检验合格后从生产部门转入仓库的凭证
B．产成品出库单是根据经批准的销售单发出产成品的凭证
C．在存货盘点过程中，注册会计师通常会使用盘点表记录盘点结果，使用盘点标签对已盘点存货及数量做出标识
D．对于管理具有保质期的存货（如食物、药品、化妆品等）通过编制存货货龄分析表确定是否需要计提存货跌价准备尤其重要

二维码6-46
练一练解析

二、主要业务活动及其相关的内部控制

就一般制造企业来讲，生产与存货循环所涉及的主要业务活动包括：计划和安排生产，发出原材料，生产产品，核算产品成本，产成品入库和储存，发出产成品，存货盘点，计提存货跌价准备等。上述业务活动通常涉及以下部门：生产计划部门、仓储部门、生产部门、人事部门、销售部门、会计部门等。下面我们就分析一下这些业务活动的发生及其存在的内部控制。

1. 计划和安排生产

生产计划部门的职责是根据客户订单或者对销售预测和产品需求的分析来决定生产授权。如决定授权生产，即签发预先编号的生产通知单。该部门通常应将发出的所有生产通知单编号并加以记录控制。此外，还需要编制一份材料需求报告，列示所需要的材料和零件及其库存。

在这个业务活动中，企业的内部控制要求主要有：生产的授权，签发预先按顺序编号的生产通知单。显然，这些控制与生产成本和制造费用的"发生"认定相关。

2. 发出原材料

仓储部门的责任是根据从生产部门收到的领料单发出原材料。领料单上必须列示所需的材料数量和种类，以及领料部门的名称。领料单可以一料一单，也可以多料一单，通常需一式三联。仓库发料后，将其中一联连同材料交给领料部门，其余两联经仓库登记材料明细账后，送会计部门进行材料收发核算和成本核算。

在这个业务活动中，企业的内部控制要求一般有：领料单必须有生产经理的签字；领料单一式三联，其中一联连同材料交生产部门，一联仓库留存，还有一联要交到财务部门。这些控制与生产成本的"发生"、存货的"存在"和"完整性"认定相关。

3. 生产产品

生产部门在收到生产通知单及领取原材料后，便将生产任务分解到每一个生产工人，并将所领取的原材料交给生产工人，据以执行生产任务。生产工人在完成生产任务后，将完成的产品交生产部门查点，然后转交检验员验收并办理入库手续；或是将所完成的产品移交下一个部门，做进一步加工。

这项业务活动企业的内部控制要求一般有：生产依据生产通知单进行；生产过程中的领料单、计工单（就是生产工时记录）作为料、工、费发生的依据；产品由独立的检验员验收，并签发验收单。这些控制与生产成本的"准确性"认定相关。

4. 核算产品成本

为了正确核算并有效控制产品成本，必须建立健全成本会计制度，将生产控制和成本核算有机结合在一起。

本项业务活动企业的内部控制要求有：生产过程中的各种记录、生产通知单、领料单、计工单、入库单等单据，这些单据均有一联要汇集到会计部门，会计部门要对这些单据进行检查和核对；会计部门要依据这些原始单据编制各类费用分配表，设置会计账户，会同有关部门对生产过程中的成本进行核算和控制。这些控制与存货的"计价和分摊"认定、营业成本的"准确性"认定相关。

5. 产成品入库和储存

产成品入库，须由仓储部门先行点验和检查，然后签收。签收后，将实际入库数量通知会计部门。据此，仓储部门确立了本身应承担的责任，并对验收部门的工作进行验证。除此之外，仓储部门还应根据产成品的品质特征分类存放，并填制标签。

本项业务活动企业的内部控制要求有：入库前，仓储部门要对验收部门交来的产成品先行检查和点验，确保验收单记载正确，对验收部门的工作进行验证。这些控制与存货的"存在""完整性""计价和分摊"认定相关。

6. 发出产成品

产成品的发出须由独立的发运部门进行。装运产成品时必须持有经有关部门核准的发运通知单，并据此编制出库单。出库单至少一式四联，一联交仓储部门，一联发运部门留存，一联送交客户，一联作为给客户开发票的依据。

本项业务活动企业的内部控制要求有：装运产成品时必须持有经相关部门核准的发运通知单；发运部门要据此编制出库单。这些控制与存货的"存在""完整性""计价和分摊"，营业成本的"发生""完整性""准确性"认定相关。

7. 存货盘点

管理人员编制盘点指令，安排适当人员对存货实物（包括原材料、在产品和产成品等所有存货类别）进行定期盘点，将盘点结果与存货账面数量进行核对，调查差异并进行适当调整。

本项业务活动企业的内部控制要求有：管理人员编制盘点指令；安排适当人员（人员中应包括仓储部门以外的其他部门人员）对存货实物进行定期盘点，安排不同的人员分别负责初盘和复盘；盘点表和盘点标签要事先连续编号；完成盘点前检查现场，确认所有存货均已贴上盘点标签；由本单位代为保管、不属于本单位的存货要单独堆放并做标识，盘点期间需要领用的原材料或出库的产成品要分开堆放并做标识。这些控制与存货的"存在"认定相关。

8. 计提存货跌价准备

财务部门根据存货货龄分析表信息及相关部门提供的有关存货状况的信息，结合存货盘点过程中对存货状况的检查结果，对出现毁损、滞销、跌价等降低存货价值的情况进行分析计算，计提存货跌价准备。

本项业务活动企业的内部控制要求有：财务部门根据存货货龄分析表信息、管理人员复核分析表，确定是否有必要对滞销存货计提跌价准备，并计算可变现净值，确定计提跌价准备的数额；生产部门和仓储部门每月上报残冷背次存货明细、采购部门和销售部门每月上报原材料和产成品最新价格信息，财务部门据此分析存货跌价风险并计提跌价准备，财务经理和总经理复核批准并入账。这些控制与存货的"计价和分摊"、资产减值损失的"完整性"和"准确性"认定相关。

议一议

案例资料：注册会计师甲对 A 公司进行 2020 年度报表审计时，对 A 公司存货循环有关内部控制进行了了解，做出如下描述：

二维码 6-47
议一议解析

仓库保管员负责登记存货明细账，以便对仓库中所有存货项目的收、发、存进行永续记录。当收到验收部门送交的存货和验收单后，根据验收单登记存货明细账。平时，各车间或其他部门如果需要领取原材料，都可以填写领料单，仓库保管员根据领料单发出原材料。公司辅助材料的用量很少，因此领取辅助材料时，没有要求使用领料单。各车间经常有辅助材料剩余（根据每天特定工作购买而未消耗掉，但其实还可再为其他工作所用的），这些材料由车间自行保管，无须通知仓库。如果仓库保管员有时间，偶尔也会对存货进行实地盘点。

要求：

（1）指出上述描述的内部控制有什么缺陷？简要说明该缺陷可能导致的错弊。

（2）针对该公司存货循环上的弱点，提出改进建议。

三、生产与存货循环的重大错报风险

分析生产与存货循环的特点，以一般制造业企业为例，影响生产与存货循环和余额的重大错报风险的因素包括以下几个方面：

（1）交易的数量和复杂性。制造业企业交易的数量庞大，业务复杂，这就增加了错误和舞弊的风险。

（2）成本核算的复杂性。制造业企业的成本基础是复杂的。虽然原材料和直接人工等直接费用的分配比较简单，但间接费用的分配就可能较为复杂，并且，同一行业中的不同企业也可能采用不同的认定和计量基础。

（3）产品的多元化。这可能要求聘请专家来验证其质量、状况或价值。另外，计算库存存货数量的方法也可能是不同的。例如，计量煤堆、筒仓里的谷物、钻石或者其他贵重的宝石、化工品和药剂产品的存储量的方法都可能不一样。这并不是要求注册会计师每次清点存货都需

要专家配合,如果存货容易辨认、存货数量容易清点,就无须专家帮助。

(4)某些存货项目的可变现净值难以确认。例如,价格受全球经济供求关系影响的存货,由于其可变现净值难以确定,会影响存货采购价格和销售价格的确定,并影响注册会计师对与存货的计价认定有关的风险进行评估。

(5)将存货放在很多地点。大型企业可能将存货存放在很多地点,并且可以在不同地点之间配送存货,这将增加商品途中毁损或遗失的风险,或者导致存货在两个地点被重复列示,也可能产生转移定价的错误或舞弊。

(6)寄存的存货。有时候存货虽然还存放在企业,但可能已经不归企业所有;反之,企业的存货也可能被寄存在其他企业。

由于存货与企业各项经营活动的紧密联系,存货的重大错报风险往往与财务报表其他项目的重大错报紧密相关。例如:收入确定的错报风险往往与存货的错报风险共存;采购交易的错报风险与存货的错报风险共存;存货成本核算的错报风险与营业成本的错报风险共存,等等。

综上所述,一般制造业企业的存货的重大错报风险通常包括:

(1)存货实物可能不存在。

(2)属于被审计单位的存货可能未在账面反映。

(3)存货的所有权可能不属于被审计单位。

(4)存货的单位成本可能存在计算错误。

(5)存货的账面价值可能无法实现,即跌价准备的计提可能不充分。

注册会计师应根据生产与存货循环的重大错报风险评估结果,制定实施进一步审计程序的方案,继而实施控制测试和实质性测试,以应对、识别出的认定层次的重大错报风险。

下列有关制造业企业生产与存货循环的重大错报风险的说法中不恰当的是(   )。

A．交易的数量庞大,业务复杂,增加了错误和舞弊的风险

B．价格受全球经济供求关系影响的存货,由于其可变现净值难以确定,会影响存货采购价格和销售价格的确定

C．存货的重大错报风险往往与财务报表其他项目的重大错报风险紧密相关

D．存货实物可能不存在,违反其完整性认定

二维码 6-48
练一练解析

四、生产与存货循环的控制测试

在前面有关章节的学习中,我们已经了解到风险评估和风险应对是整个审计过程的核心,因此,注册会计师通常以识别的重大错报风险为起点,选取拟测试的控制,并实施控制测试。

生产与存货循环的风险、存在的内部控制和内部控制测试程序见表 6-12。

表 6-12　生产与存货循环的风险、存在的内部控制和内部控制测试程序

可能发生错报的环节		相关财务报表项目及认定	存在的内部控制（自动）	存在的内部控制（人工）	内部控制测试程序
发出原材料	原材料的发出可能未经授权	生产成本：发生		所有领料单由生产主管签字批准，仓库凭经批准的领料单发料	选取领料单，检查是否有生产主管的签字授权
	发出的原材料可能未正确记入相应产品的生产成本中	生产成本：计价和分摊	领料单信息输入系统时须输入对应的生产任务单编号和所生产的产品代码，每月月末系统自动归集生成材料成本明细表	生产主管月末把生产任务单、领料单与材料成本明细表进行核对，调查差异并处理	检查生产主管核对材料成本明细表的记录，并询问其核对过程及结果
记录人工成本	生产工人的人工成本可能未得到准确反映	生产成本：准确性	所有员工有专属员工代码和部门代码，员工的考勤记录记入相应员工代码	人事部每月编制工薪费用分配表，按员工所属部门将工薪费用分配至生产成本、制造费用、管理费用和销售费用，经财务经理复核后入账	检查系统中员工的部门代码设置是否与其实际职责相符；询问并检查财务经理复核工薪费用分配表的过程和记录
记录制造费用	发生的制造费用可能没有得到完整归集	制造费用：完整性	系统根据输入的成本和费用代码自动识别制造费用并进行归集	成本会计每月复核制造费用明细表并调查异常波动，必要时由财务经理批准进行调整	检查系统的自动归集设置是否符合有关成本和费用的性质，是否合理；询问并检查成本会计每月复核制造费用明细表的过程和记录。检查财务经理对调整制造费用分录的批准记录
计算产品成本	生产成本和制造费用在不同产品之间、在产品和产成品之间的分配可能不正确	存货：计价和分摊；营业成本：准确性		成本会计执行产品日常成本核算，财务经理每月月末审核产品成本计算表及相关资料（原材料成本核算表、工薪费用分配表、制造费用分配表等），并调查异常项目	询问财务经理如何执行复核及调查。选取产品成本计算表及相关资料，检查财务经理的复核记录
产成品入库	已完工产品的生产成本可能没有转移到产成品中	存货：计价和分摊	系统根据当月输入的产成品入库单和出库单信息自动生成产成品收（入库）发（出库）存（余额）报表	成本会计将产成品收发存报表中的产品入库数量与当月成本计算表中结转的产成品成本对应的数量进行核对	询问和检查成本会计将产成品收发存报表与成本计算表进行核对的过程和记录
发出产成品	销售发出的产成品的成本可能没有准确转入营业成本	存货：计价和分摊；营业成本：准确性	系统根据确认的营业收入所对应的售出产品自动结转营业成本	财务经理和总经理每月对毛利率进行比较分析，对异常波动进行调查处理	检查系统设置的自动结转功能是否正常运行，成本结转方式是否符合公司成本核算政策；询问和检查财务经理和总经理每月对毛利率进行比较分析的过程和记录，并对异常波动的调查和处理结果进行核实

（续）

可能发生错报的环节	相关财务报表项目及认定	存在的内部控制（自动）	存在的内部控制（人工）	内部控制测试程序
盘点存货	存货可能被盗或因材料领用、产成品销售未入账而出现账实不符	存货：存在		仓库保管员每月月末盘点存货并与仓库台账核对并调节一致；成本会计监督其盘点与核对，并抽查部分存货进行复盘 每年年末盘点所有存货，并根据盘点结果分析盘盈盘亏并进行账面调整	
计提存货跌价准备	可能存在残冷背次的存货，影响存货的价值	存货：计价和分摊 资产减值损失：完整性	系统根据存货入库日期自动统计货龄，每月月末生成存货货龄分析表	财务部根据系统生成的存货货龄分析表，结合生产和仓储部门上报的存货损毁情况及存货盘点中对存货状况的检查结果，计提存货减值准备，报总经理审核批准后入账	询问财务经理识别减值风险并确定计提减值准备的过程，检查总经理的复核批准记录

上面列示的是生产与存货循环一些较为常见的内部控制和相应的内部控制测试程序，需要说明的是，这并不是生产与存货循环当中所有的内部控制和内部控制测试，在审计实务工作中，注册会计师需要从实际出发，设计适合被审计单位具体情况的实用高效的控制测试计划。

五、主要项目实质性程序

在完成控制测试之后，注册会计师基于控制测试的结果（即控制运行是否有效），确定从控制测试中已获得的审计证据及其保证程度，确定是否需要对具体审计计划中设计的实质性程序的性质、时间安排和范围做出适当调整。

在实务中，注册会计师通过计划阶段执行的风险评估程序，已经确定了已识别重大错报风险的相关认定。下面我们从风险对应的具体审计目标和相关认定的角度出发，对生产与存货循环中的存货账户的实质性程序进行阐述。

（一）存货的审计目标

存货属于资产负债表项目，其审计目标是与存在、完整性、权利和义务、计价和分摊这些认定相关，具体来讲存货的审计目标有以下几项：

（1）账面存货余额对应的实物是否真实存在（存在认定）。

（2）属于被审计单位的存货是否均已入账（完整性认定）。

（3）存货是否属于被审计单位（权利和义务认定）。

（4）存货单位成本的计量是否准确（计价和分摊认定）。

（5）存货的账面价值是否可以实现（计价和分摊认定）。

（二）存货的审计程序

为了实现这些目标，需要实施相关的审计程序包括：

（1）获取年末存货余额明细表，并执行以下工作：

1）复核单项存货金额的计算（单位成本×数量）和明细表的加总计算是否准确。

2）将本年年末存货余额与上年年末存货余额进行比较，总体分析变动原因。

（2）实施实质性分析程序。存货的实质性分析程序中较常见的是对存货周转天数的实质性分析程序，过程如下：

1）根据对被审计单位的经营活动、供应商、贸易条件、行业惯例和行业现状的了解，确定存货周转天数的预期值。

2）根据对本期存货余额组成、实际经营情况、市场情况、存货采购情况等的了解，确定可接受的差额。

3）计算实际存货周转天数和预期周转天数之间的差异。

4）通过询问管理层和相关员工，调查存在重大差异的原因，并评估差异是否表明存在重大错报风险，是否需要设计恰当的细节测试程序以识别和应对重大错报风险。

（3）存货的监盘。

（4）存货截止测试。存货截止测试的关键是检查存货实物纳入盘点范围的时间与相应的会计记录的入账时间是否在同一会计期间。其测试的主要方法为抽查存货盘点日前后的购货发票与验收报告，确定购货验收与存货和负债记录是否在同一会计期间。如果报告日前购进的货物已验收入库，则其相应的购货发票也应同期入账；如果报告日后已入账的购货发票，且货款已支付，即便相应的购入存货在报告日后验收入库，也属于本期存货。

（5）存货计价测试。

（6）检查存货的列报是否恰当。在资产负债表上，存货应作为流动资产下一个单独项目列示，注册会计师应注意检查其金额是否根据"材料采购""原材料""周转材料""材料成本差异""商品进销差价""委托加工材料""自制半成品""产成品""分期收款发出商品""生产成本""资产减值损失"等科目的期末余额扣除存货跌价准备计算填列。同时，注册会计师还应对存货计价、成本计算方法及其变更情况、变更原因与变更结果等内容在财务报表附注中的披露的完整性与正确性进行审核。

下面我们对其中的存货监盘和计价测试进行详细阐述。

（三）存货监盘

1. 存货监盘含义和作用

存货监盘是注册会计师现场观察被审计单位存货的盘点，并对已盘点的存货进行适当检查。

这就是说，存货监盘有两层含义：①注册会计师应亲临现场观察被审计单位存货的盘点，就是被审计单位在盘点时，注册会计师去现场察看盘点的情况；②注册会计师根据需要抽查已盘点的存货，就是对被审计单位盘点过的存货，抽查一部分再盘查，检查盘点结果是否正确。

注册会计师存货监盘的目的在于获取有关存货数量和状况的审计证据，所以，存货监盘针对的主要是存货的存在认定，另外，对存货的完整性认定及计价和分摊认定也能提供部分审计证据。例如，注册会计师在盘点时发现，账上记载的存货，在盘点中都看到了，这就表明记录是完整的。另外，监盘对于存货所有权认定也可能获取部分审计证据。例如，在盘点时注册会计师发现有些存货被法院查封了，这时可能要考虑这些存货的所有权是否受到限制。

这里我们还要强调一下，监盘对于存货的是否存在可以提供最强有力的证据。但对于存货完整性、权利和义务这些认定，还要结合其他审计程序的实施，才能确认，仅监盘还不足以确认。

2. 制订存货监盘计划

（1）制订存货监盘计划的基本要求。因为存货监盘是注册会计师在被审计单位盘点存货时去实施监督检查，所以这就要求注册会计师首先应当充分了解被审计单位存货的特点、盘存制度和存货内部控制的有效性等情况，并考虑获取、审阅和评价被审计单位存货盘点计划，与被审计单位就存货监盘相关问题进行沟通并达成一致意见，在此基础上，编制存货监盘计划，对存货监盘做出合理安排。

（2）存货监盘计划的主要内容。存货监盘计划应当包括以下几个主要内容：

1）存货监盘的目标、范围及时间安排。存货监盘的目标是获取被审计单位资产负债表日有关存货数量和状况的审计证据，就是说账上存货的数量是否真实存在，存货状况是否良好，有无毁损、陈旧、过时、残次等状况。

存货监盘范围的大小应当依据存货的内容、性质以及与存货相关的内部控制的完善程度和重大错报风险的评估结果来确定。

存货监盘的时间包括实地查看盘点现场的时间、观察存货盘点的时间和对已盘点存货实施检查的时间等。监盘时间应当与被审计单位实施存货盘点的计划时间协调起来。

2）存货监盘的要点及关注事项。存货监盘的要点主要有：注册会计师实施存货监盘程序的方法、步骤，各个环节应注意的问题以及所要解决的问题。注册会计师需要重点关注的事项主要有：盘点期间的存货移动、存货的状况、存货的截止确认、存货的各个存放地点及金额等。

3）参加存货监盘人员的分工。注册会计师应当根据被审计单位参加存货盘点人员的分工、分组情况，存货监盘工作量的大小和人员素质情况，确定参加存货监盘的人员组成以及各组成人员的职责和具体的分工情况，并加强督导。

4）检查存货的范围。注册会计师应当根据对被审计单位存货盘点和对被审计单位内部控制的评价结果，确定检查存货的范围。注册会计师在实施观察程序后，如果认为被审计单位内部控制设计良好且得到有效实施、存货盘点组织良好，可以相应缩小实施检查程序的范围，也就是抽查的比例可以减少一些。

3. 存货监盘的程序

注册会计师在存货盘点现场实施监盘时，应当实施下列审计程序：

（1）评价管理层用以记录和控制存货盘点结果的指令和程序。注册会计师需要考虑这些指令和程序是否包括下列方面：

1）适当控制活动的运用。例如，收集已使用的存货盘点记录，清点未使用的存货盘点表单，实施盘点和复盘程序；注册会计师可以观察被审计单位这些控制程序有没有得到有效执行。

2）准确认定在产品的完工程度。注册会计师可以检查被审计单位在产品的完工程度的认定是否合理，还有流动缓慢（呆滞）、过时或毁损的存货项目以及第三方拥有的存货（如寄存货物）。

3）用于估计存货数量的方法。例如，估计煤堆的重量时，被审计单位的估算方法是不是适用等。

4）对存货在不同存放地点之间的移动以及截止日前后期间出入库的控制。放在不同地点的存货，在盘点期间应该避免移动，否则可能出现重复盘点或漏盘，注册会计师要观察被审计单位移动控制是否得到有效执行，以保证存货只被盘点一次。注册会计师还可以向被审计单位管理层索取盘点期间存货移动的书面记录以及出、入库资料作为执行截止测试的资料，为监盘结束后的后续工作提供证据。

（2）观察管理层制定的盘点程序的执行情况。这可以帮助注册会计师获取有关管理层指令和程序是否得到适当设计和执行的审计证据。例如，存货移动的控制在实际盘点中有没有得到有效的执行。

（3）检查存货。在存货监盘过程中检查存货，可以使注册会计师确定存货的存在性，还可以识别过时、毁损或陈旧的存货。如果发现有过时、毁损或陈旧的存货，注册会计师应当把详细情况记录下来，以便进一步追查这些存货的处置情况，也能为测试被审计单位存货跌价准备计提的准确性提供证据。

（4）执行抽盘。注册会计师要在监盘过程中，就盘点情况进行抽查。关于抽查方式，注册会计师可以从存货盘点记录中选取项目追查至存货实物以及从存货实物中选取项目追查至盘点记录，这就是所谓的双向抽查，这样可以获取有关盘点记录准确性和完整性的审计证据。

注册会计师在实施抽盘程序时如果发现差异，很可能表明被审计单位的存货盘点在准确性或完整性方面存在错误，这时应当扩大抽查范围，如果问题大的话，注册会计师还可要求被审计单位重新盘点。重新盘点的范围可限于某一特殊领域的存货或特定盘点小组。

（5）需要特别关注的情况，主要有以下两个方面：

1）存货盘点范围。在被审计单位盘点存货前，注册会计师应当观察盘点现场，确定应纳入盘点范围的存货是否已经适当整理和排列，并附有盘点标识，防止遗漏或重复盘点。对未纳入盘点范围的存货，注册会计师应当查明未纳入的原因。

2）对特殊类型存货的监盘。对某些特殊类型的存货而言，被审计单位通常使用的盘点方法和控制程序并不完全适用。这些存货通常没有标签，如木材、钢筋盘条等，或者其数量难以估计，如一些散装物品，或者其质量难以确定，如一些贵金属、艺术品与收藏品等，或者盘点人员无法对其移动实施控制，如一些活的水产、牲畜等。这些情况下，注册会计师需要运用职业判断，根据存货的实际情况，设计恰当的审计程序，对存货的数量和状况获取审计证据。

（6）存货监盘结束前的工作。在被审计单位存货盘点结束前，注册会计师还应当做好下面几个工作：

二维码6-49
存货的监盘

1）再次观察盘点现场，以确定所有应纳入盘点范围的存货是否均已盘点。

2）取得并检查已填用、作废及未使用盘点表单的号码记录，确定其是否连续编号，查明已发放的表单是否均已收回，并与存货盘点的汇总记录进行核对。

还有，如果存货盘点日不是资产负债表日，注册会计师应当实施适当的审计程序，确定盘点日与资产负债表日之间存货的变动是否已得到恰当的记录。

议一议

案例资料：注册会计师甲接受委托，对常年审计客户A公司2020年度财务报表进行审计。A公司为玻璃制造企业，存货主要有玻璃、煤炭和烧碱，其中少量玻璃存放在外地公用仓库。另有B公司部分水泥存放于A公司的仓库。A公司拟于2020年12月29日至12月31日盘点存货，以下是注册会计师甲撰写的存货监盘计划的部分内容。

存货监盘计划

一、存货监盘的目标

检查 A 公司 2020 年 12 月 31 日存货数量是否真实完整。

二、存货监盘范围

2020 年 12 月 31 日库存的所有存货，包括玻璃、煤炭、烧碱和水泥。

二维码 6-50
议一议解析

三、监盘时间

存货的观察与检查时间均为 2020 年 12 月 31 日。

四、存货监盘的主要程序

1．与管理层讨论存货监盘计划。

2．观察 A 公司盘点人员是否按照盘点计划盘点。

3．检查相关凭证以证实盘点截止到目前所有已确认销售但尚未装运出库的存货均已纳入盘点范围。

4．对于存放在外地公用仓库的玻璃，主要实施检查货运文件、出库记录等替代程序。

……

要求：

（1）请指出存货监盘计划的目标、范围和时间中存在的错误，并简要说明理由。

（2）请判断存货监盘计划中列示的主要程序是否恰当，若不恰当，请予以修改。

（四）存货计价测试

监盘程序主要是对存货的结存数量予以确认。为验证财务报表上存货余额的真实性，还必须对存货的计价进行审计。存货计价测试包括两个方面：①被审计单位所使用的存货单位成本是否正确，②是否恰当地计提了存货跌价准备，期末存货以成本与可变现净值孰低来计价。

1．存货单位成本测试

存货包括原材料、产成品和在产品等。

针对原材料的单位成本，注册会计师通常根据企业的原材料计价方法，如先进先出法、加权平均法等，结合原材料的历史购买成本，测试其账面成本是否准确。测试程序主要有：①核对原材料采购的相关凭证，主要是与价格相关的凭证，如合同、订购单、发票等，这是验证材料的购买成本是否正确；②验证原材料计价方法的运用是否正确，如被审计单位使用先进先出法，注册会计师可以抽取一些样本，重新验算一下它的结果是否正确。

针对产成品和在产品的单位成本，注册会计师需要对成本核算过程实施测试，包括直接材料成本的测试、直接人工成本的测试、制造费用的测试和生产成本在当期完工产品与在产品之间分配的测试四项内容。

（1）直接材料成本的测试。直接材料成本的核算方法有实际成本法、定额成本法、标准成本法等，这里就实际成本法的测试程序做介绍。

注册会计师需要获取成本计算单、材料成本分配汇总表、材料发出汇总表、材料明细账中各直接材料的单位成本等资料。获取这些资料后，一是要审查成本计算单中直接材料与材料成本分配汇总表中相关的直接材料是否相符，分配的标准是否合理。审查时注意两个方面的问题：①非生产耗用材料记入产品成本，②混淆不同产品成本。二是要抽取材料发出汇总表，选主要材料品种，统计直接材料的发出数量，将其与实际单位成本相乘，计算金额数，并与材料成本分配汇总表中该种材料成本比较，看其是否相等。

（2）直接人工成本的测试。直接人工成本的核算方法有计时工资制和计件工资制两种形式。

1）对于采用计时工资制的，注册会计师可以抽取实际工时统计记录、人员工资分类表及人工费用分配汇总表等，运用核对法进行审查。

① 从成本计算单中选择核对直接人工成本与人工费用分配汇总表相应的实际工资费用是否相符，查明有无将非生产人员工资计入成本。

② 选取某月资料核对实际工时记录与人工费用分配汇总表中相应的实际工时是否相符。

③ 抽取并核对生产部门若干期间的工时台账与实际工时统计是否相符，追溯原始工时记录，确保工资核算的真实性。

④ 当没有实际工时统计记录时，可以根据员工分类表及员工工薪手册中的工资率，计算复核人工费用分配汇总表中的直接人工工资费用是否合理正确。

2）对采用计件工资制的，注册会计师可以抽取产量统计报告、个人（小组）产量记录和经批准的单位工资标准或计件工资制度，运用核对法开展审查。

① 核对按统计产量和单位工资标准计算的人工费用与成本计算单中直接人工成本是否相符。

② 抽取若干直接人工（小组）产量记录，审查是否被汇总计入产量统计报表中。

（3）制造费用成本的测试。注册会计师需要抽取制造费用分配汇总表、按项目分列的制造费用明细账、与制造费用分配标准有关的统计资料及其相关原始记录，进行以下检查：

1）审查"制造费用"账户借方发生额归集的制造费用内容是否正常，开支的标准、发生的费用是否应归属于本期的生产费用。

2）在制造费用分配汇总表中选择一个产品，核对其分摊的制造费用与相应的成本计算单的制造费用是否相符。

3）审查制造费用分配标准的选择是否合理，分配计算结果是否正确，分配的方法有无变更。

（4）生产成本在当期完工产品与在产品之间分配的测试。注册会计师可以检查成本计算单中在产品数量与生产统计或在产品盘存表的数量是否一致；检查在产品约当产量计算或其他分配标准是否合理；计算复核样本的总成本和单位成本。

练一练

在存货计价测试中，针对直接人工成本测试时，对于采用计时工资制的企业，做出的检查包括（　　）。

二维码 6-51
练一练解析

A．成本计算单中直接人工成本与人工费用分配汇总表中该样本的直接人工费用核对是否相符

B．样本的实际工时统计记录与人工费用分配汇总表中该样本的实际工时核对是否相符

C．抽取生产部门若干天的工时台账与实际工时统计记录核对是否相符

D．计算复核人工费用分配汇总表中该样本的直接人工费用是否合理

议一议

案例资料：甲公司是 ABC 会计师事务所的常年审计客户，主要从事 a、b 和 c 三类石化产品的生产和销售，甲公司 2020 年度税前利润是 50 万元。注册会计师 A 负责审计甲公司 2020 年度财务报表，确定的财务报表整体重要性为 80 万元。

资料一：

注册会计师 A 在审计工作底稿中记录了所了解的甲公司情况及其环境，部分内容摘录如下：

（1）与以前年度相比，甲公司 2020 年度固定资产未大幅变动，与折旧相关的会计政策和会计估计未发生变更。

（2）甲公司委托第三方加工生产 a 产品。自 2020 年 2 月起，新增乙公司为委托加工方。甲公司支付给乙公司的单位产品委托加工费较其他加工方高 20%。管理层解释，由于乙公司加工的产品质量较高，因此委托乙公司加工 a 产品并向其支付较高的委托加工费。注册会计师 A 发现，2020 年 a 产品的退货大部分由乙公司加工。

（3）b 产品 5 月至 8 月的直接人工成本总额较其他月份有明显增加，单位人工成本没有明显变化，销售部、生产部和人力资源部经理均解释由于 b 产品有季节性生产的特点，需要雇用大量临时工。这与注册会计师 A 在以前年度了解的情况一致。

（4）为方便安排盘点人员，甲公司将 a 和 b 产品的年度盘点时间确定为 2020 年 12 月 31 日，将 c 产品的年度盘点时间确定为 2020 年 12 月 20 日。自 2020 年 12 月 25 日起，由新入职的存货管理员负责管理 c 产品并在 ERP 系统中记录其数量变动。

（5）甲公司租用丙公司独立仓库储存部分产成品。2020 年 12 月 31 日，该部分产成品的账面价值为 300 万元。甲公司与丙公司在年末对账时发现 80 万元的差异，丙公司解释，该差异是由于甲公司客户于 2020 年 12 月 30 日已提货，而相关单据尚未传至甲公司所致。

资料二：

注册会计师 A 在审计工作底稿中记录了有关制造费用的财务数据，部分内容摘录见表 6-13。

表 6-13 有关制造费用的财务数据部分内容

（单位：万元）

明细项目	未审数 2020 年	已审数 2019 年
折旧费用	1 000	1 200
修理费	300	310
物料消耗	200	210
水电费	150	130
间接人工成本	100	90
其他	50	60
总计	1 800	2 000

资料三：

注册会计师 A 在审计工作底稿中记录了拟实施的进一步审计程序，部分内容摘录如下：

（1）抽样检查各产品月度生产成本分配表，主要包括：①月末产品生产成本在产成品和在产品中分配的方法是否正确;②相关数据是否与产品成本计算表、会计记录一致;③是否经相关人员复核和批准等。

(2) 对委托加工费实施实质性分析程序。

(3) 对直接人工成本实施实质性分析程序。

(4) 对 a 和 b 产品实施年末监盘程序。

(5) 对 2020 年 12 月 31 日存放在丙公司的存货实施函证程序,并检查存货发运凭证、对账差异调节表等书面记录,确定差异原因是否为时间性差异。

二维码 6-52 议一议解析

要求:

(1) 针对资料一第(1)~(5)项,结合资料二,假定不考虑其他条件,逐项指出资料一所列事项是否可能表明存在重大错报风险。如果认为存在重大错报风险,简要说明理由,并说明该风险主要与哪些财务报表项目(仅限于营业收入、营业成本、资产减值损失、应收账款、存货和固定资产)的哪些认定相关,将结论填入表 6-14。

表 6-14 相关结论

事项序号	是否可能表明存在重大错报风险 (是/否)	理由	财务报表项目名称及认定
(1)			
(2)			
(3)			
(4)			
(5)			

(2) 针对资料三第(1)~(5)项的审计程序,假定不考虑其他条件,逐项指出相关审计程序与根据资料一(结合资料二)识别的重大错报风险是否直接相关。如果不直接相关,指出与该审计程序直接相关的财务报表项目和认定。最后将相关结论填入表 6-15。

表 6-15 相关结论

审计程序序号	是否与根据资料一(结合资料二)识别出的 重大错报风险直接相关(是/否)	与该审计程序直接相关的财务报表项目和认定
(1)		
(2)		
(3)		
(4)		
(5)		

2. 存货跌价准备的测试

注册会计师在测试存货跌价准备时,需要从以下两个方面进行测试。

(1) 识别需要计提跌价准备的存货项目。注册会计师可以通过询问管理层和相关部门(生产、仓储、财务、销售等)的员工,了解被审计单位如何收集有关滞销、过时、陈旧、毁损、残次存货的信息并为之计提必要的跌价准备。如果被审计单位编制了存货货龄分析表,则可以通过审阅分析表识别滞销或陈旧的存货。另外,注册会计师还要结合存货监盘过程中检查存货状况时获取的信息,来判断被审计单位的存货跌价准备计算表是否有遗漏。

（2）检查可变现净值的计量是否合理。在存货计价审计中，由于被审计单位期末存货采用成本与可变现净值孰低的方法计价，所以注册会计师应充分关注被审计单位对存货可变现净值的确定以及存货跌价准备的计提。

可变现净值是指企业在日常活动中，存货的估计售价减去至完工时估计将要发生的成本、估计的销售费用以及相关税费后的金额。企业确定存货的可变现净值，应当以取得的确凿证据为基础，并且考虑持有存货的目的、资产负债表日后事项的影响等因素。

项目六主要阐述了风险评估与风险应对以及各主要业务循环的主要活动、凭证与会计记录、内部控制、重大错报风险、控制测试及主要报表项目的实质性程序。

风险评估就是注册会计师通过实施风险评估程序，了解被审计单位及其环境和被审计单位内部控制，对被审计单位的重大错报风险进行评估。风险应对即在风险评估的基础上，制定总体应对措施以及设计和实施进一步审计程序，设计和实施进一步审计程序是要考虑选择哪些审计程序、何时实施审计以及实施审计程序的范围。

货币资金是企业资产的重要组成部分，也是流动性最强的一种资产。在实施货币资金审计时，在了解与货币资金相关的内部控制后，识别并评估与货币资金相关的重大错报风险，进行货币资金的控制测试、库存现金和银行存款的实质性程序。

在销售与收款循环审计中，营业收入是审计重点，可以结合应收账款、坏账准备进行，营业收入的舞弊手段较多，注册会计师通过实施分析程序从总体上对营业收入的真实性做出初步判断，再结合其他审计程序确定营业收入的真实性。在对应收账款函证时，应当对函证的全过程实行控制。

在采购与付款循环审计中，重点是查找未入账的应付账款，固定资产增减涉及多种途径和渠道，在建工程、固定资产等舞弊比流动性科目更难以发现，在审计中，注册会计师应更加谨慎地审计固定资产，以保证财务报表的真实准确。

在生产与存货循环审计中，存货监盘是最重要的审计程序之一。注册会计师通过检查存货、执行双向抽盘等程序，确定存货是否存在，同时获取存货所有权的部分审计证据。

一、单选题

1. 签发预先顺序编号的生产通知单的部门是（　　）。

　　A. 人事部门　　　　B. 销售部门　　　　C. 会计部门　　　　D. 生产计划部门

2. 在满足职责分离的基本要求下，仓储部门职员除了履行保管存货的职责外，还可以兼任下列（　　）职务。

　　A. 存货的清查　　　B. 存货的验收　　　C. 存货的采购　　　D. 存货处置的申请

3. 被审计单位在内外部经营环境没有改变的情形下,如果营业成本异常增多,则会导致存货项目的(　　)认定存在重大错报。
   A. 存在　　　　　　B. 完整性　　　　　C. 计价和分摊　　　D. 权利和义务
4. 下列有关存货审计的说法中,不恰当的是(　　)。
   A. 存货审计涉及数量和单价两个方面
   B. 通过存货监盘和对已收存货的截止测试取得的与外购商品或原材料存货的完整性和存在认定相关的证据,可以为同一期间原材料和商品采购的完整性和发生认定提供保证
   C. 销售收入的截止测试也为期末之前的销售成本已经从期末存货中扣除并正确计入销售成本提供了证据
   D. 针对存货数量和单价的实质性程序主要是存货监盘
5. 实施存货监盘程序最可以证明的认定是(　　)。
   A. 存在　　　　　　B. 完整性　　　　　C. 权利和义务　　　D. 计价和分摊
6. 下列选项中,属于被审计单位盘点存货前注册会计师的工作的是(　　)。
   A. 向持有被审计单位存货的第三方函证存货的数量和状况
   B. 观察盘点现场,确定应纳入盘点范围的存货是否已经适当整理和排列,并附有盘点标识,防止遗漏或重复盘点
   C. 检查存货
   D. 再次观察盘点现场,以确定所有应纳入盘点范围的存货是否均已纳入
7. 以下有关注册会计师执行抽盘程序的说法中不恰当的是(　　)。
   A. 注册会计师应尽可能避免让被审计单位事先了解将抽盘的存货项目
   B. 注册会计师在实施抽盘程序时发现差异,很可能表明被审计单位的存货盘点在分类或截止方面存在错误
   C. 由于检查的内容通常仅是已盘点存货中的一部分,所以在检查中发现的错误很可能意味着被审计单位的存货盘点还存在着其他错误
   D. 某些情况下,注册会计师还可要求被审计单位重新盘点,重新盘点的范围可限于某一特殊领域的存货或特定盘点小组
8. 如果存货盘点日不是(　　),注册会计师应当实施适当的审计程序,确定盘点日与该日之间存货的变动是否已得到恰当的记录。
   A. 审计工作完成日　　　　　　　　　B. 签订审计业务约定书日
   C. 审计外勤开始日　　　　　　　　　D. 财务报表日
9. 针对产成品和在产品的单位成本,注册会计师需要对成本核算过程实施测试,不包括的是(　　)。
   A. 直接材料成本的测试
   B. 生产成本在当期完工产品与在产品之间分配的测试
   C. 直接人工成本的测试
   D. 销售费用的测试
10. 以下有关存货计价测试的说法中不恰当的是(　　)。
    A. 为验证财务报表中存货数量的真实性,应当对存货的计价进行审计
    B. 在对存货的计价实施细节测试之前,注册会计师通常先要了解被审计单位本年度的存货计价方法与以前年度是否保持一致

C. 如果被审计单位编制了存货货龄分析表，则注册会计师可以通过审阅分析表识别滞销或陈旧的存货

D. 注册会计师应充分关注其对存货可变现净值的确定及存货跌价准备的计提

二、多选题

1. 领料单通常一式三联，分别用于（　　　）。
   A. 连同材料交给领料部门
   B. 留在仓库登记材料明细账
   C. 交会计部门进行材料收发核算和成本核算
   D. 交验收部门用于检验材料是否合格

2. 以下有关被审计单位生产与存货循环中"盘点存货"业务活动，通常的内部控制要求包括（　　　）。
   A. 盘点表和盘点标签事先连续编号，发放给盘点人员时登记领用人员；盘点结束后回收并清点所有已使用和未使用的盘点表和盘点标签
   B. 为防止存货被遗漏或重复盘点，所有盘点过的存货贴盘点标签，注明存货品名、数量和盘点人员，完成盘点前检查现场，确认所有存货均已贴上盘点标签
   C. 将不属于本单位的代其他方保管的存货单独堆放并做标识；将盘点期间需要领用的原材料或出库的产成品分开堆放并做标识
   D. 汇总盘点结果，与存货账面数量进行比较，调查分析差异原因，并对认定的盘盈和盘亏提出账务调整，经仓储经理、生产经理、财务经理和总经理复核批准后入账

3. 针对一般制造业企业，影响生产与存货循环交易和余额的风险因素可能包括（　　　）。
   A. 成本核算的复杂性　　　　　　B. 交易的数量和复杂性
   C. 产品的多元化　　　　　　　　D. 某些存货项目的可变现净值难以确定

4. 为了证实存货的计价和分摊认定，注册会计师应实施的实质性程序包括（　　　）。
   A. 检查费用的归集、分配等流程是否正确
   B. 抽查产量及工时记录、材料费用分配表等计算是否正确
   C. 对重大的在产品项目进行计价测试
   D. 抽查成本计算是否正确

5. 下列选项中，属于存货现场监盘程序的有（　　　）。
   A. 观察
   B. 实物检查
   C. 抽盘
   D. 评价管理层用以记录和控制存货盘点结果的指令和程序

6. 在复核或与管理层讨论其存货盘点程序时，注册会计师应当考虑下列（　　　）主要因素，以评价其能否合理地确定存货的数量和状况。
   A. 存货盘点范围和场所的确定
   B. 存货的整理和排列，对毁损、陈旧、过时、残次及所有权不属于被审计单位的存货的区分
   C. 盘点表单的设计、使用与控制
   D. 盘点期间存货移动的控制

7. 下列属于存货监盘目标的有（　　　）。
   A. 获取被审计单位资产负债表日有关存货数量和状况以及有关管理层存货盘点程序可靠性的审计证据
   B. 对存货进行计价测试
   C. 检查存货的数量是否真实完整
   D. 检查存货有无毁损、陈旧、过时、残次和短缺等状况
8. 在对存货实施监盘程序时，注册会计师的以下做法中，错误的有（　　　）。
   A. 尽量将难以盘点或隐蔽性较大的存货纳入检查范围
   B. 事先就拟抽取测试的存货项目与被审计单位沟通，以提高存货监盘的效率
   C. 从存货盘点记录中选取项目追查至存货实物，以测试盘点记录的完整性
   D. 如果盘点记录与存货实物存在差异，要求被审计单位更正盘点记录
9. 以下有关存货计价的说法中，恰当的有（　　　）。
   A. 为验证财务报表上存货余额的真实性，应当对存货的计价进行审计
   B. 在对存货的计价实施细节测试之前，注册会计师通常先要了解被审计单位本年度的存货计价方法与以前年度是否保持一致。如发生变化，变化的理由是否合理，是否经过适当的审批
   C. 存货计价测试包括测试被审计单位所使用的存货单位成本是否正确、是否恰当计提了存货跌价准备
   D. 注册会计师可以通过询问管理层和相关部门员工，了解被审计单位如何收集有关滞销、过时、陈旧、毁损、残次存货的信息并为之计提必要的跌价准备
10. 测试存货是否要计提减值时，注册会计师需要考虑（　　　）。
    A. 存货的成本　　　　　　　　　　　B. 估计售价
    C. 是否签订了不可撤销的销售合同　　　D. 是否用于专门制造其他产品

三、判断题
1. 针对了解被审计单位生产和存货循环的业务活动和相关内部控制，注册会计师可以重新执行制定生产计划、领料生产、成本核算、完工入库的整个过程。（　　）
2. 如果被审计单位在接触存货时没有设置授权审批的内部控制措施，将导致存货完整性认定出现重大错报风险。（　　）
3. 存货监盘本身并不足以供注册会计师确定存货的所有权，注册会计师可能需要执行其他实质性审计程序以应对所有权认定的相关风险。（　　）
4. 为了避免误解并有助于有效地实施存货监盘，注册会计师无须与被审计单位就存货监盘等问题达成一致意见，以增加审计程序的不可预见性。（　　）
5. 注册会计师在对期末存货进行截止测试时，通常应当关注所有在截止日以前入库的存货项目是否均已包括在盘点范围内，并已反映在截止日以前的会计记录中。（　　）
6. 注册会计师在被审计单位存货盘点结束前，应再次观察盘点现场，以确定所有应纳入盘点范围的存货是否均已盘点。（　　）
7. 为了测试被审计单位生产业务是否真实发生，注册会计师应当检查生产指令、领料单、工薪分配表是否经过审批。（　　）

8. 注册会计师通过对成本实施实质性分析程序，能够发现"生产业务是根据管理层一般或特定的授权进行的"内部控制目标是否实现。（ ）

9. 注册会计师制订存货监盘计划时，如果存货盘点在财务报表日以外的其他日期进行，注册会计师除实施存货监盘相关审计程序外，还应当实施其他审计程序，以获取审计证据，确定存货盘点日与财务报表日之间的存货变动是否已得到恰当的记录。（ ）

10. 针对由第三方保管或控制的存货，如函证程序不可行，注册会计师可以检查与第三方持有的存货相关的文件记录，如仓储单，作为替代程序。（ ）

四、简答题

1. 简述生产与存货循环的主要业务活动。
2. 一般制造业企业存货的重大错报风险有哪些？
3. 什么是存货监盘，如何实施存货监盘程序？
4. 存货监盘计划应当包括哪些内容？

二维码 6-53
即测即评答案

案例分析

1. ABC 会计师事务所的注册会计师 A 和 B 负责审计甲公司 2020 年度财务报表。2020 年 11 月，注册会计师 A 和 B 对甲公司的内部控制进行了初步了解和测试。通过对甲公司内部控制的了解，注册会计师 A 和 B 注意到下列情况：

（1）甲公司主要生产和销售电视机。

（2）甲公司生产的电视机全部发往各地的办事处和境外销售分公司进行销售。办事处除自行销售外，还将一部分电视机寄销在各商场。每月初，办事处将上月的收、发、存的数量汇总后报甲公司财务部门和销售部门，财务部门做相应会计处理。甲公司生产的电视机约有 30% 出口，出口的电视机先发往境外销售分公司，再分销到世界各地。境外销售分公司历年未经审计，2020 年也计划不安排审计。

（3）鉴于每年年末均处于电视机销售旺季，为保证各办事处和境外销售分公司货源，甲公司本部仓库在每年年末不保留产成品。

通过对甲公司内部控制的测试，注册会计师 A 和 B 注意到，除下列情况表明存货相关内部控制可能存在缺陷外，其他内部控制均健全、有效。

（1）甲公司在以前年度未对存货实施盘点，但有完整的存货会计记录和仓储记录。

（2）甲公司发出电视机时未全部按顺序记录。

（3）甲公司生产电视机所需的零星 C 材料由 XYZ 公司代管，但甲公司未对 C 材料的变动进行会计记录。

（4）甲公司每年 12 月 25 日后发出的存货已在仓库明细账上记录，但未在财务部门的会计账上反映。

（5）甲公司财务部门会计记录和仓库明细账均反映了代 XYZ 公司保管的 E 材料。

要求：

根据上述资料，判断注册会计师 A 和 B 通过内部控制测试所注意到的各种情况是否实际构成存货内部控制缺陷，并简要说明理由。

2．注册会计师 A 接受委托，对常年审计客户甲公司 2020 年度财务报表进行审计。甲公司为水泥生产企业，存货主要有水泥、煤炭和沙石，其中少量水泥存放于外地公用仓库，另有乙公司部分钢材存放于甲公司的仓库。甲公司于 2020 年 12 月 29 日至 12 月 31 日盘点存货，以下是注册会计师 A 撰写的存货监盘计划的部分内容。

存货监盘计划

一、存货监盘的目标

检查甲公司 2020 年 12 月 31 日存货数量是否真实完整。

二、存货监盘范围

2020 年 12 月 31 日库存的所有存货，包括水泥、煤炭、沙石和钢材。

三、监盘时间

存货的观察与检查时间均为 2020 年 12 月 31 日。

四、存货监盘的主要程序

1．与管理层讨论存货监盘计划。

2．观察甲公司盘点人员是否按照盘点计划盘点。

3．检查相关凭证以证实盘点截止日前所有已确认为销售但尚未装运出库的存货均已纳入盘点范围。

4．基于甲公司存货的特殊性，运用工程估测、几何计算等技术，并依赖详细的存货记录执行了抽盘程序。

5．在甲公司存货盘点结束前，取得并检查已用盘点表单的号码记录，并与存货盘点的汇总记录进行核对。

6．对于存放在外地公用仓库的水泥，主要实施检查货运文件，出库记录等替代程序。

要求：

（1）指出存货监盘计划中目标、范围和时间存在的错误，并简要说明理由。

（2）请判断存货监盘计划中列示的主要程序是否恰当，若不恰当，请予以修改。

3．XYZ 公司是一家专营商品零售的股份公司。ABC 会计师事务所在接受其审计委托后，委派注册会计师 L 担任外勤负责人，并将签署审计报告。经过审计预备调查，注册会计师 L 确定存货项目为重点审计领域，同时决定根据财务报表认定确定存货项目的具体审计目标，并选择相应的具体审计程序以保证审计目标的实现。

要求：假定表 6-16 中的具体审计目标已经被注册会计师 L 选定，注册会计师 L 应当确定的与各具体审计目标最相关的财务报表认定和最恰当的审计程序分别是什么？根据表 6-16 后列示的财务报表认定及审计程序，将其序号填在表 6-16 合适位置，每项财务报表认定和审计程序可以选择一次、多次或不选。

表 6-16　确定的财务报表认定与审计程序

财务报表认定	具体审计目标	审计程序
	公司对存货均拥有所有权	
	记录的存货数量包括了公司所有的在库存货	
	已按成本与可变现净值孰低法调整期末存货的价值	
	存货成本计算准确	
	存货的主要类别和计价基础已在财务报表恰当披露	

财务报告认定：

（1）完整性。

（2）存在。

（3）分类。

（4）权利和义务。

（5）计价和分摊。

（6）准确性。

（7）列报。

审计程序：

（A）检查现行销售价目表。

（B）审阅财务报表。

（C）在监盘存货时，选择一定样本，确定其是否包括在盘点表内。

（D）选择一定样本量的存货会计记录，检查支持记录的购货合同和发票。

（E）在监盘存货时，选择盘点表内一定样本数量的存货记录，确定存货是否在库。

（F）测试直接人工费用的合理性。

二维码 6-54
案例分析解析

项目七

完成审计工作与出具审计报告

知识与技能目标

1. 熟悉审计完成阶段所要做的工作，理解对审计过程中发现的错报的评价。
2. 掌握对审计工作底稿和财务报表复核的要求，掌握期后事项的类型，能够针对不同时段的期后事项实施审计，理解管理层书面声明及获取书面声明时的考虑。
3. 了解审计报告的含义与作用，理解审计意见类型，熟悉审计报告的格式与内容。
4. 理解关键审计事项及决策框架，能够进行关键审计事项决策，了解强调事项段和其他事项段。
5. 能够分析审计事项，给出不同类型审计意见。

素养目标

1. 在审计始终如一的内在逻辑中，养成慎终如始的职业态度。
2. 树立紧跟时代砥砺前行、履职尽责、奋发有为的时代精神。

职业提示

在审计终结阶段，审计工作即将完成，这个时候，审计人员更须慎终如始，坚持始终如一的职业操守以及严谨求是的工作态度。无论审计是否结束，审计人员都要与时俱进、不断学习、超越自我，增强社会责任感和使命感。

引导案例

A公司未经审计的2020年财务报表中的部分会计资料见表7-1。

表7-1 2020年财务报表中的部分会计资料

项　目	金额（万元）	项　目	金额（万元）
营业收入	36 000	股东权益	132 000
营业成本	30 000	其中：股本	80 000
利润总额	5 400	资本公积	22 000
净利润	3 618	盈余公积	20 800
资产总额	27 000	未分配利润	9 200

某会计师事务所接受委托对A公司2020年财务报表进行审计，注册会计师刘强、江河作为外勤主管，确定A公司2020年财务报表层次的重要性水平为450万元，并

且将报表层次的重要性水平分配至各财务报表项目,其中部分报表项目的重要性水平见表7-2。

表7-2 部分报表项目的重要性水平

财务报表项目	重要性水平(万元)	财务报表项目	重要性水平(万元)
银行存款	12	长期借款	30
应收账款	30	股本	0
应收利息	8	盈余公积	0
坏账准备	0.5	主营业务收入	100
在建工程	30	主营业务成本	80
存货	100	管理费用	20
其中:库存商品	40	财务费用	15
固定资产	100	营业外支出	5
累计折旧	90		

注册会计师刘强、江河的外勤工作于2021年2月20日完成。假定注册会计师在审计过程中发现A公司单独存在以下情况中的一种:

(1) A公司2020年1月购买乙材料4 800万元,由于采用乙材料生产的产品销售市场黯淡,A公司乙材料积压。该材料截至2020年12月31日的可变现净值为4 658万元,A公司在2020年年末未计提存货跌价准备。A公司拒绝注册会计师刘强、江河相应的审计调整建议。

二维码7-1
引导案例解析

(2) 2020年3月1日,A公司经批准从银行贷款9 600万元2年期、到期还本付息的长期借款,年利率为6%,其中的8 000万元用于建造生产厂房(2020年12月31日尚未完工),1 600万元用于补充流动资金。A公司对长期借款做了相应会计处理,但未计提2020年的借款利息。注册会计师刘强、江河提出相应的审计调整建议,A公司拒绝接受。

(3) 2020年12月31日,A公司占资产总额45%的存货,放置于远郊仓库。由于风沙导致仓库倒塌,存货损失尚未清理完毕,不仅无法估计损失,也无法实施监盘程序。

(4) 2021年1月23日,A公司收到退回2020年销售的甲产品,并且收到税务部门开具的进货退回证明单。该产品原以10 000万元的售价销售,甲产品销售成本6 000万元,货款已结算。A公司调整了2021年的主营业务收入、主营业务成本。注册会计师刘强、江河提出相应的审计调整建议,A公司拒绝接受。

针对A公司存在的上述各种情况,假定不考虑其他因素(如所得税等),注册会计师刘强、江河应当分别发表何种类型审计意见的报告?

任务一 完成审计工作

知识学习

审计终结也称审计完成阶段,是审计的最后一个阶段。注册会计师按业务循环完成各财务报表项目的审计测试和一些特殊项目的审计工作后,将在此阶段汇总审计测试结果,进行更具综合性的审计工作。如评价审计中的重大发现,评价审计过程中发现的错报,关注期后事项对财务报表的影响,复核审计工作底稿和财务报表等。在此基础上,评价审计结果,在与客户沟通以后,获取管理层声明书,确定应出具审计报告的意见类型和措辞,进而编制并致送审计报告,终结审计工作。

这一阶段所做的工作,关注的是综合影响而不注重特定交易或账户余额,较多地涉及注册会计师的主观判断,对审计报告有着直接而重要的影响,因而,这部分工作主要是由审计项目负责人或高级经理来执行。

一、评价审计中的重大发现

重大发现涉及会计政策的选择、运用和一贯性的重大事项,包括相关信息的披露。在审计完成阶段,项目负责人和审计项目组考虑的重大发现和事项包括:

(1)期中复核中的重大发现及其对审计方法的相关影响。
(2)涉及会计政策的选择、运用和一贯性的重大事项,包括相关的披露。
(3)就识别出的重大风险,对审计策略和计划的审计程序所做的重大修改。
(4)在与管理层和其他人员讨论重大发现和事项时得到的信息。
(5)与注册会计师的最终审计结论相矛盾或不一致的信息。

对实施的审计程序的结果进行评价,可能全部或部分地揭示出以下事项:

(1)为了实现计划的审计目标,是否有必要对重要性进行修订。
(2)对审计策略和计划的审计程序的重大修正,包括对重大错报风险评估结果的重要变动。
(3)对审计方法有重要影响的值得关注的内部控制缺陷和其他缺陷。
(4)财务报表中存在的重大错报。
(5)项目组成员内部,或项目组与项目质量控制复核人员或提供咨询的其他人员之间,就重大会计和审计事项达成最终结论所存在的意见分歧。
(6)在实施审计程序时遇到的重大困难。
(7)向事务所内部有经验的专业人士或外部专业顾问咨询的事项。
(8)与管理层或其他人员就重大发现以及与注册会计师的最终审计结论相矛盾或不一致的信息进行的讨论。

注册会计师在审计计划阶段对重要性的判断，与其在评估审计差异时对重要性的判断是不同的，如果在审计计划阶段确定的修改后的重要性水平远远低于在计划阶段确定的重要性水平，注册会计师应重新评估已经获得的审计证据的充分性和适当性。

二、评价审计过程中发现的错报

（一）错报的沟通和更正

除非法律法规禁止，注册会计师应当及时将审计过程中累积的所有错报与适当层级的管理层进行沟通。注册会计师还应当要管理层更正这些错报。

管理层更正所有错报（包括注册会计师通报的错报），能够保持会计账簿和记录的准确性，降低由于与本期相关的、非重大的且尚未更正的错报的累积影响，而导致未来期间财务报表出现重大错报的风险。

如果管理层拒绝更正沟通的部分或全部错报，注册会计师应当了解管理层不更正错报的理由，并在评价财务报表整体是否不存在重大错报时考虑该理由。《中国注册会计师审计准则第1501号——对财务报表形成审计意见和出具审计报告》要求注册会计师评价财务报表是否在所有重大方面按照适用的财务报告编制基础编制。注册会计师对管理层不更正错报的理由的理解，可能影响其对被审计单位会计实务质量的考虑。

（二）评价未更正错报的影响

未更正错报是指注册会计师在审计过程中累积的且被审计单位未予以更正的错报。评价未更正错报的影响，需要考虑以下几点：

1. 评价错报前可能需要对重要性做出修改

注册会计师在一开始确定重要性时，可能还不知道实际的财务结果，通常是依据对被审计单位财务结果的估计。因此，在评价未更正错报的影响之前，注册会计师可能有必要依据实际的财务结果对重要性做出修改。

还有，注册会计师在审计过程中获知了某项信息，这也可能导致需要对重要性进行修改。如果注册会计师对重要性或重要性水平进行的重新评价导致需要确定较低的金额，则应该重新考虑实际执行的重要性和进一步审计程序的性质、时间安排和范围的适当性，以获取充分、适当的审计证据，作为发表审计意见的基础。

2. 考虑每一单项错报的影响

注册会计师考虑每一单项错报时，应评价其对相关类别的交易、账户余额或披露的影响，包括评价该错报是否超过特定类别的交易、账户余额或披露的重要性水平（如适用）。如果注册会计师认为某一单项错报是重大的，则该项错报不太可能被其他错报抵销。例如，如果收入存在重大高估，即使这项错报对收益的影响完全可能被相同金额的费用高估所抵销，注册会计师仍认为财务报表整体存在重大错报。

同一账户余额或同一类别的交易内部的错报是可以抵销的。对于同一账户余额或同一类别的交易内部的错报,这种抵销可能是适当的。然而,在得出抵销非重大错报是适当的这一结论之前,需要考虑可能存在其他未被发现的错报的风险。

3. 确定一项分类错报是否重大,需要进行定性评估

例如,分类错报对负债或其他合同条款的影响,对单个财务报表项目或小计数的影响,以及对关键比率的影响。如果这个影响较小,那么即使分类错报超过了在评价其他错报时运用的重要性水平,注册会计师可能仍然认为该分类错报对财务报表整体不产生重大影响。

4. 错报性质导致错报是重大的

例如,某项错报的金额虽然低于财务报表整体的重要性,但对被审计单位的盈亏状况有决定性影响,注册会计师应该认为该项错报是重大的。

除非法律法规禁止,注册会计师应当与治理层沟通未更正错报,以及这些错报单独或汇总起来可能对审计意见产生影响。在沟通时,注册会计师应当逐项指明重大的未更正错报。注册会计师应当要求被审计单位更正未更正错报。

议一议

二维码 7-2
议一议解析

案例资料:上市公司甲公司是 ABC 会计师事务所的常年审计客户,注册会计师 A 负责审计甲公司 2020 年度财务报表,确定财务报表整体的重要性为 250 万元。以下是审计过程中对错报相关事项的摘录:

(1)甲公司 2020 年年末非流动负债余额中包括一年内到期的长期借款 2 500 万元,占非流动负债总额的 50%。注册会计师 A 认为,该错报对利润表没有影响,不属于重大错报,同意管理层不予调整。

(2)甲公司为乙公司的银行借款提供全额信用担保。2020 年 11 月 1 日,乙公司因经营严重亏损,进行破产清算,无力偿还已到期的该笔银行借款。银行于 2020 年 12 月 1 日向法院起诉,要求甲公司承担连带责任,支付借款本息共计 1 000 万元。甲公司咨询法律顾问后得知,甲公司很有可能败诉。对上述事实,甲公司已在 2020 年年度财务报表中按规定予以披露,未进行其他账务处理。注册会计师 A 认为处理恰当。

(3)甲公司某项应付账款被误计入其他应付款,其金额高于财务报表整体的重要性,因此项错报不影响甲公司的经营业绩和关键财务指标,注册会计师 A 同意管理层不予调整。

(4)甲公司期末在建工程余额中的仓库实际已于 2020 年 6 月交付使用,注册会计师 A 认为该事项属于资产负债表项目的分类错报,不影响甲公司的经营业绩,同意管理层不予调整。

要求:针对上述事项,假定不考虑其他条件,指出注册会计师 A 的做法是否恰当。如不恰当,简要说明理由。

(三)书面声明

注册会计师应当要求管理层或治理层(如适用)提供书面声明,说明其是否认为未更正错报单独或汇总起来对财务报表整体的影响不重大。这些错报项目的概要应当包括在书面声明或附在其后。

三、复核审计工作底稿和财务报表

（一）对财务报表总体合理性进行总体复核

在审计结束或临近结束时，注册会计师需要运用分析程序确定经审计调整后的财务报表整体是否与其对被审计单位的了解一致，是否具有合理性。

在运用分析程序进行总体复核时，如果识别出以前未识别的重大错报风险，注册会计师应重新评价之前计划的审计程序是否充分，是否有必要追加审计程序。

（二）复核审计工作底稿

遵循审计准则要求，执行复核是确保注册会计师执业质量的重要手段之一，会计师事务所应当建立完善的审计工作底稿分级复核制度。对审计工作底稿的复核可分为两个层次：项目组内部复核和独立的项目质量控制复核。

1. 项目组内部复核

（1）复核人员的安排。由项目组内经验较多的人员复核经验较少的人员的工作，以确保所有工作底稿均得到适当层级人员的复核。对一些较为复杂、审计风险较高的领域，例如，舞弊风险的评估与应对、重大会计估计及其他复杂的会计问题等，需要指派经验丰富的项目组成员执行复核，必要时可以由项目合伙人执行复核。

（2）复核范围。所有的审计工作底稿至少要经过一级复核。执行复核时，复核人员需要考虑的事项包括：审计工作是否已按照职业准则和适用的法律法规的规定执行；重大事项是否已提请进一步考虑；相关事项是否已进行适当咨询，由此形成的结论是否已得到记录和执行；是否需要修改已执行审计工作的性质、时间安排和范围；已执行的审计工作是否支持形成的结论，并已得到适当记录；已获取的审计证据是否充分、适当；审计程序的目标是否已实现等内容。

（3）复核时间。审计项目复核贯穿审计全过程，随着审计工作的开展，复核人员在审计计划阶段、执行阶段和完成阶段，及时复核相应的工作底稿。

（4）项目合伙人复核。根据审计准则的规定：项目合伙人应当对会计师事务所分派的每项审计业务的总体质量负责；项目合伙人应当对项目组按照会计师事务所复核政策和程序实施的复核负责。项目合伙人复核的内容包括：

1）对关键领域所做的判断，尤其是执行业务过程中识别出的疑难问题或争议事项。

2）特别风险。

3）项目合伙人认为重要的其他领域。

项目合伙人无须复核所有审计工作底稿。在审计报告日或审计报告日之前，项目合伙人应当通过复核审计工作底稿和与项目组讨论，确信已获取充分、适当的审计证据，支持得出的结论和拟出具的审计报告。

2. 项目质量控制复核

（1）质量控制复核人员。质量控制复核人员应该是项目组成员以外的专门复核人员，因此项目质量控制复核属于独立复核。会计师事务所应当制定政策和程序，解决项目质量控制复核人员的委派问题，明确项目质量控制复核人员的资格要求。

（2）关于质量控制复核范围。《中国注册会计师审计准则1121号——对财务报表审计实施的质量控制》规定，项目质量控制复核人员应当客观地评价项目组做出的重大判断以及编制审计报时得出的结论。评价工作应当涉及下列内容：

1）与项目合伙人讨论重大事项。
2）复核财务报表和拟出具的审计报告。
3）复核选取的与项目组做出的重大判断和得出的结论相关的审计工作底稿。
4）评价在编制审计报告时得出的结论，并考虑拟出具审计报告的恰当性。

（3）关于质量控制复核时间。《中国注册会计师审计准则1121号——对财务报表审计实施的质量控制》规定，只有完成了项目质量控制复核，才能签署审计报告。这就是说要在出具审计报告前完成质量控制复核。但这并不是说，只有在出具审计报告前才实施质量控制复核。注册会计师要考虑在审计过程与项目质量复核人员积极协调配合，使其能够及时实施质量控制复核。

四、关注期后事项

（一）期后事项的种类

期后事项是指财务报表日至审计报告日之间发生的事项以及审计报告日后知悉的事实。

期后事项包括两类：①财务报表日后调整事项，即对财务报表日已经存在的情况提供了新的或进一步证据的事项。这类事项影响财务报表金额，需提请被审计单位管理层调整财务报表及与之相关的披露信息。②财务报表日后非调整事项，即表明财务报表日后发生的情况的事项。这类事项虽不影响财务报表金额，但可能影响财务报表的正确理解，需提请被审计单位管理层在财务报表的附注中做适当披露。

审计报告的日期向财务报表使用者表明，注册会计师已考虑其知悉的、截至审计报告日发生的事项和交易的影响。

1. 财务报表日后调整事项

这类事项既为被审计单位管理层确定财务报表日账户余额提供信息，也为注册会计师核实这些余额提供补充证据。如果这类期后事项的金额重大，应提请被审计单位对本期财务报表及相关的账户金额进行调整。诸如：

（1）财务报表日后诉讼案件结案，法院判决证实了企业在财务报表日已经存在现时义务，需要调整原先确认的与该诉讼案件相关的预计负债，或确认一项新负债。

（2）财务报表日后取得确凿证据，表明某项资产在财务报表日发生了减值或者需要调整该项资产原先确认的减值金额。

（3）财务报表日后进一步确定了财务报表日前购入资产的成本或售出资产的收入。

（4）财务报表日后发现了财务报表舞弊或差错。

2. 财务报表日后非调整事项

这类事项因不影响财务报表日财务状况，所以不需要调整被审计单位的本期财务报表。但如果被审计单位的财务报表因此可能受到误解，就应在财务报表中以附注的形式予以适当披露。

被审计单位在财务报表日后发生的,需要在财务报表上披露而非调整的事项通常包括:
(1)财务报表日后发生重大诉讼、仲裁、承诺。
(2)财务报表日后资产价格、税收政策、外汇汇率发生重大变化。
(3)财务报表日后因自然灾害导致资产发生重大损失。
(4)财务报表日后发行股票和债券以及其他巨额举债。
(5)财务报表日后资本公积转增资本。
(6)财务报表日后发生巨额亏损。
(7)财务报表日后发生企业合并或处置子公司。
(8)财务报表日后企业利润分配方案中拟分配的以及经审议批准宣告发放的股利或利润。

(二)不同时段的期后事项及其审计

上面期后事项的定义中提到了三个时间点,就是财务报表日、审计报告日(通常也是财务报表批准日),还有财务报表报出日。

根据这三个时间点,我们把期后事项划分为三个时段,如图7-1所示,财务报表日至审计报告日之间发生的事项属于"第一时段期后事项",审计报告日后至财务报表报出日前发现的事实属于"第二时段期后事项",财务报表报出日后发现的事实属于"第三时段期后事项"。

对于这三个不同时段的期后事项,注册会计师的责任是不同的。

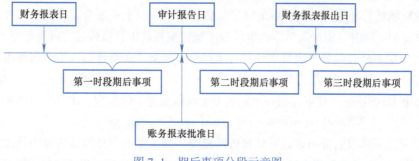

图7-1 期后事项分段示意图

1. 财务报表日至审计报告日之间发生的事项

财务报表日至审计报告日之间发生的事项,属于第一时段期后事项,注册会计师负有主动识别的义务,应当设计专门的审计程序来识别这些期后事项,并根据这些事项的性质判断其对财务报表的影响,进而确定是进行调整,还是披露。

注册会计师应当尽量在接近审计报告日时,实施旨在识别需要在财务报表中调整或披露事项的审计程序。用以识别第一时段期后事项的审计程序通常包括:

(1)了解管理层为确保识别期后事项而建立的程序。
(2)询问管理层和治理层,确定是否已发生可能影响财务报表的期后事项。
(3)查阅被审计单位的所有者、管理层和治理层在财务报表日后举行会议的纪要,在不能获取会议纪要的情况下,询问此类会议讨论的事项。
(4)查阅被审计单位最近的中期财务报表,如认为必要和适当,还应当查阅财务报表日后最近期间内的预算、现金流量预测和其他相关的管理报告。

（5）就诉讼和索赔事项询问被审计单位的法律顾问，或扩大之前口头或书面查询的范围。

（6）考虑是否有必要获取涵盖特定期后事项的书面声明以支持其他审计证据，从而获取充分、适当的审计证据。

如果所知悉的期后事项属于调整事项，注册会计师应当考虑被审计单位是否已对财务报表做出适当的调整。如果所知悉的期后事项属于非调整事项，注册会计师应当考虑被审计单位是否在财务报表附注中予以充分披露。

2. 审计报告日后至财务报表报出日前知悉的事实

审计报告日后至财务报表报出日前发现的事实，属于第二时段期后事项，注册会计师是被动识别第二时段期后事项。

在审计报告日后，注册会计师没有责任针对财务报表实施审计程序或进行专门查询。但在审计报告日后至财务报表报出日前，如果知悉可能对财务报表产生重大影响的事实，注册会计师应当考虑是否需要修改财务报表，并与管理层讨论，同时根据具体情况采取适当措施。

如果注册会计师认为期后事项的影响足够重大，确定需要修改财务报表的，也还需要根据管理层是否同意修改财务报表，或审计报告是否已经提交等具体情况采取适当措施。

（1）管理层同意修改财务报表。如果管理层修改了财务报表，此时，注册会计师需要获取充分、适当的审计证据，以验证管理层根据期后事项所做出的财务报表调整或披露是否符合企业会计准则和相关会计制度的规定。此外，注册会计师还要针对修改后的财务报表出具新的审计报告和索取新的管理层声明书。新的审计报告日期不应早于董事会或类似机构批准修改后的财务报表的日期。同时，审计人员应将审计程序延伸至新的审计报告日，以避免重大遗漏。

（2）管理层不修改财务报表且审计报告未提交。如果注册会计师认为应当修改财务报表而管理层没有修改，并且审计报告尚未提交给被审计单位，注册会计师应当按照《中国注册会计师审计准则第1502号——在审计报告中发表非无保留意见》的规定，出具保留意见或否定意见的审计报告。

（3）管理层不修改财务报表且审计报告已提交。如果注册会计师认为应当修改财务报表而管理层没有修改，并且审计报告已提交给被审计单位，注册会计师应当通知治理层不要将财务报表和审计报告向第三方报出。如果财务报表仍被报出，注册会计师应当采取措施防止财务报表使用者信赖该审计报告。例如，针对上市公司，注册会计师可以利用证券传媒，刊登必要的声明，防止使用者信赖审计报告。注册会计师采取的措施取决于自身的权利和义务以及所征询的法律意见。

3. 财务报表报出日后知悉的事实

财务报表报出日后知悉的事实属于第三时段期后事项，注册会计师没有义务针对财务报表实施任何审计程序。但是，并不排除注册会计师通过媒体等其他途径获悉可能对财务报表产生重大影响的期后事项的可能性。

在财务报表报出后，如果知悉在审计报告日已存在的、可能导致修改审计报告的事实，注册会计师应当考虑是否需要修改财务报表，并与管理层进行讨论。同时根据具体情况采取适当措施。

如果管理层修改了财务报表，注册会计师应复核所采取的措施能否确保所有收到原财务报表和审计报告的人士了解这一情况,并针对修改后的财务报表出具新的审计报告。新的审计报告中应当增加强调事项段,提请财务报表使用者注意财务报表附注中对修改原财务报表原因的详细说明,以及注册会计师提供的原审计报告,新的审计报告不应是早于董事会或类似机构批准修改后的财务报表的日期。

如果管理层既没有采取必要措施确保所有收到原财务报表和审计报告的人士了解这一情况,又没有在注册会计师认为需要修改的情况下修改财务报表,注册会计师应当采取措施防止财务报表使用者信赖该审计报告,并将拟采取的措施通知治理层。

议一议

案例资料:ABC 会计师事务所首次接受甲公司委托审计其 2020 年度财务报表,审计项目组于 2021 年 2 月 20 日完成了对甲公司 2020 年度财务报表的审计工作,甲公司于 2 月 28 日将已审计财务报表和审计报告一同对外公布。

二维码 7-3
议一议解析

(1)2021 年 4 月 1 日,乙公司因货物质量问题全部退回了上月从甲公司购买的一批商品。

(2)2 月 18 日,法院判决甲公司因上年的商标侵权案应向丙公司支付 300 万元的赔款。

(3)甲公司内部审计人员于 3 月 12 日发现 2020 年已审财务报表中存在 500 万元的重大错报,并向甲公司管理层进行了汇报。甲公司管理层及时修改了财务报表。

要求:假定注册会计师在 2020 年 4 月 10 日获知了甲公司的上述事项,指出注册会计师是否应当采取相应的行动,并简要说明理由。

五、获取管理层书面声明

(一)书面声明的含义

书面声明是指管理层向注册会计师提供的书面陈述,用以确认某些事项或支持其他审计证据。书面声明是注册会计师在财务报表审计中需要获取的必要信息,是审计证据的重要来源。

尽管书面声明提供了必要的审计证据,但其本身并不为所涉及的任务事项提供充分适当的审计证据,而且管理层已提供书面声明的事实,并不影响注册会计师就管理层责任履行情况或具体认定获取的其他审计证据的性质和范围。书面声明包括针对管理层责任的书面声明和其他书面声明。

(二)针对管理层责任的书面声明

针对管理层责任的书面声明是被审计单位管理层针对财务报表编制和针对提供的信息和交易的完整性这两方面的责任履行的声明:

(1)针对财务报表的编制,注册会计师应当要求管理层提供书面声明,确认其根据审计业务约定条款,履行了按照适用的财务报告编制基础编制财务报表并使其实现公允反映的责任。

(2)针对提供的信息和交易的完整性,注册会计师应当要求管理层就下列事项提供书面声明:

1）按照审计业务约定条款，已向注册会计师提供所有相关信息，并允许注册会计师不受限制地接触所有相关信息以及被审计单位内部人员和其他相关人员。

2）所有交易均已记录并反映在财务报表中。

（三）其他书面声明

如果注册会计师认为有必要获取一项或多项其他书面声明，以支持与财务报表或者一项或多项具体认定相关的其他审计证据，注册会计师应当要求管理层提供这些书面声明。这些声明通常有：

（1）关于财务报表的额外书面声明。

（2）与向注册会计师提供信息有关的额外书面声明。

（3）关于特定认定的书面声明，等等。

（四）书面声明的日期和涵盖的期间

书面声明的日期应当尽量接近对财务报表出具审计报告的日期，但不得在审计报告日后。书面声明应当涵盖审计报告针对的所有财务报表和期间。

二维码 7-4
声明书参考格式

这是由于书面声明是必要的审计证据，在管理层签署书面声明前，注册会计师不能发表审计意见，也不能签署审计报告。

（五）书面声明的形式

书面声明应当以声明书的形式致送注册会计师。

二维码 7-4 列示了一种声明书的范例。

（六）对书面声明可靠性的疑虑以及管理层不提供要求的书面声明

1. 对书面声明可靠性的疑虑

（1）对管理层的胜任能力、诚信、道德价值观或勤勉尽责存在疑虑。如果对管理层的胜任能力、诚信、道德价值观或勤勉尽责存在疑虑，或者对管理层在这些方面的承诺或贯彻执行存在疑虑，这时注册会计师可能认为管理层在财务报表中做出不实陈述的风险很大，除非治理层采取适当的纠正措施，否则注册会计师可能需要考虑解除业务约定。

（2）书面声明与其他审计证据不一致。如果书面声明与其他审计证据不一致，这时注册会计师应当实施审计程序以设法解决这些问题。如果问题仍未解决，注册会计师应当重新考虑对管理层的胜任能力、诚信、道德价值观或勤勉尽责的评估，并确定书面声明与其他审计证据的不一致对书面或口头声明和审计证据总体的可靠性可能产生的影响。

2. 管理层不提供要求的书面声明

如果管理层不提供要求的一项或多项书面声明，注册会计师应当：

（1）与管理层讨论该事项。

（2）重新评价管理层的诚信，并评价该事项对书面或口头声明和审计证据总体的可靠性可能产生的影响。

（3）采取适当措施，包括确定该事项对审计意见可能产生的影响。

对书面声明可靠性的疑虑或管理层不提供要求的书面声明时，如果存在下列情形之一，注册会计师应当对财务报表发表无法表示意见：

（1）注册会计师对管理层的诚信产生重大疑虑，以至于认为其做出的书面声明不可靠。

（2）管理层不提供针对财务报表编制和针对提供的信息和交易的完整性的书面声明。

练一练

下列有关书面声明的说法中，正确的是（　　）。

A．书面声明的日期应当和审计报告日在同一天，且应当涵盖审计报告针对的所有财务报表期间

B．管理层已提供可靠书面声明的事实，影响注册会计师就管理层责任履行情况或具体认定获取的其他审计证据的性质和范围

C．如果对管理层的诚信产生了重大疑虑，以至于认为其做出的书面声明不可靠，注册会计师在出具审计报告时应当对财务报表发表无法表示意见

D．如果书面声明与其他审计证据不一致，注册会计师应当要求管理层修改书面声明

二维码 7-5
练一练解析

任务二　出具审计报告

知识学习

一、审计报告的含义和作用

（一）审计报告的含义

审计报告是指注册会计师根据审计准则的规定，在实施审计工作的基础上对被审计单位财务报表发表审计意见的书面文件。

注册会计师应当根据由审计证据得出的结论，清楚表达对财务报表的意见。无论是出具标准审计报告，还是非标准审计报告，注册会计师一旦在审计报告上签名并盖章，就表明对其出具的审计报告负责。注册会计师应当将已审计的财务报表附于审计报告之后，以便于财务报表使用者正确理解和使用审计报告，并防止被审计单位替换、更改已审计的财务报表。

（二）审计报告的作用

注册会计师签发的审计报告，主要具有鉴证、保护和证明三方面的作用。

1. 鉴证作用

注册会计师签发的审计报告，不同于政府审计和内部审计的审计报告，是以超然独立的第

三者身份，对被审计单位财务报表合法性、公允性发表意见。这种意见，具有鉴证作用，得到了政府及其各部门和社会各界的普遍认可。政府有关部门，如财政部门、税务部门等了解、掌握企业的财务状况和经营成果的主要依据是企业提供的财务报表，股份制企业的股东进行投资决策也主要依据被投资企业的财务报表。而财务报表是否合法、公允，主要依据注册会计师的审计报告做出判断。

2. 保护作用

注册会计师通过审计，可以对被审计单位财务报表出具不同类型审计意见的审计报告，以提高或降低财务报表信息使用者对财务报表的信赖程度，能够在一定程度上对被审计单位的财产、债权人和股东的权益及企业利害关系人的利益起到保护作用。如投资者为了减少投资风险，在进行投资之前，必须要查阅被投资企业的财务报表和注册会计师的审计报告，了解被投资企业的经营情况和财务状况。

3. 证明作用

审计报告是对注册会计师审计任务完成情况及其结果所做的总结，它可以表明审计工作的质量并明确注册会计师的审计责任。通过审计报告，可以证明注册会计师在审计过程中是否实施了必要的审计程序，是否以审计工作底稿为依据发表审计意见，发表的审计意见是否与被审计单位的实际情况相一致，审计工作的质量是否符合要求。

二、审计意见的形成和类型

（一）审计意见的形成

注册会计师应当就财务报表是否在所有重大方面按照适用的财务报告编制基础编制并实现公允反映形成审计意见。为了形成审计意见，针对财务报表整体是否不存在由于舞弊或错误导致的重大错报，注册会计师应当得出结论，确定是否已获取合理保证。

在得出审计结论时，注册会计师应当考虑下列方面：

（1）是否已获取充分、适当的审计证据。
（2）未更正错报单独或汇总起来是否构成重大错报。
（3）财务报表是否在所有重大方面按照适用的财务报告编制基础编制。
（4）财务报表是否实现公允反映。
（5）财务报表是否恰当提及或说明适用的财务报告编制基础。

（二）审计意见的类型

审计意见的类型有：无保留意见和非无保留意见两类。

如果认为财务报表在所有重大方面按照适用的财务报告编制基础编制并实现公允反映，注册会计师应当发表无保留意见。

当存在下列情形之一时，注册会计师应该在审计报告中发表非无保留意见：

（1）根据获取的审计证据，得出财务报表整体存在重大错报的结论。
（2）无法获取充分、适当的审计证据，不能得出财务报表整体不存在重大错报的结论。

非无保留意见是指对财务报表发表保留意见、否定意见和无法表示意见。

注册会计师确定恰当的非无保留意见类型，取决于下列事项：

（1）导致非无保留意见的事项性质：是财务报表存在重大错报；还是在无法获取充分、适当的审计证据下，财务报表可能存在重大错报。

（2）注册会计师就导致非无保留意见的事项对财务报表产生或可能产生影响的广泛性做出的判断。

广泛性是描述错报影响的术语，用以说明错报对财务报表的影响，或者由于无法获取充分、适当的审计证据而未发现的错报（如存在）对财务报表可能产生的影响。根据注册会计师的判断，对财务报表的影响具有广泛性的情形包括：

（1）不限于对财务报表的特定要素、账户或项目产生影响。

（2）虽然仅对财务报表的特定要素、账户或项目产生影响，但这些要素、账户或项目是或可能是财务报表的主要组成部分。

（3）当与披露相关时，产生的影响对财务报表使用者理解财务报表至关重要。

表 7-3 列示了注册会计师对导致发表非无保留意见的事项的性质和这些事项对财务报表产生或可能产生影响的广泛性做出的判断，以及注册会计师的判断对审计意见的类型的影响。

表 7-3 不同情况下的审计意见

导致发生非无保留意见的事项的性质	这些事项对财务报表产生或可能产生影响的广泛性	
	重大但不具有广泛性	重大且具有广泛性
财务报表存在重大错报	保留意见	否定意见
无法获取充分、适当的审计证据	保留意见	无法表示意见

下列各项错报中，通常对财务报表具有广泛影响的有（　　）。

A．被审计单位没有披露关键管理人员薪酬

B．信息系统缺陷导致的应收账款、存货等多个财务报表项目的错报

C．被审计单位没有将年内收购的一家重要子公司纳入合并范围

D．被审计单位没有按照成本与可变现净值孰低原则对存货进行计量

二维码 7-6
练一练解析

三、审计报告的基本内容

（一）无保留意见审计报告的要素及内容

无保留意见审计报告应当包括下列要素：标题，收件人，审计意见，形成审计意见的基础，管理层对财务报表的责任，注册会计师对财务报表审计的责任，按照相关法律法规的要求报告的事项（如适用），注册会计师的签名和盖章，会计师事务所的名称、地址和盖章，报告日期。

在适用的情况下，审计报告中对与持续经营相关的重大不确定性、关键审计事项、被审计单位年度报告中包含的除财务报表和审计报告之外的其他信息进行报告。

下面我们对审计报告各要素的内容做一个简单介绍。

（1）标题。审计报告的标题，统一规范为"审计报告"。

（2）收件人。审计报告的收件人是按照业务约定书的要求致送审计报告的对象，一般是指审计业务的委托人。审计报告应当按照审计业务的约定载明收件人的全称。

（3）审计意见。审计意见部分由两部分构成。第一部分指出已审计的财务报表，第二部分应当说明注册会计师发表的审计意见。

（4）形成审计意见的基础。该部分提供关于审计意见的重要背景，紧跟在审计意见部分之后，说明注册会计师执行了审计准则、规范等的要求，获取了充分、适当的审计证据，为发表审计意见提供了基础。

（5）管理层对财务报表的责任。该部分说明了管理层应承担的会计责任，包括使报表公允反映，必要的内部控制以防止重大错报，关于持续经营假设的适当性。

（6）注册会计师对财务报表审计的责任。该部分包括的内容有：说明注册会计师的审计目标，说明在按照审计准则执行审计工作的过程中，注册会计师运用职业判断，并保持职业怀疑；通过说明注册会计师的责任，对审计工作进行描述。

（7）注册会计师的签名和盖章。审计报告应当由项目合伙人和另一名负责该项目的注册会计师签名和盖章。对上市实体整套通用目的财务报表出具的审计报告应当注明项目合伙人。

（8）按照相关法律法规的要求报告的事项（如适用）。除审计准则规定的注册会计师对财务报表出具审计报告的责任外，相关法律法规可能对注册会计师设定了其他报告责任。如果注册会计师在对财务报表出具的审计报告中履行了其他报告责任，应当在审计报告中将其单独作为一部分，并以"按照相关法律法规的要求报告的事项"为标题。

（9）会计师事务所的名称、地址和盖章。审计报告应当载明会计师事务所的名称和地址，并加盖事务所公章。审计报告中载明的事务所地址，只标明事务所所在的城市即可。

（10）报告日期。审计报告应当注明报告日期。

二维码 7-7
无保留意见审计报告参考格式

审计报告日不应早于注册会计师获取充分、适当的审计证据，并在此基础上对财务报表形成审计意见的日期。在确定审计报告日时，注册会计师应当确信已获取下列两方面的审计证据：①构成整套财务报表的所有报表（包括相关附注）已编制完成；②被审计单位的董事会、管理层或类似机构已经认可其对财务报表的责任。

二维码 7-7 列示了对上市实体财务报表出具的无保留意见的审计报告。

（二）非无保留意见的审计报告的格式和内容

1. 审计意见段

（1）标题。在发表非无保留意见时，注册会计师应当对审计意见段使用恰当的标题，如"保留意见""否定意见"或"无法表示意见"。

（2）发表保留意见。当由于财务报表存在重大错报而发表保留意见时，注册会计师应当根据适用的财务报告编制基础在审计意见段中说明：注册会计师认为，除了导致保留意见的事项段所述事项产生的影响外，财务报表在所有重大方面按照适用的财务报告编制基础编制，并实现公允反映。

当无法获取充分、适当的审计证据而导致发表保留意见时，注册会计师应当在审计意见段中使用"除……可能产生的影响外"等措辞。

注册会计师发表保留意见时，在审计意见段中使用"由于上述解释"或"受……影响"等措辞是不恰当的，因为这些措辞不够清晰或没有足够的说服力。

（3）发表否定意见。当发表否定意见时，注册会计师应当根据适用的财务报告编制基础在审计意见段中说明：注册会计师认为，由于导致否定意见的事项段所述事项的重要性，财务报表没有在所有重大方面按照适用的财务报告编制基础编制，未能实现公允反映。

（4）发表无法表示意见。当由于无法获取充分、适当的审计证据而发表无法表示意见时，注册会计师应当在审计意见段中说明：由于形成无法表示意见的基础部分所述事项的重要性，注册会计师无法获取充分、适当的审计证据以为发表审计意见提供基础，因此，注册会计师不对这些财务报表发表审计意见。

2. 导致非无保留意见的事项段

（1）审计报告格式和内容的一致性。如果对财务报表发表非无保留意见，除在审计报告中包含《中国注册会计师审计准则1501号——对财务报表形成审计意见和出具审计报告》规定的审计报告要素外，注册会计师还应当直接在审计意见段之后增加一个段落，并使用恰当的标题，如"形成保留意见的基础""形成否定意见的基础"或"无法表示意见的基础"，说明导致发表非无保留意见的事项。

审计报告格式和内容一致性有助于提高使用者的理解和识别存在的异常情况。

（2）量化财务影响。如果财务报表中存在与具体金额（包括定量披露）相关的重大错报，注册会计师应当在导致非无保留意见的事项段中说明并量化该错报的财务影响。例如，如果存货被高估，注册会计师就可以在审计报告中形成保留/否定/无法表示意见的基础部分说明该重大错报的财务影响，即量化其对所得税、税前利润、净利润和所有者权益的影响。如果无法量化财务影响，注册会计师应当在审计报告中形成保留/否定/无法表示意见的基础部分说明这一情况。

（3）存在与叙述性披露相关的重大错报。如果财务报表中存在与叙述性披露相关的重大错报，注册会计师应当在形成非无保留意见的基础部分解释该错报错在何处。

（4）存在与应披露而未披露信息相关的重大错报。如果财务报表中存在与应披露而未披露信息相关的重大错报，注册会计师应当：①与治理层讨论未披露信息的情况；②在形成非无保留意见的基础部分描述未披露信息的性质；③如果可行并且已针对未披露信息获取了充分、适当的审计证据，在形成非无保留意见的基础部分包含对未披露信息的披露，除非法律法规禁止。

如果存在下列情形之一，则在形成非无保留意见的基础部分披露遗漏的信息是不可行的：①管理层还没有做出这些披露，或管理层已做出但注册会计师不易获取这些披露；②根据注册会计师的判断，在审计报告中披露该事项过于庞杂。

（5）无法获取充分、适当的审计证据。如果因无法获取充分、适当的审计证据而导致发表非无保留意见，注册会计师应当在形成非无保留意见的基础部分说明无法获取审计证据的原因。

（6）披露其他事项。即使发表了否定意见或无法表示意见，注册会计师也应当在形成非无保留意见的基础部分说明注意到的、将导致发表非无保留意见的所有其他事项及其影响。这是因为，对注册会计师注意到的其他事项的披露可能与财务报表使用者的信息需求相关。

3. 非无保留意见对审计报告要素内容的修改

当发表保留意见或否定意见时，注册会计师应当修改形成无保留意见部分的基础部分的描述，以说明：注册会计师相信，注册会计师已获取的审计证据是充分、适当的，为发表非无保留意见提供了基础。

当由于无法获取充分、适当的审计证据而发表无法表示意见时，注册会计师应当修改审计报告的意见段，说明注册会计师接受委托审计财务报表，但不对后附的财务报表发表审计意见：由于形成无法表示意见的基础部分所述事项的重要性，注册会计师无法获取充分、适当的审计证据以作为对财务报表发表审计意见的基础。

当注册会计师对财务报表发表无法表示意见时，注册会师还应当修改审计报告中形成审计意见的基础部分，不应提及审计报告中用于描述注册会计师责任的部分，也不应当说明注册会计师是否已获取充分、适当的审计证据以作为形成审计意见的基础。

当注册会计师对财务报表发表无法表示意见时，注册会计师应当修改无保留意见审计报告中注册会计师对财务报表审计责任部分，使之仅包含下列内容：

（1）注册会计师的责任是在按照中国注册会计师审计准则的规定，对被审计单位财务报表执行审计工作，以出具审计报告。

（2）但由于导致无法表示意见的基础部分所述的事项，注册会计师无法获取充分、适当的审计证据以作为发表审计意见的基础。

（3）声明注册会计师在独立性和职业道德方面的其他责任。

二维码 7-8 列示了由于财务报表存在重大错报而发表保留意见的审计报告。

二维码 7-9 列示了由于注册会计师无法针对财务报表多个要素获取充分、适当的审计证据而发表无法表示意见的审计报告。

二维码 7-8
由于财务报表
存在重大错报而
发表保留意见的
审计报告参考格式

二维码 7-9
由于无法针对财务报表多
个要素获取充分、适当的
审计证据而发表无法表示
意见的审计报告参考格式

四、在审计报告中沟通关键审计事项

关键审计事项是指注册会计师根据职业判断认为对当期财务报表审计最为重要的事项。根据审计准则规定，要求注册会计师在上市实体整套通用目的报务报表审计报告中增加关键审计事项部分，用于沟通关键审计事项。在审计报告中沟通关键审计事项，可以提高已执行审计工作的透明度,从而提高审计报告的决策相关性和有用性。

(一)确定关键审计事项的决策框架

注册会计师在确定关键审计事项时,需要遵循以下决策框架(如图7-2所示):

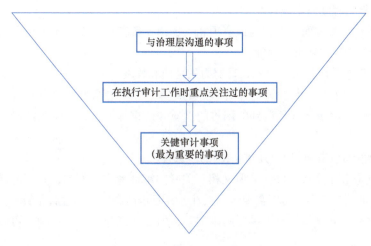

图7-2 需要遵循的决策框架

1. 以"与治理层沟通的事项"为起点选取关键审计事项

我们在前面提到过,注册会计师需要就审计过程中的重大发现与被审计单位治理层沟通,以便治理层履行其监督财务报告过程的职责。这些事项包括:注册会计师对被审计单位的重要会计政策、会计估计和财务报表披露等会计实务的看法,审计过程中遇到的重大困难,已与治理层讨论或需要书面沟通的重大事项等。这些事项也是财务报表和审计报告使用者感兴趣的,可以提高审计工作的透明度,所以应该从与治理层沟通的事项中选取关键审计事项。

2. 从"与治理层沟通的事项"中选出"在执行审计工作时重点关注过的事项"

注册会计师重点关注过的领域通常与财务报表中复杂、重大的管理层判断领域相关,因而通常涉及困难或复杂的注册会计师职业判断。在确定哪些属于重点关注过的事项时,注册会计师就应当特别考虑以下几个方面:

(1)评估的重大错报风险较高的领域或识别出的特别风险。

(2)与财务报表中涉及重大管理层判断(包括被认为具有高度估计不确定性的会计估计)的领域相关的重大审计判断。

(3)当期重大交易或事项对审计的影响。

3. 从"在执行审计工作时重点关注过的事项"中选出"最为重要的事项"

注册会计师可能已就需要重点关注的事项与治理层进行了较多的互动,就这些事项与治理层进行沟通的性质和范围,通常能够表明哪些事项对审计而言最为重要。例如,对于重大会计政策的运用等较为困难和复杂的事项,注册会计师与治理层的互动可能更加深入、频繁和充分,这些事项可能成为最为重要的事项。

具体来说，在确定某一与治理层沟通过的事项的相对重要程度以及该事项是否构成关键审计事项时，可以考虑下列几个方面的因素：

（1）该事项对预期使用者理解财务报表整体的重要程度，尤其是对财务报表的重要性。

（2）与该事项相关的会计政策的性质或者与同行业其他实体相比，管理层在选择适当的会计政策时涉及的复杂程度或主观程度。

（3）从定性和定量方面考虑，与该事项相关的由于舞弊或错误导致的已更正错报和累积未更正错报（如有）的性质和重要程度。

（4）为应对该事项所需要付出的审计努力的性质和程度。

（5）在实施审计程序、评价实施审计程序的结果、获取相关和可靠的审计证据以作为发表审计意见的基础时，注册会计师遇到的困难的性质和严重程度，尤其是当注册会计师的判断变得更加主观时。

（6）识别出的与该事项相关的控制缺陷的严重程度。

（7）该事项是否涉及数项可区分但又相互关联的审计考虑。例如，长期合同的收入确认、诉讼或其他或有事项等方面，可能需要重点关注，并且可能影响其他会计估计。

虽然，关键审计事项是"最为重要的事项"，但并不意味着只有一项，可以有两项、三项等，但是不能太多。

需要在审计报告中包含的关键审计事项的数量多少，一般跟被审计单位的规模、复杂程度、业务和经营环境有关，还受到审计业务具体事实和情况的影响。

假如当注册会计师开始审计的时候，确定了较多的关键审计事项，那就需要重新考虑每一事项是否符合关键审计事项的定义，如果选取了过多的事项，就与最为重要这个概念相违背了。

（二）在审计报告中沟通关键审计事项

为了达到突出关键审计事项的目的，注册会计师应当在审计报告中单设一个部分，通常位于审计报告中的"形成审计意见的基础"部分之后。关键事项部分的格式包括三个内容，即标题、引言、各个关键事项的描述。

（1）标题。直接以"关键审计事项"为标题。

（2）引言。关键审计事项部分的引言应当同时说明下列事项：

1）关键审计事项是注册会计师根据职业判断，认为对本期财务报表审计最为重要的事项。

2）关键审计事项的应对以对财务报表整体进行审计并形成审计意见为背景，注册会计师对财务报表整体形成审计意见，而不对关键审计事项单独发表意见。

也就是说，对于那些导致非无保留意见的事项、可能导致对被审计单位持续经营能力产生重大疑虑的事项或情况存在重大不确定性等，虽然符合关键审计事项的定义，但这些事项在审计报告中专门的部分披露，不在关键审计事项部分披露。

另外，在关键审计事项部分披露的关键审计事项必须是已经得到满意解决的事项，即不存在审计范围受到限制，也不存在注册会计师与被审计单位管理层意见分歧的情况。

（3）描述单一关键审计事项。对于每一项关键审计事项，要使用恰当的子标题逐项描述。

为帮助财务报表使用者了解注册会计师确定的关键审计事项，注册会计师应当在审计报告中对每一项关键审计事项进行描述时，需要同时说明下列要素：

1）该事项被确定为关键审计事项的原因。

2）该事项在审计中是如何应对的，具体包括：在审计应对措施或审计方法中，与该事项最为相关或对评估的重大错报风险最有针对性的方面；对已实施审计程序的简要概述；实施审计程序的结果；对该事项做出的主要看法。

在描述时，注册会计师还应当分别索引至财务报表的相关披露（如有），目的是使预期报告使用者能够进一步了解管理层在编制财务报表时如何应对这些事项。

（三）不在审计报告中沟通关键审计事项的情形

一般来说，在审计报告中沟通关键审计事项，有助于提高审计工作的透明度，是符合公众利益的，但在某些情况下，法律法规可能禁止公开披露某事项，因为公开披露某事项可能妨碍相关机构对违法行为或疑似违法行为的调查。

另外在极其罕见的情况下，关键审计事项可能涉及某些敏感信息，沟通这些敏感信息可能为被审计单位带来较为严重的负面后果，这个负面后果超过产生的公众利益方面的益处。在这个时候，注册会计师应确定不在审计报告中沟通该事项，但需要在审计报告中做出"不存在需要在审计报告中沟通的关键审计事项"的表述。

（四）就关键审计事项与治理层沟通

治理层在监督财务报告过程中担当重要角色，就关键审计事项与治理层沟通，能够使治理层了解注册会计师就关键审计事项做出的审计决策的基础以及这些事项将如何在审计报告中做出描述，也能够使治理层考虑，鉴于这些事项将在审计报告沟通，做出新的披露或提高披露质量是否有用。注册会计师应当就下列方面与治理层沟通：

（1）注册会计师确定的关键审计事项。

（2）根据被审计单位和审计业务的具体情况，注册会计师确定不存在需要在审计报告中沟通的关键审计事项（如适用）。

二维码 7-10 列示了审计报告中关键审计事项——商誉减值测试和研发费用资本化。

在审计报告中沟通关键审计事项见二维码 7-11。

二维码 7-10
关键审计事项——商誉减值测试和研发费用资本化参考格式

二维码 7-11
在审计报告中沟通关键审计事项

五、在审计报告中增加强调事项段和其他事项段

（一）强调事项段

1. 强调事项段的含义

强调事项段是指审计报告中含有的一个段落，该段落提及已在财务报表中恰当列报或披露

的事项,且根据注册会计师的职业判断,该事项对财务报表使用者理解财务报表至关重要。

2. 增加强调事项段的情形

如果认为有必要提醒财务报表使用者关注已在财务报表中列报或披露,且根据职业判断认为对财务报表使用者理解财务报表至关重要的事项,在同时满足下列条件时,注册会计师应当在审计报告中增加强调事项段:

(1)按照《中国注册会计师审计准则第1502号——在审计报告中发表非无保留意见》的规定,该事项不会导致注册会计师发表非无保留意见。

(2)当《中国注册会计师审计准则第1504号——在审计报告中沟通关键审计事项》适用时,该事项未被确定为在审计报告中沟通的关键审计事项。

根据《中国注册会计师审计准则第1504号——在审计报告中沟通关键审计事项》的规定,某一事项可能未被确定为关键审计事项(因该事项不是重点关注过的事项),但根据注册会计师的职业判断,该事项对财务报表使用者理解财务报表至关重要(如期后事项)。根据审计准则的规定,如果认为有必要提请财务报表使用者关注该事项,注册会计师应当将该事项包含在审计报告的强调事项段中。

某些审计准则对注册会计师在特定情况下在审计报告中增加强调事项段提出具体要求。这些情形包括:

(1)法律法规规定的财务报告编制基础是不可接受的,但其是基于法律法规做出的规定。

(2)提醒财务报表使用者关注财务报表按照特殊目的编制基础编制。

(3)注册会计师在审计报告日后知悉了某些事实(即期后事项),并且出具了新的或经修改的审计报告。

除上述审计准则要求增加强调事项情形外,注册会计师可能认为需要增加强调事项段的情形举例如下:

(1)异常诉讼或监管行动的未来结果存在不确定性。

(2)在财务报表日至审计报告日之间发生的重大期后事项。

(3)在允许的情况下,提前应用对财务报表有重大影响的新会计准则。

(4)存在已经或持续对被审计单位财务状况产生重大影响的特大灾难。

但要注意的是,过多使用强调事项段,可能会降低注册会计师对强调事项所做沟通的有效性。此外,与财务报表中的列报和披露相比,在强调事项段中包括过多的信息,可能隐含着这些事项未被恰当披露。因此,强调事项段应当仅提及已在财务报表中列报或披露的信息。

3. 在审计报告中增加强调事项段时注册会计师应当采取的措施

如果在审计报告中增加强调事项段,注册会计师应当采取下列措施:

(1)将强调事项段作为单独的一部分置于审计报告中,并使用包含"强调事项"这一术语的适当标题。

(2)明确提及被强调事项以及相关披露的位置,以便能够在财务报表中找到对该事项的详细描述。强调事项段应当仅提及已在财务报表中列报或披露的信息。

(3)指出审计意见没有因该强调事项而改变。

二维码 7-12 列示了由于偏离适用的财务报告编制基础的规定导致的带强调事项段的保留意见审计报告。

（二）其他事项段

1. 其他事项段的含义

其他事项段是指审计报告中含有的一个段落，该段落提及未在财务报表中列报或披露的事项，且根据注册会计师的职业判断，该事项与财务报表使用者理解审计工作、注册会计师的责任或审计报告相关。

二维码 7-12
由于偏离适用的财务报告编制基础的规定导致的带强调事项段的保留意见审计报告的参考格式

2. 增加其他事项段的情形

如果认为有必要沟通虽然未在财务报表中列报或披露，但根据职业判断认为与财务报表使用者理解审计工作、注册会计师的责任或审计报告相关的事项，在同时满足下列条件时，注册会计师应当在审计报告中增加其他事项段：

（1）未被法律法规禁止。

（2）当《中国注册会计师审计准则第 1504 号——在审计报告中沟通关键审计事项》适用时，该事项未被确定为在审计报告中沟通的关键审计事项。

具体讲，可能需要增加其他事项段的情形包括：

（1）与使用者理解审计工作相关的情形。

《中国注册会计师审计准则第 1151 号——与治理层的沟通》要求注册会计师就计划的审计范围和时间安排与治理层进行沟通，包括沟通注册会计师识别的特别风险。尽管与特别风险相关的事项可能被确定为关键审计事项，根据《中国注册会计师审计准则第 1504 号——在审计报告中沟通关键审计事项》对关键审计事项的定义，其他与计划及范围相关的事项（如计划的审计范围或审计中对重要性的运用）不太可能构成关键审计事项。然而，法律法规可能要求注册会计师在审计报告中沟通与计划及范围相关的事项，或者注册会计师可能认为有必要在其他事项段中沟通这些事项。

在少数情况下，即使由于管理层对审计范围施加的限制导致无法获取充分、适当的审计证据可能产生的影响具有广泛性，注册会计师也不能解除业务约定。在这种情况下，注册会计师可能认为有必要在审计报告中包含其他事项段，解释为何不能解除业务约定。

（2）与使用者理解注册会计师的责任或审计报告相关的情形。

法律法规或得到广泛认可的惯例可能要求或允许注册会计师详细说明某些事项，以进一步解释注册会计师在财务报表审计中的责任或审计报告。当其他事项部分包含多个事项，并且根据注册会计师的职业判断，这些事项与财务报表使用者理解审计工作、注册会计师的责任或审计报告相关时，对每个事项使用不同的子标题可能是有帮助的。

增加其他事项段不涉及以下两种情形：①除审计准则规定的责任外，注册会计师还有其他报告责任；②注册会计师可能被要求实施额外的规定程序并予以报告，或对特定事项发表意见。

（3）对两套或两套以上财务报表出具审计报告的情形。

被审计单位可能按照通用目的编制基础（如 × 国财务报告编制基础）编制一套财务报表，

且按照另一个通用目的编制基础（如国际财务报告准则）编制另一套财务报表，并委托注册会计师同时对两套财务报表出具审计报告。如果注册会计师已确定两个财务报告编制基础在各自情形下是可接受的，可以在审计报告中增加其他事项段，说明该被审计单位根据另一个通用目的编制基础编制了另一套财务报表以及注册会计师对这些财务报表出具了审计报告。

（4）限制审计报告分发和使用的情形。

为特定目的编制的财务报表可能按照通用目的编制基础编制，因为财务报表预期使用者已确定这种通用目的财务报表能够满足他们对财务信息的需求。由于审计报告旨在提供给特定使用者，注册会计师可能认为在这种情况下需要增加其他事项段，说明审计报告只是提供给财务报表预期使用者，不应被分发给其他机构或人员或者被其他机构或人员使用。

需要注意的是，其他事项段的内容明确反映了未被要求在财务报表中列报或披露的其他事项。其他事项段不包括法律法规或其他职业准则（如中国注册会计师职业道德守则中与信息保密相关的规定）禁止注册会计师提供的信息。其他事项段也不包括要求管理层提供的信息。

二维码 7-13
包含关键审计事项部分、强调事项段及其他事项段的审计报告参考格式

如果在审计报告中包含其他事项段，注册会计师应当将该段落作为单独的一部分，并使用"其他事项"或其他适当标题。

二维码 7-13 列示了包含关键审计事项部分、强调事项段及其他事项段的审计报告，注意这几个事项段落在审计报告中的相对位置。

（三）与治理层沟通

如果拟在审计报告中增加强调事项段或其他事项段，注册会计师应当就该事项和拟使用的措辞与治理层沟通。

与治理层的沟通能使治理层了解注册会计师拟在审计报告中所强调的特定事项的性质，并在必要时为治理层提供向注册会计师做出进一步澄清的机会。对于连续审计业务，当某一特定事项在每期审计报告的其他事项段中重复出现时，除非法律法规另有规定，注册会计师可能认为没有必要在每次审计业务中重复沟通。

项目小结

项目七主要阐述了完成审计工作阶段的主要工作以及如何出具审计报告。完成审计工作阶段的主要工作有评价审计中的重大发现、评价审计中发现的错报、复核审计工作底稿和财务报表、关注期后事项、获取管理层声明书。期后事项分为财务报表日后调整事项和财务报表日后非调整事项两类，对于不同时段的期后事项，对注册会计师的审计要求是不一样的。

审计意见有四种类型，分别是无保留意见、保留意见、否定意见和无法表示意见，注册会计师应根据不同的审计事项，判断给出不同的审计意见。注册会计师形成审计意见并出具审计报告时要确定关键审计事项，即注册会计师根据职业判断认为以当期财务报表审计最为重要的事项。注册会计师在对财务报表形成审计意见后，根据职业判断确定是否有必要在审计报告中增加强调事项段和其他事项段。

即测即评

一、单选题

1. 下列关于评价审计中重大发现的说法中,不正确的是( )。
   A. 注册会计师在审计计划阶段对重要性的判断,与其在评估审计差异时对重要性的判断是不同的
   B. 如果在审计完成阶段修订后的重要性水平远远低于在计划阶段确定的重要性水平,注册会计师应重新评估已经获得的审计证据的充分性和适当性
   C. 如果审计项目合伙人与项目质量控制复核人员之间存在意见分歧,审计项目组应当遵循项目质量复核人员的意见予以妥善处理
   D. 在审计完成阶段,项目合伙人和审计项目组应考虑涉及会计政策的选择、运用和一贯性的重大事项的披露

2. 下列关于第一时段期后事项的说法中,不正确的是( )。
   A. 注册会计师应主动识别第一时段期后事项
   B. 财务报表日至审计报告日之间发生的期后事项属于第一时段期后事项
   C. 注册会计师应设计专门的审计程序来识别这些期后事项
   D. 针对第一时段期后事项的专门审计程序,其实施时间越接近资产负债表日越好

3. 注册会计师对于管理层提供的书面声明的可靠性产生疑虑,认为其在财务报表中做出不实陈述的风险很大,以至于审计工作无法进行。在这种情况下,治理层并没有采取适当的纠正措施,下列注册会计师的做法中,正确的是( )。
   A. 发表否定意见审计报告
   B. 视为审计范围受限,发表保留或者否定意见审计报告
   C. 视为审计范围受限,发表保留或者无法表示意见审计报告
   D. 考虑解除业务约定

4. 下列有关复核审计工作底稿的表述中,错误的是( )。
   A. 对审计工作底稿的复核可分为两个层次,包括项目组内部复核和项目合伙人的质量控制复核
   B. 审计项目经理对审计工作底稿的复核是最详细的复核
   C. 由项目经理对审计工作底稿的复核属于第一级复核,该级复核通常在审计现场完成,以便及时发现和解决问题,争取审计工作的主动
   D. 项目质量控制复核并不能减轻项目合伙人的责任,更不能替代项目合伙人的责任

5. 项目合伙人复核的内容可能不包括( )。
   A. 对关键领域所做的判断　　　　B. 常规的交易
   C. 项目合伙人认为重要的其他领域　D. 特别风险

6. 下列有关书面声明日期的说法中,错误的是( )。
   A. 书面声明的日期不得晚于审计报告日
   B. 书面声明的日期不得早于财务报表报出日

C. 书面声明的日期可以早于审计报告日

D. 书面声明的日期可以和审计报告日是同一天

7. 下列情况中不属于审计范围受到限制的情况是（　　）。

　　A. 管理层阻止注册会计师实施存货监盘

　　B. 被审计单位的会计记录已被损坏

　　C. 注册会计师由于应收账款函证时间过长，决定不进行函证

　　D. 注册会计师接受审计委托的时间安排，使注册会计师无法实施存货监盘

8. 以下情形中，注册会计师将极有可能发表无法表示意见的是（　　）。

　　A. 客户没有反映会计准则和相关会计制度所要求的补充信息

　　B. 重要信息披露不充分

　　C. 客户施加的重大范围限制

　　D. 子公司的其他审计师发表了保留意见

9. 下列有关关键审计事项的表述中不正确的是（　　）。

　　A. 审计准则要求注册会计师在上市实体整套通用目的财务报表审计报告中增加关键审计事项部分，用于沟通关键审计事项

　　B. 沟通关键审计事项，可以提高已执行审计工作的透明度，从而提高审计报告的决策相关性和有用性

　　C. 沟通关键审计事项能够为财务报表使用者提供额外的信息，以帮助其了解被审计单位已审计财务报表中涉及重大管理层判断的领域

　　D. 关键审计事项不属于与治理层沟通中的事项

10. 注册会计师以超然独立的第三者身份对审计财务报表合法性、公允性发表意见，体现了审计报告的作用是（　　）。

　　A. 鉴证　　　　B. 保护　　　　C. 证明　　　　D. 审核

11. 下列事项中，不属于注册会计师考虑在审计报告中添加其他事项段予以说明的情形的是（　　）。

　　A. 在极其特殊的情况下，即使由于管理层对审计范围施加的限制导致无法获取充分、适当的审计证据可能产生的影响具有广泛性，注册会计师也不能解除业务约定

　　B. 提前应用（在允许的情况下）对财务报表有广泛影响的新会计准则

　　C. 被审计单位按照我国的企业会计准则编制一套财务报表，同时按照国际财务报告准则编制另一套财务报表，并委托注册会计师同时对两套财务报表出具审计报告

　　D. 限制审计报告分发和使用的情形

二、多选题

1. 下列属于在审计完成阶段，项目合伙人和审计项目组考虑的重大发现的有（　　）。

　　A. 期中复核中的重大发现及其对审计方法的影响

　　B. 涉及会计政策的选择、运用和一贯性的重大事项

　　C. 与最终审计结论相矛盾或不一致的信息

　　D. 就识别出的重大风险，对审计策略和计划的审计程序所做的重大修正

2. 如果管理层不提供要求的一项或多项书面声明，注册会计师应当（　　）。
   A. 与管理层讨论该事项
   B. 重新评估管理层的诚信
   C. 评价该事项对审计证据总体的可靠性可能产生的影响
   D. 确定该事项对审计意见可能产生的影响

3. 下列各项中，应当列入书面声明的有（　　）。
   A. 管理层认为，未更正错报单独或汇总起来对财务报表整体的影响不重大
   B. 被审计单位已向注册会计师披露了管理层注意到的可能影响被审计单位的与舞弊或舞弊嫌疑相关的所有信息
   C. 所有交易均已记录并反映在财务报表中
   D. 被审计单位将及时足额支付审计费用

4. 注册会计师应提请被审计单位对本期财务报表及相关的账户金额进行调整的期后事项有（　　）。
   A. 被审计单位由于某种原因在资产负债表日前被起诉，法院于财务报表日后判决被审计单位应赔偿对方损失
   B. 财务报表日后不久的销售情况显示库存商品在财务报表日已发生了减值
   C. 财务报表日后发生火灾导致甲产品仓库烧毁
   D. 财务报表日后企业合并

5. 下列有关获取书面声明的说法中，正确的有（　　）。
   A. 书面声明属于来自于被审计单位内部的证据，证明力较弱
   B. 对获取的管理层对重大事项的声明，注册会计师在必要时，应将对声明事项的重要性的理解告知管理层
   C. 书面声明的日期通常为财务报告公布日
   D. 注册会计师不应以管理层声明替代能够合理预期获取的其他审计证据

6. 对财务报表的影响具有广泛性的情形有（　　）。
   A. 错报汇总起来大于重要性水平
   B. 不限于对财务报表的特定要素、账户或项目产生影响
   C. 虽然仅对财务报表的特定要素、账户或项目产生影响，但这些要素、账户或项目是或可能是财务报表的主要组成部分
   D. 当与披露相关时，产生的影响对财务报表使用者理解财务报表至关重要

7. 注册会计师在运用关键审计事项的决策框架确定哪些事项属于重点关注过的事项时，需要特别考虑的有（　　）。
   A. 评估的重大错报风险较高的领域或识别出的特别风险
   B. 与财务报表中涉及重大管理层判断的领域相关的重大审计判断
   C. 当期重大交易或事项对审计的影响
   D. 与治理层沟通的事项

8. 下列关于审计报告的说法中错误的有（　　）。
   A. 对于业务比较简单的被审计单位而言，注册会计师不执行审计工作也可以出具审计报告

B. 注册会计师应当按照审计准则的规定执行审计工作
C. 注册会计师应当以书面形式或电子形式出具审计报告
D. 对于非无保留意见的审计报告，注册会计师可以不在审计报告上签名、盖章

9. 下列情形中，属于可能需要在审计报告中增加强调事项段的情形有（　　）。
   A. 异常诉讼或监管行动的未来结果存在不确定性
   B. 在允许的情况下，提前应用对财务报表有广泛影响的新会计准则
   C. 与使用者理解审计工作相关的情形
   D. 对两套以上财务报表出具审计报告的情形

10. 下列关于审计报告审计意见段的说法中，正确的有（　　）。
    A. 要指出被审计单位名称
    B. 审计意见应当涵盖由使用的财务报告编制基础所确定的整套财务报表
    C. 财务报表包括资产负债表、利润表、现金流量表、所有者权益变动表和相关附注
    D. 说明财务报表已经审计（除无法表示意见的审计报告外）

11. 下列关于注册会计师签署审计报告的日期和管理层签署已审计财务报表的日期的说法中正确的有（　　）。
    A. 注册会计师签署审计报告的日期通常与管理层签署已审计财务报表的日期为同一天
    B. 注册会计师签署审计报告的日期可以晚于管理层签署已审计财务报表的日期
    C. 注册会计师签署审计报告的日期可以早于管理层签署已审计财务报表的日期
    D. 注册会计师签署审计报告的日期一定晚于管理层签署已审计财务报表的日期

12. 非无保留意见审计报告包括（　　）。
    A. 否定意见的审计报告   B. 带强调事项段的无保留意见审计报告
    C. 无法表示意见的审计报告   D. 带强调事项段的保留意见审计报告

三、判断题

1. 针对发生在财务报表报出日后的期后调整事项，管理层讨论拒绝修改财务报表，如果审计报告尚未提交给被审计单位，则注册会计师应考虑修改审计意见，发表非无保留意见，再提交审计报告。（　　）

2. 在某些情况下，即使某些错报低于财务报表整体的重要性，但因与这些错报相关的某情况，在将其单独或连同在审计过程中累积的其他错报一并考虑时，注册会计师也可能将这些错报评价为重大错报。（　　）

3. 如果未从管理层获取其确认已履行责任的书面声明，注册会计师也可以通过在审计过程中获取其他有关管理层已履行这些责任的充分、适当的审计证据。（　　）

4. 如果被审计单位管理层拒绝就对财务报表有重大影响的某类事项提供必要的书面声明，或拒绝就重要的口头声明予以书面确认，注册会计师应将其视为审计范围受到重要限制并出具无法表示意见的审计报告。（　　）

5. 如果未在财务报表中披露的某事项未被法律法规禁止，也未被确定为将要在审计报告中沟通的关键审计事项，但根据职业判断认为与财务报表使用者理解审计工作相关，注册会计师应当在审计报告中增加强调事项段描述。（　　）

6. 注册会计师拟从与治理层沟通过的事项中选择对当期财务报表影响最大的事项作为关键审计事项。（   ）

7. 如果注册会计师按照初始审计计划上的时间安排无法进行存货监盘，则表明审计范围受到限制。（   ）

8. 提前应用（在允许的情况下）对财务报表有广泛影响的新会计准则时，需要添加强调事项段。（   ）

9. 关键审计事项是注册会计师根据职业判断认为对当期财务报表审计最为重要的事项。（   ）

四、名词解释

期后事项、书面声明、审计报告、关键审计事项

二维码 7-14
即测即评答案

五、简答题

1. 财务报表日后调整事项主要有哪些？
2. 简述审计报告的意见类型。
3. 如何确定关键审计事项？

案例分析

1. ABC 会计师事务所的注册会计师 A 负责审计多家上市公司 2020 年度财务报表。审计工作底稿记录的与关键审计事项相关的情况摘录如下：

（1）注册会计师 A 拟对甲公司 2020 年度财务报表发表无保留意见，并确定不存在需要在审计报告中沟通的关键审计事项。因此，在审计报告中拟不包含关键审计事项部分。

（2）乙公司 2020 年发生重大经营亏损。注册会计师 A 实施审计程序并与治理层沟通后，认为可能导致对持续经营能力产生重大疑虑的事项或情况不存在重大不确定性。因在审计工作中对该事项进行过重点关注，注册会计师 A 拟将其作为关键审计事项在审计报告中沟通。

（3）注册会计师 A 对丙公司关联方关系及交易实施审计程序并与治理层沟通后，对是否存在未在财务报表中披露的关联方关系及交易仍存有疑虑，拟将其作为关键审计事项在审计报告中沟通。

（4）丁公司的某重要子公司因环保问题被监管部门调查并停业整顿。注册会计师 A 将该事项识别为关键审计事项。因丁公司管理层未在财务报表附注中披露该子公司停业整顿的具体原因，注册会计师 A 拟在审计报告的关键审计事项部分进行补充说明。

（5）2020 年 10 月，戊公司因严重污染环境被环保部门责令停产并对居民进行赔偿，管理层确认了大额预计负债并在财务报表附注中予以披露。注册会计师 A 将其作为审计中最为重要的事项与治理层进行了沟通，拟在审计报告的关键审计事项部分沟通该事项。同时，注册会计师 A 认为该事项对财务报表使用者理解财务报表至关重要，拟在审计报告中增加强调事项段予以说明。

（6）注册会计师 A 原拟在审计报告中沟通某关键审计事项，但由于审计范围受到戊公司管理层重大且广泛的限制，在与治理层沟通后，因无法解除业务约定，决定发表无法表示意见，因此删除了审计报告的关键审计事项部分。

要求：

分别考虑上述事项，不考虑其他条件，指出注册会计师 A 的做法是否恰当。如不恰当，简要说明理由。

2. ABC 会计师事务所的注册会计师 A 负责审计多家上市公司 2020 年度财务报表，遇到下列与审计报告相关的事项：

（1）注册会计师 A 按税前利润的 5% 确定了甲公司 2020 年度财务报表整体的重要性，即 60 万元。2020 年 12 月 31 日，甲公司存货的账面余额为 2 000 万元，未计提存货跌价准备。注册会计师 A 结合销售合同等因素确定了 b 产品和相关原材料的可变现净值，认为应计提跌价准备 70 万元，管理层以该金额不重大为由拒绝调整。注册会计师 A 拟在无保留意见审计报告的强调事项段予以说明。

（2）2020 年 8 月，乙公司取得 X 公司 60% 的股权，因采用的会计政策存在重大差异，编制 2020 年度合并财务报表时未将 X 公司纳入合并范围。由于管理层在财务报表附注中充分披露了这一重大事项，注册会计师 A 拟在保留意见审计报告中增加强调事项段，以提醒财务报表使用者关注。

（3）丙公司按账龄分析法对某客户的大额应收账款计提了 5% 的坏账准备。2021 年初，该客户因经营不善、无力偿还到期债务而向法院申请破产，注册会计师 A 认为该项应收账款的可回收性存在重大不确定性，拟在无保留意见的审计报告中增加强调事项段说明这一情况。

（4）注册会计师 A 认为，丁公司财务报表附注中未披露其对外提供的多项担保，构成重大错报，因拟就甲公司持续经营问题对财务报表发表无法表示意见，不再在审计报告中说明该披露错报。

（5）2020 年 12 月，戊公司持有 20% 股权的子公司 Y 公司为提高产能向戊公司购入一条生产线。戊公司取得 300 万元的处置净收益，在按权益法确认对 Y 公司的投资收益时，未做抵销处理，并拒绝接受审计调整建议。注册会计师 A 认为错报金额达到 300 万元，超过了 150 万元重要性水平，拟发表保留意见。

（6）戊公司未经审计的税前利润为 50 万元。由于审计中仅发现一笔影响利润表的错报，即管理费用少计了 60 万元，考虑到错报金额小于财务报表整体的重要性（70 万元），注册会计师 A 认为不属于重大错报，未建议管理层调整，拟发表无保留意见。

要求： 分别考虑上述事项，不考虑其他条件，指出注册会计师 A 发表的意见类型是否恰当。如不恰当，简要说明理由，并指出应发表的意见类型。

二维码 7-15
案例分析解析

Module four

模块四

审计专题

- 项目八 现代内部审计 // 226
- 项目九 开展计算机审计 // 240

项目八

现代内部审计

知识与技能目标

1. 了解内部审计产生的原因、演变发展及其功能。
2. 理解公司治理、内部控制与内部审计的关系。
3. 了解现代内部审计的主要模式及未来发展。

素养目标

在审计创新发展中，既要开拓视野，又要讲好中国故事，建立"四个自信"，增强社会责任感与使命感。

职业提示

内部审计人员在从事内部审计时，要能从组织整体的视角来看待各类问题，因此要有宽广的视野、丰富的知识、强烈的责任感与使命感，通过守正创新发挥内部审计的作用。

引导案例

世通三个火枪手案例

世界通信公司利用会计造假虚构的利润创下世界纪录，这一惊天动地的财务舞弊案既不是由人才济济、经费充裕的证券监管部门SEC发现的，也不是由经验丰富、技术精湛的曾跻身于"五大会计师事务所"的安达信发现的，而是被世界通信公司的高管人员称作"不自量力、多管闲事"的三个内部审计人员发现的。

揭开世界通信公司造假黑幕的英雄是辛西亚·库珀（世界通信公司内部审计部副总经理）、哲恩·摩斯（擅长计算机技术的内部审计师）和格林·史密斯（内部审计部高级经理，辛西亚的助理）。正是这三个不计个人安危，忠于职守的"火枪手"，排除困扰，顶住压力，才将世界通信公司的舞弊罪行昭示于天下。欲了解详细情况，同学们可以扫一下这个二维码。

二维码 8-1
引导案例拓展知识

任务一 探究内部审计

知识学习

内部审计职业是充满活力的阳光事业。著名学者安德鲁 D. 钱伯斯（Andrew D Chambers）指出："现在的确很难发现一个没有内部审计的企业，不论它的规模有多大。许多事例表明，现在内部审计已超越其他管理手段成为为管理机构提供关于效率、效果和节约方面建议的主要智囊。"

一、内部审计概述

内部审计是经济发展到一定规模的产物，是现代公司治理机制的重要组成部分，也是内部控制的最高形式。在我国，内部审计与注册会计师审计和国家审计共同构成了有中国特色的审计监督体系。

内部审计的作用和地位已是有目共睹，其能充当管理者身后的"眼"和延长的"手"，在企业持续、稳定和健康发展过程中得到广泛应用和重视。随着我国经济的持续高速增长，企业规模的扩大化和内部管理的科学化，内部审计将越来越重要。

（一）内部审计的产生

内部审计有着深远的历史，从产生、发展到今天经历了漫长的过程，与会计一样，内部审计也是经济发展到一定阶段的必然产物。在《莱斯威特报告》第五卷中，伦纳德布朗研究表明：内部审计活动可以追溯到 1875 年德国克鲁普公司所实行的内部审计制度。在美国，最早确认内部审计的需要并建立内部审计制度的却是铁路公司，著名美国企业家雷金纳德·达文波特曾说过："内部审计并不是一种新的行业，只不过是因应企业经营技术的发展而发挥其对企业所能提供的最大功能，故内部审计的范围不应局限于机械式的财务审查，而应以提高公司利益为宗旨，做更恰当的探讨与报告。"

内部审计是企业内部的机构和人员对其内部各部门进行的审计。内部审计虽经历了漫长的发展历史，但成为一项专业审计，有其独立的机构和人员，并形成自身的理论和方法体系的时间不长。内部审计是 20 世纪经济迅速发展的产物，是在受托经济责任关系下，基于经营管理和控制的需要而产生和发展起来的，并且随着社会经济的发展和企业管理的内在需要而逐步完善。导致内部审计产生的因素大致可以归纳为两方面：①企业内部管理的需要；②外部的相关压力。

1. 企业内部管理的需要

随着企业业务日益复杂，规模不断扩大，管理当局更需要通过管理控制系统，抓住机会、控制风险，在激烈的市场竞争中立于不败之地，不断发展壮大。这时管理当局就需要委派具有分析能力，特别是能够分析控制系统并做出客观评价的专业人员来检查企业各项内容并客观加以报告。

这时候内部审计就应运而生，普遍认为，现代的内部审计产生于 20 世纪初期，到 20 世纪 40 年代得到蓬勃发展。企业开展的内部审计是内审人员按照管理当局的安排，去检查企业内部各个责任中心负责人的经济责任履行情况。内部审计之所以重要，是因为企业规模的扩大化、经营业务的复杂化、管理层次的多样化，生产经营地点的分散化。

2. 外部的相关压力

内部审计外部的相关压力一般来自以下方面：

（1）政府与管理部门的压力。在我国，内部审计不仅是部门、单位内部经济管理的重要组成部分，而且作为国家审计的基础，被纳入审计监督体系。政府与管理部门为了完善企业的内部控制，指导企业管理当局建立相应的内审计机构，开展内部审计。所以内部审计除了作为管理工具之外，还可间接地满足政府的各种监督需要，特别是《企业内部控制基本规范》颁布实施后，作为内部控制重要一环的内部审计，其重要性更被肯定。

（2）外部审计和社会给企业的压力。外部审计与内部审计相互合作，互为补充，是当代审计的一大特点。企业通过建立健全的内部审计制度，减少外部审计工作量，降低外部审计费用。同时，为缓解社会压力，企业需要努力改善经营管理，承担社会责任。

一般理论界都将现代企业的委托代理关系作为内部审计产生的基础。随着现代企业公司制的形成和发展，有了所有者和经营者的委托受托关系，也有了外部利益相关者与组织之间的委托受托关系。而这些委托人与受托人之间，由于在信息发生时间和内容上的不对称性，导致代理人可能产生问题。

其他的利益相关者希望通过利用相关报告提供的信息使自己做出正确的决策，这些信息成为一个与企业相关的利益各方观察代理人的一个"窗口"，是沟通委托代理关系中各个相关主体的重要工具，它制约和影响着公司治理结构中其他制度安排效用的高低。有效的审计（包括外部审计和内部审计）监督正是确保这一前提条件实现的关键因素。

虽然内部审计与民间审计都是审计，但内部审计有着自己鲜明的特色，它有自己的职业标准、自己的职业组织，有更为灵活的工作方式。

（二）内部审计的定义及演变过程

内部审计是随着审计实践的不断发展与人们对其认识的不断深化而逐步演变的，每一阶段有关内部审计定义的变化都反映出内部审计发展的趋势和特点。从定义及演变过程中，我们不难发现内部审计经历了财务审计、经营审计、管理审计和风险导向审计四个阶段。以下从国际和我国两方面对内部审计的定义加以阐述与比较。

1. 国际内部审计定义的演变

国际内部审计师协会（以下简称IIA）自其成立以来共发布过7个内部审计的定义，代表着对内部审计的职能要求不断转变。

（1）首次发布。

1947年在《内部审计职责说明》（The Statement of Responsibilities of Internal Auditor，SRIA）中，将内部审计第一次定义为："内部审计是建立在审查财务、会计和其他经营活动基础上的独立评价活动。它为管理提供保护性和建设性的服务，处理财务与会计问题，有时也涉及经营管理中的问题。"这个定义将内部审计的工作性质定义为独立的评价活动，成为一个独立的职业，但还停留在财务审计阶段。

(2)第一次修改。

1957年《内部审计职责说明》将内部审计定义修订为:"内部审计是建立在审查财务、会计和经营活动基础上的独立评价活动,它为管理提供服务,是一种衡量、评价其他控制有效性的管理控制。"新定义引入了管理控制的概念,使内部审计的内涵得到扩展,标志着内部审计由财务审计向经营审计的迈进。

(3)第二次修改。

1971年《内部审计职责说明》将内部审计定义为:"内部审计是建立在审查经营活动基础上的独立评价活动,并为管理提供服务,是一种衡量、评价其他控制有效性的管理控制。"这一定义最显著的特点是取消了"建立在财务、会计基础上"的表述,预示和反映了内部审计已经完成了从财务审计向经营审计的转型。

(4)第三次修改。

1978年,IIA正式批准的《内部审计从业标准》中把内部审计定义为:"内部审计是建立在以检查、评价主体组织为基础的独立评价活动,并为组织提供服务。"这一修订,最明显的变化是内部审计从"为管理服务"向"为组织服务"拓展。内部审计已不再是仅为管理者提供服务的经营审计,而是拓展到对管理者进行有效监督的管理审计。

(5)第四次修改。

1990年《内部审计职责说明》提出:"内部审计工作是在一个组织内部建立的独立评价职能,目的是作为对该组织的一种服务工作,对其活动进行审查和评价。"这次定义明确了内部审计是建立在组织内部,是为该组织服务,从此与外部审计有了明显的界限。

(6)第五次修改。

1999年,IIA在《内部审计实务框架》中提出内部审计的新定义是:"内部审计是一项独立、客观的鉴证和建议活动,旨在增加机构的价值,改善机构的经营。它通过建立系统、合规的方式进行评价,以及通过提高机构风险管理、风险控制和管理过程的效率,从而帮助一个机构达到其所制定的目标。"这一定义与以往所有定义相比,其定位有了重大变化。

(7)第六次修改。

2001年,IIA发布的《内部审计实务标准(修订本)》对内部审计的定义做了如下描述:"内部审计是一种独立、客观的保证与咨询活动,目的是为机构增加价值并提高机构的运作效率。它采取系统化、规范化的方法来对风险管理、控制及治理程序进行评估和改善,从而帮助机构实现它的目标。"新定义删除了"组织内部"和"评价活动"两个词,提出了内部审计为组织目标的实现服务,并将内部审计的工作范围定义为"评价和改进风险管理、控制和治理过程的效果",反映了内部审计的发展趋势和客观要求。也就是说,内部审计应协助管理当局更好地履行管理责任,实现有限资源的优化组合和优化利用,以达到提高生产效率和获利能力,改善业务水平,更为有效地实现组织目标的目的。

从以上定义变化可以看出,国际上关于内部审计服务于公司治理的要求越来越强烈。而审计层次及审计范围的关系,表现为一个倒金字塔形图,审计层次越高,审计范围越大。

2. 我国内部审计的演变

我国《内部审计基本准则》中指出:"本准则所称内部审计,是一种独立、客观的确认和咨询活动，它通过运用系统、规范的方法，审查和评价组织的业务活动、内部控制和风险管理的适当性和有效性，以促进组织完善治理、增加价值和实现目标。"可以说，我国内部审计准则对内部审计的定义既借鉴了国际内部审计发展的先进成果，又充分考虑了我国内部审计发展的现实状况，具备理论上的先进性和实务中的适用性。

2003年，审计署第4号令《审计署关于内部审计工作的规定》中对内部审计的定义是："内部审计是独立监督和评价本单位及所属单位财政收支、财务收支、经济活动的真实、合法和效益的行为，以促进加强经济管理和实现经济目标。"2018年，审计署对《审计署关于内部审计工作的规定》进行修订，原规定同时废止，新《审计署关于内部审计工作的规定》中对内部审计的定义是："本规定所称内部审计，是指对本单位及所属单位财政财务收支、经济活动、内部控制、风险管理实施独立、客观的监督、评价和建议，以促进单位完善治理、实现目标的活动。"

（三）内部审计功能

内部审计功能即内部审计职能。通俗地讲，内部审计功能是指内部审计能起什么作用，是内部审计本质的反映。根据内部审计的定位，内部审计的功能主要包括控制、监督、评价和咨询职能。

1. 控制职能

内部审计本身就是作为控制手段而产生的，既是内部控制的重要组成部分，又是对内部控制的再控制。内部审计能够站在组织发展的全局，对企业的经营管理活动实行有效控制，并提供直接的技术支持，同时可以检查控制程度和效果，提出控制中存在的不足和问题，实现控制系统的最终目标。因此，内部审计的控制功能是显而易见的。

2. 监督职能

内部审计的监督职能不同于外部审计，是基于组织内部经营管理的需要，站在组织的立场上，为实现组织目标服务，因而具有明显的"内向性"特点。内部审计监督包括显性和隐性的性质。显性是指内部审计师对企业各个层次的经营管理所实施的检查，通过检查，发现存在的问题并通过及时纠正来避免可能造成的损失。这是一种看得见摸得着的"监督"。隐性是指内部审计能在整个组织中形成一种威慑作用，从而建立一种监督气氛。

3. 评价职能

评价职能是由监督职能派生出来的内部审计职能。评价职能是指运用一定的程序和方法，通过与参照的标准或指标体系进行比较，对组织的计划、预算、决策等是否先进可行，经济活动是否按既定的目标进行，经济效益的好坏以及内部控制是否健全和有效等进行评定和建议。随着市场经济的发展，内部审计的评价职能显得越来越重要。

4. 咨询职能

咨询职能是指内部审计的顾问功能。由于内部审计在组织中的地位及其综合性强、数据可靠的特点，为内部审计发挥专业优势，对组织中的制度、管理和经营控制等方面提出比较全面、中肯、可行的建议提供了有利条件。同时，内部审计机构还可以开展一些包括协调、流程设计和培训等工作，为组织各层次提供所需要的服务，以彰显内部审计的价值。

（四）内部审计目标

内部审计目标是内部审计功能的具体化。从内部审计的概念中可以看出，内部审计的目标是"帮助组织实现其目标"，而组织的目标对于企业来说，就是价值增值以达到价值最大化，因此内部审计的目标就是价值增值，这是内部审计的最终目标。

实现内部审计的最终目标，即价值增值的目的，需要达到两个阶段目标：

（1）防弊，即查错纠弊，这是实现内部审计目标的基础。

（2）兴利，即提高经营效率和效果。

（五）内部审计职业

进入 21 世纪，内部审计已成为最具活力和挑战性的职业之一。由于内部审计的职业前景，内部审计正吸引着越来越多的年轻人从事这一行业。国际注册内部审计师（Certified Internal Auditor，CIA）是内部审计领域的专业资格证明，是内部审计职业范围内的唯一认证。

除此之外，国际内部审计师协会还发展了三种特长证书考试，即内部控制自我评估认证（CCSA）、注册政府审计专家（CGAP）、注册金融服务审计师（CFSA），以帮助那些有别于 CIA 的其他专长者的需要。

与外部审计一样，内部审计也有自己的执业标准——内部审计准则，它规定了内部审计的程序、方法，是内部审计的技术守则。内部审计人员同样也要遵守职业道德规范，其中保持独立性与客观性是对内部审计人员的突出要求。独立性是指内部审计人员在确定审计范围、实施审计及报告审计时不应受到任何干扰。客观性是指审计人员在从事审计活动时，始终要保持一种公正的、不偏不倚的态度，实事求是，不掺杂个人主观臆断。

企业设置内部审计部门，其具体人数的多少视企业规模而定，一般典型的内部审计部门有四个层次的专业人员，即内部审计主任、内部审计经理、内部审计高级人员和一般审计人员。他们各自的要求和工作内容见二维码 8-2。

二维码 8-2
内部审计部门四个层次专业人员的要求和工作内容

二、公司治理、内部控制与内部审计

美国安然事件之后，加强内部审计职能被写入《2002 年公众公司会计改革和投资者保护法案》，内部审计介入公司治理环节是其最大亮点，同时也是内部审计能够为组织增加价值的有力体现和证明。

1. 公司治理与内部审计

众所周知，现代企业存在一个基本经济逻辑是委托—代理经营关系，在这一关系下，所有者即股东，用货币、实物等来出资创办企业，但通常他们并不直接参与企业管理，而是把企业交给职业经理人经营，这就是委托代理关系。委托代理关系是现代企业存在的基础，但同时也会产生代理问题。代理问题就是经理的利益与股东的利益往往不一致，而他们之间的信息又不对称，使得股东没办法及时监督，于是代理问题就产生了。代理问题不可能消失，但股东可以想办法来约束和监督经理，以减少代理问题，这就是公司治理的基本含义。

从学术上定义，公司治理是指股东会、董事会、监事会、经理层等之间的权力分配及其制衡机制，以保证所有者的利益不被经营者损害。公司治理的核心是风险管理，即解决所有权和经营权分离条件下的代理风险。公司治理的手段是通过激励与约束，使经理的利益与股东趋于一致，在追求个人利益的同时，为公司和股东创造财富。实现激励与约束的方法很多，内部审计就是其中之一。

因为代理问题的实质是信息不对称问题，所以内部审计通过行使控制与监督职能，增强财务信息与非财务信息的可信性，减少信息不对称，有助于契约的签订与执行；履行评价与咨询职能，改善其他控制程序，影响受托责任环境，确保受托责任的有效履行。

2. 内部控制与内部审计

现代意义上的内部控制是管理现代化的产物，它是指由企业董事会、监事会、经理层和全体员工实施的、旨在实现控制目标的过程。内部控制的目标是合理保证企业经营管理合法合规、资产安全、财务报告及相关信息真实完整，提高经营效率和效果，促进企业实现发展战略。有效的内部控制包括内部环境、风险评估、控制活动、信息与沟通、内部监督五要素，其之间的关系如图 8-1 所示。

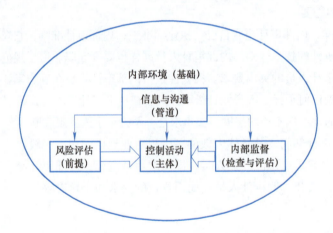

图 8-1　内部控制各要素关系图

在这五个要素中，内部环境是基础，如果没有一个良好的控制环境，其他四个要素无论质量如何，都难以保证形成有效的控制。而风险评估则是建立内部控制的前提，内部控制的实质就是控制风险，内部控制是全面风险管理的一个子系统和必要环节。控制活动是主体，是指企业内部控制应存在于企业的各个部分、各个层面和各个部门，没有不受控制的业务。内部监督则是对控制活动是否有效进行持续的检查与评估，而所有这一切都离不开信息与沟通，通过信息与沟通这个管道，将各要素紧密地联系在一起。

由此可见，内部审计是内部控制的组成部分，被置于整个内控体系的较高层；另外，由于内部审计通常代表管理层对整个企业内部控制制度的健全性、有效性及其遵循情况等进行评价，所以内部审计又是对内部控制的再控制。

延伸阅读

道德风险与逆向选择

治理动机下的内部审计，主要解决第一层代理关系中经理层的道德风险和逆向选择行为。道德风险，即"从事经济活动的人在最大限度地增进自身效用的同时做出不利于他人的行动"，或者说是"当签约一方不完全承担风险后果时所采取的自身效用最大化的自私行为"。逆向选择是指由于交易双方信息不对称和市场价格下降产生的劣质品驱逐优质品，进而出现市场交易产品平均质量下降的现象。

任务二　创新内部审计

知识学习

一、我国现代企业内部审计的主要模式

内部审计作为企业自我约束机制，已成为现代企业制度的重要组成部分，是严肃财经纪律、改善经营管理、提高经济效益的重要手段。为适应现代企业制度财产所有者和经营者分离制衡的运作机制，上市公司大都建立了相适应的内部审计制度。我国上市公司内部审计制度建立较晚，在借鉴国外经验方面也不尽一致，内部审计模式存在多种类型，也各有利弊。

1. 隶属于董事会

董事会作为公司的经营决策机构，其职责是执行股东大会的决议，决定公司的经营策略和总经理职务的任免等。内部审计机构隶属于董事会，向董事会负责，有利于保持内部审计的独立性、权威性和较高层次的地位。但是，董事会是由股东代表和其他方面代表组成的集体组织，它实行集体决策，凡事都要通过董事会集体讨论决定，正常的审计工作就难以进行。

2. 隶属于监事会

监事会是公司的监督机构。按照《公司法》的规定，监事会由股东代表和职工代表组成，有权审核公司的财务状况，保障公司利益及公司业务活动的合法性，依法和依照公司章程对董事会和经理行使职权的活动进行监督。为了保证监督的独立性，监事会并无直接的管理权，而内部审计的主要任务是从企业经营管理活动的实践需要出发，渗透到整个经营管理领域，在改善企业经营管理方面充分发挥效能，提高经济效益。显然这种设置方式的最大不足是内部审计不能直接服务于经营决策。

3. 隶属于总经理

公司的总经理是执行公司运营政策的负责人，负责公司的日常经营管理活动，对公司的生产经营进行全面领导，依照章程和董事会的授权行使职权，对董事会负责。内部审计机构隶属于总经理，可以使内部审计接近经营管理层，不仅有利于为经营决策、提高经营管理水平和经济利益服务，还有利于实现审计目的，保持审计的独立性和较高层次的地位。不足之处是对本

级公司的财务和总经理的经济责任难以进行独立的监督与评价。

4. 隶属于财会部门

有些公司的管理者把内部审计工作当成"管理手段",甚至要求内部审计人员参与业务活动和会计处理活动,把内部审计等同于财会机构内部自我纠正的内部稽核岗位,形成自己审自己,自己监督自己,审计人员可信赖程度就会受到损害,审计监督就变成财务或会计监督了。这与内部审计的第三者独立原则是不符的,特别是和审计与会计不能兼容的原则相违背。这种模式模糊了会计、审计工作。

5. 隶属于审计委员会

我国为改善公司治理效率及企业风险管理而引进了审计委员会制度。审计委员会是公司治理机制的重要组成部分,在保证"可靠的财务披露和积极的多方参与的监督"方面发挥着重要作用。审计委员会作为董事会下属的其中一个工作委员会,角色相当独特,它由独立于管理层的外部董事构成,他们能理解、监控、协调和解释整个机构的内部控制和相应的财务活动。但是,在报告关系方面,审计委员会是董事会的下属委员会并向董事会报告,而董事会却可能受管理层支配,这使得审计委员会的有效性受到质疑。现今,典型的审计委员会成员中理所当然要有财务专家,这是一个新的受到挑战的职位,面临法律要求及大量的压力。

二、现代内部审计的未来发展

在过去很长一段时间里,财务审计是企业内部审计的主要部分,但随着企业外部环境的变化和公司治理结构的完善,内部审计从以财务为导向逐步转为以经营活动、内部控制和管理为导向,为企业改善经营、提高效率和效果服务。面对当今经济的发展,内部审计必须要实现多个转变。

(一) 现代内部审计理念框架的发展

建立健全内部控制体系,加强风险管理,保障企业可持续发展已经成为企业管理的重心,内部审计作为落实内部控制的最后的且最关键的一环,对内部控制的建设和有效实施起着保驾护航的作用。所以,除了国家应不断完善审计法规外,必定要统一内部审计规范,向现代内部审计迈进。

1. 内部审计特性从独立性到客观性

在最新定位中,国外发达国家的内部审计更强调客观性。从本质上说,客观是一个更为根本和广泛的概念,含义更广的"客观"是内部审计职业的特点。独立是对审计活动而言,客观是对内部审计师个人而言。我们强调独立性对内部审计人员造成了不必要的约束,也限制了服务的内容。

独立仅是一种手段,而客观才是我们的最终目标。内部审计部门能为企业增加价值,就是因为他们对改进经营与控制的分析与建议是客观的。审计活动只有反映事物的客观面貌,并随之产生效率和效果,才是我们最终想要的结果。

2. 确认服务和咨询服务是现代内部审计两大服务领域

确认服务是对企业的风险管理、内部控制和公司治理程序提供独立的评价,包括财务、经营业绩、遵循性、系统安全、审慎性调查等业务。咨询服务是指在不承担管理职责的前提下,为组织增加价值并改进组织的治理、风险管理和控制过程,如顾问、建议、推动、培训等业务。

这两项服务是相辅相成的，同时又存在差异。确认服务具备传统审计的完备要素，而咨询服务是由确认服务衍生而来的，它冲击了传统内部审计概念体系及实务过程。

3. 更为专业且多技能的内部审计人员

审计机构需要改善内部审计人员技术技能与软技能。未来内部审计人员应该具有风险评估能力。风险评估能力是指审计人员能够识别、评价与企业及其行业相关的固有风险和经营风险等。对知识和技术的投资与使用是内部审计职能是否得以有效发挥的指标。而识别、评价企业风险直接受内部审计人员的工作经验、技能的影响。目前，内部审计面临的挑战是如何使内部审计人员的专业技能能够与企业的风险相匹配，即内部审计人员能够识别企业的风险。此外，由于国际化的原因，内部审计人员还应该掌握当地的语言、文化，熟悉国际市场规则、存在的环境风险等。

4. 内部审计的范围变得宽广

内部审计将由原来的事后检查、比对、评价等职能，转变为以达成企业目标，自上而下地评估企业整体经营流程出发，来辨识、管理、监督风险，以及提供企业所需要的咨询的职能，因而内部审计的范围变得更加宽广。

（二）融合风险管理、内部控制和公司治理的内部审计

回顾内部审计发展的历史，受托责任的发展主导着内部审计性质的变化，其他不同学科的知识也一直在充实和影响着内部审计的理论和实务，未来融合风险管理审计、内部控制审计和公司治理的内部审计，将是这条深化道路的延续。

随着经济全球化的发展，企业所面临的经营风险越来越大，风险控制成本也逐步增加，然而企业的资源是有限的，如何以最低或合理的成本有效地管理风险，成为内部审计工作的重要课题，同时也是对内部审计人员能力和专业技能的一大挑战。

对企业经营运作、风险管理与控制情况的审核，应该是内部审计职能重点发展的方向。未来的内部审计将成为一种风险评估、管理和控制机制，其重点工作领域将从过去对控制的适当性及有效性进行独立验证，发展为对企业整体的管理控制和治理监督。内部审计担当审计委员会的"眼睛"和"耳朵"，是企业经营的参与合作者，同时对企业的风险管理起到支持和鉴证的作用。

（三）内部审计职能的外包

随着中国经济的快速发展以及企业意识到内部审计对公司的重要性，优秀的内部审计人才对广大的需求市场而言可谓供不应求；此外，企业可能会面临内部审计职能的能力或资源不足以满足眼前的需要；或者是培训的速度跟不上企业快速成长的速度。企业可以进行成本效益分析，使用创新的内部审计职能外包方法，实现内部审计功能最大化，并使企业能够与高速变化的外部环境相适应。

1. 内部审计外包可采用的形式

内部审计外包是指组织将其内部审计职能部分或全部通过契约委托给组织外部的机构执行。内部审计一般可采用以下四种外包形式：

（1）补充。即特定部分的内部审计职能赋予称职的第三方。

（2）审计管理咨询。审计管理咨询是指对原有咨询或审计项目的扩展，该部分主要由外部

承包人来完成。

（3）全外包。全外包是指把内部审计业务全部外包给外部的承包人完成，这种形式在未设立内部审计部门的中小企业比较流行。

（4）内外成员结合审计。这种形式也可称合作内审，在这种形式下，内部审计工作由一个统一的项目和审计工作组来完成，内部审计师和外部审计师分别承担不同的责任。

2. 内部审计外包的优势

内部审计外包作为内部审计发展的一种形式，其优点在于：

（1）减少企业费用，降低总成本。内部审计外包后，企业不需要设置内部审计部门，不需要对内部审计人员进行培训，所以其费用就会减少，成本降低。建立一个内部审计部门，需要支付员工的薪金、培训费和管理费用，而外包后，企业可只在需要时聘用，以保持支出控制的灵活性。这样原本设立内部审计所需的固定成本就转换为变动可控成本。同时，如果由外部审计组织承担内部审计工作，两者的方法和程序便可保持一致，企业也可因少支付审计费用而得益。

（2）结合优势选择，企业更占有主动权。在决定采取内部审计服务外包时可按照本企业的具体情况，结合不同外部审计组织的优势进行选择，在很大程度上占有主动权。而且外部审计组织面临的是市场约束力和市场竞争力，所以其更会以客户为中心，而企业的内部审计机构往往不会有这样的意识。同时，因为企业是在有需要某项内部审计服务时才对提供服务的第三方进行支付，所以内部审计职能的预算相对较有弹性。

（3）提高审计质量，确保内部审计效果。外部审计组织一般较企业内部审计机构具有更先进的审计技术，更丰富的审计经验，以及独特的质量控制与保险制度，可以广泛接触到其他组织的实务，同时能将优秀的实务介绍到所服务的企业。同时外部审计组织还拥有大批管理咨询、资产评估、税务服务、法律咨询等各个领域的专业人才，企业可以根据审计项目的特定情况来选用理想的人才，去获得更为专业的服务。

（4）提高内部审计职能的独立性。外部注册会计师根据与企业签订的契约开展内部审计，与企业其他的部门没有内在的利益冲突和联系，因此，他们能够毫无顾忌地指出企业经营和控制中存在的漏洞，提供更具独立性和客观性的评价结果。

内部审计是组织治理的手段，项目八主要阐述了内部审计的发展演变，内部审计的功能，公司法理、内部控制与内部审计的关系，现代内部审计的主要模式以及内部审计的未来发展，从中把握内部审计的实质，即为组织创造价值，从而创新内部审计。

一、单选题

1. （　　）是经济发展到一定规模的产物，是现代公司治理机制的重要组成部分，也是内部控制的最高形式。

　　A．内部控制　　　　B．内部审计　　　　C．财务会计　　　　D．风险管理

2. 内部审计活动可以追溯到1875年德国（　　）所实行的内部审计制度。

　　A．克鲁普公司　　　B．铁路公司　　　　C．莱斯威特公司　　D．大众公司

3. 运用一定的程序和方法，通过与参照的标准或指标体系进行比较，对组织的计划、预算、决策等是否先进可行，经济活动是否按既定的目标进行，经济效益的好坏以及内部控制是否健全和有效等进行评定和建议，这是内部审计的（　　）职能。

　　A．控制　　　　　　B．监督　　　　　　C．评价　　　　　　D．咨询

4. 内部审计目标是内部审计功能的具体化。从当今内部审计的概念中可以看出，内部审计的目标是（　　）。

　　A．审查财务　　　　　　　　　　　　　B．为管理服务

　　C．为组织提供服务　　　　　　　　　　D．帮助组织实现其目标

5. （　　）是内部审计领域的专业资格证明，是内部审计职业范围内的唯一认证。

　　A．国际注册会计师　　　　　　　　　　B．国际注册内部审计师

　　C．中国注册会计师　　　　　　　　　　D．会计师

6. 内部审计模式存在多种类型，也各有利弊。其中，（　　）这种设置方式的最大不足是内部审计不能直接服务于经营决策。

　　A．隶属于财会部门　　B．隶属于总经理　　C．隶属于董事会　　D．隶属于监事会

7. （　　）是现代内部审计两大服务领域。

　　A．确认服务和评估服务　　　　　　　　B．确认服务和咨询服务

　　C．审计服务和咨询服务　　　　　　　　D．评估服务和咨询服务

8. 一般典型的内部审计部门有四个层次的专业人员，其中全面领导本部门，负责制定审计政策和程序，制订审计计划，协调管理部门人员和外部审计人员的审计工作，建立质量保证计划，负责与审计委员会沟通联系的是（　　）。

　　A．一般审计人员　　　　　　　　　　　B．内部审计高级人员

　　C．内部审计经理　　　　　　　　　　　D．内部审计主任

二、多选题

1. 内部审计的外部相关压力一般来自（　　）方面。

　　A．政府的压力　　　　　　　　　　　　B．外部审计给企业的压力

　　C．管理部门的压力　　　　　　　　　　D．社会给企业的压力

2. 从定义及演变过程中，我们发现内部审计经历了（　　）几个阶段。

　　A．财务审计　　　　B．经营审计　　　　C．管理审计　　　　D．风险导向审计

3. 根据内部审计的定位，内部审计的功能主要包括（　　）职能。

　　A．控制　　　　　　B．监督　　　　　　C．批评　　　　　　D．咨询

4. 回顾内部审计发展的历史，受托责任的发展主导着内部审计性质的变化，其他不同学科的知识也一直在充实和影响着内部审计的理论和实务，未来融合（　　），将是这条深化道路的延续。

A. 风险管理审计 B. 内部控制审计
C. 公司治理审计 D. 查错纠弊审计

5. 有效的内部控制包括（ ）等几个要素。

A. 内部环境 B. 风险评估
C. 控制活动 D. 信息与沟通

6. 内部审计外包是指组织将其内部审计职能部分或全部通过契约委托给组织外部的机构执行。内部审计一般可采用（ ）形式。

A. 补充 B. 审计管理咨询 C. 全外包 D. 合作内审

7. 内部审计外包作为内部审计发展的一种形式，其优点在于（ ）。

A. 减少企业费用，降低总成本
B. 规避注册会计师审计风险，减少被诉讼的可能性及费用
C. 提高内部审计职能的独立性
D. 提高审计质量，确保内部审计效果。

三、判断题

1. 内部审计是一种独立、客观的确认和咨询活动，旨在增加组织价值和改善组织的运营。它通过应用系统的、规范的方法，评价并改善风险管理、控制和治理的效果，帮助组织实现其目标。（ ）

2. 内部审计机构隶属于总经理，可以使内部审计接近经营管理层，不仅有利于为经营决策、提高经营管理水平和经济利益服务，还有利于实现审计目的，保持审计的独立性和较高层次的地位。（ ）

3. 对企业经营运作、风险管理与控制情况的审核，应该是现在内部审计职能重点发展的方向。（ ）

4. 内部审计是内部控制的组成部分，是整个内控体系的基础，同时内部审计又是对内部控制的再控制。（ ）

5. 逆向选择是指由于交易双方信息对称和市场价格下降产生的劣质品驱逐优质品，进而出现市场交易产品平均质量下降的现象。（ ）

四、名词解释

公司治理、逆向选择

五、简答题

1. 内部审计的功能是什么？
2. 内部控制与内部审计的关系是什么？

二维码 8-3
即测即评答案

案例分析

某公司领导接到群众举报，反映该公司分管广告宣传业务的方××处理广告业务时弄虚作假，有虚报、贪污广告费的行为。该公司领导决定，让公司审计处去查个水落石出。审计处接到领导指示后，展开了对方××广告业务的专项调查。审计人员首先将方××所报销的广告费单据从财务处一一调出，并记录下每一笔广告费的详细内容以及发票号码、广告代理或制作单位名称、款项支付情况，并复印了有疑问的单据。然后审计人员根据广告费发票反映的广告费代理或制作单位名称，逐家核实，并对每一笔广告费的数额进行合理评估。

审计人员到某广告公司核实情况时发现，方××处理的一笔广告业务的费用比该广告公司正常的广告价格要高得多。审计人员对此产生怀疑，便与这家广告公司进行了交涉，要求该广告公司退还多收的广告费。但该公司不承认多收了广告费，并说这笔广告业务之所以价格高，是根据方××授意，提高广告费用，将多收的广告费扣除税款后以现金的形式返还给方××个人。审计人员查实，方××已将这笔款项据为己有。审计人员还在多家单位发现方××以同样的方式贪污公款。

审计人员还遇到另一怪现象，审计人员到扬名广告公司核实情况时，查阅了广告合同36份，复印其发票存根28份，其中一笔价值20 000元的广告业务发票存根该公司拒不提供，审计人员认为已提供出来的发票存根基本没什么问题，这一张不提供的很可能有问题，审计人员坚持要求该公司提供此发票的存根，最后扬名公司不得不提供了该发票存根，发票存根抬头为空白，内容为广告设计费，金额是100元，在该公司的发票报销联为广告宣传品，价值20 000元，方××已以现金方式报销。很明显这张大头小尾的发票是违反发票管理制度的假发票。经核实，这张发票是广告公司应方××的要求虚开的。

经过审计人员近半个月的走访查证，最后查出方××与广告公司勾结，以各种方式总计虚开广告费200 000元，其中广告公司得50 000元用于补偿广告公司的交税损失，另150 000元全部被方××贪污。审计人员针对方××的上述问题向公司领导做了汇报，并建议该公司加强对广告费开支的监督力度，不准以现金方式报销广告费。另外，方××被移交司法机关接受处理。

要求：
（1）结合案例，谈谈内部审计和一般的外部审计在审计目的上有什么区别？
（2）你认为内部审计在企业的内部控制体系中发挥着什么样的作用？

二维码 8-4
案例分析解析

项目九

开展计算机审计

知识与技能目标
1．了解计算机审计产生的原因，理解会计信息化对审计的影响。
2．理解计算机审计的特点及计算机审计的基本原理，熟悉计算机审计的基本流程。
3．了解审计软件的主要功能。

素养目标
在审计中，既要培养严谨踏实的工作作风，又要树立与时俱进、自我超越的时代精神。

职业提示
在大数据、互联网＋审计时代，我们应该与时俱进、不断学习，努力跟上时代的步伐，掌握各种智能工具助力审计，培养与时俱进、自我超越的时代精神。

任务一　认识计算机审计

知识学习

一、计算机审计产生的原因

计算机审计产生的直接原因是会计信息处理的计算机化，自使用计算机处理会计业务后，会计工作的效率和质量有着很大提高，促使会计信息系统在组织结构、会计管理、处理程序、会计数据的存储和内部控制等多方面发生了巨大变化。特别是近年来，计算机技术的发展及其在会计领域的应用、发展是非常迅速的，这为提高会计信息的质量和会计工作的效率提供了技术保证，使会计电算化向会计信息化方向发展。许多财务软件已采用 Internet/Intranet/Extranet 架构以及数据仓库技术，将以前财务数据的分期、分地方保存变为一体化存储并应用 EC（Electronic Commerce）技术，使会计业务处理从 OLTP（On-line Transaction Processing）向 OLAP（On-Line Analytical Processing）成为可能。但这些现象的出现却给审计带来一个十分严峻的挑战，面对会计信息化的发展，如何开展审计工作、如何提高审计工作质量和效率是摆在审计人员面前的一项迫切任务。

二、会计信息化对审计的影响

1. 对审计线索的影响

在手工会计系统中,从原始凭证到记账凭证,由过账到财务报表的编制,每一步都有文字记录,都有经手人签字,审计线索十分清楚。审计人员进行审计时,可以根据需要进行顺查、逆查或抽查。但在会计信息系统中,传统的账簿没有了,绝大部分的文字记录消失了,由存储会计信息的磁盘等取而代之,因此肉眼所见的线索减少。此外,从原始数据进入计算机,到财务报表的输出,这中间的全部会计处理集中由计算机按程序指令自动完成,传统的审计线索在这里中断甚至消失。传统的查账方法对信息化条件下的会计主体已不完全适用,为了能够有效地审计信息化条件下的会计主体,在会计信息系统的设计和开发时,必须注意审计的要求,使系统在处理时留下新的审计线索,以便审计人员在信息化条件下也能跟踪审计线索,顺利完成审计任务。

2. 对审计内容的影响

在会计信息化的条件下,审计的经济监督职能并没有改变,但由于信息化的特点,审计的内容要发生相应的变化。在会计信息系统中,由于会计事项由计算机按程序自动进行处理,诸如手工会计系统中因疏忽大意而引起的计算或过账错误的机会大大减少了。但如果会计信息系统的应用程序出错或被人非法篡改,则计算机只会按给定的程序以同样错误的方式处理有关的会计事项,错误的结果将是不堪设想的。会计信息系统也可能被神不知鬼不觉地嵌入非法的舞弊程序,不法分子可以利用这些舞弊程序大量吞没企业的财物。系统的处理是否合法合规,是否安全可靠,都与计算机系统的处理和控制功能有关,这是在传统的手工审计中所没有的。因此,在会计信息化条件下,审计人员要花费较多的时间和精力来了解和审查计算机系统的功能,以证实其处理的合法性、正确性、完整性和安全性。另外,当一个会计信息系统已经完成并投入使用后,要对它进行改进,这比在系统设计和开发阶段进行困难得多,代价也昂贵得多。因此,除了要对投入使用后的会计信息系统审计外,应提倡审计人员在会计信息系统的设计和开发阶段对系统进行事前和事中审计。

3. 对审计技术方法的影响

实现会计信息化以后,会计信息系统与传统手工会计系统相比,在许多方面发生变化,必须采用新的审计技术方法才能适应这种变化。例如,传统的记账方法是每登记一笔账,便可以从账上看到相应一笔记录,而计算机却不能每登记一笔记录就打印一笔记录,供工作人员阅读,一般是经过一个阶段,如一个月打印一次。平时,记录输入到计算机以后,在尚未打印以前,若想看这些记录,只能凭借机器阅读。这样一来,审查取证的方法、对证据进行检验和审核的方法必须相应地改变。又如,传统的手工记账一般可以从字迹上辨认出登记人,从而明确责任,但是计算机只能提供统一模式的输出资料,没有记录人的笔迹,无法从记录上辨认登记人,从而使信息化的记录在建立、更新、消除一切资料时而不留半点痕迹,这就需要审计人员对信息化条件下的会计部门的内部管理制度、职责的划分情况进行审查和评价。

4. 对审计作业手段的影响

在手工会计系统的情况下,审计人员进行审计,一般都是手工操作。但是,在会计信息化的情况下,审计人员如果仍用手工操作的方式来进行审计,是很难达到其审计目标的。因此,审计人员的作业手段也应由手工操作向计算机转变，即审计人员应掌握计算机知识及其应用技术，把计算机当作一种提高审计质量和效率的有力工具来使用。

5. 对审计人员的影响

实现会计信息化后，由于会计信息系统的环境比手工会计系统更为复杂，审计对象也更多、更复杂，审计人员只依靠原有的知识和技能是无法胜任对会计信息系统的审计工作的。因此，审计人员除了要具有丰富的财务会计、审计等方面的知识和技能，熟悉有关的政策、法令依据以及其他的审计依据外，还应掌握一定的计算机知识和应用技术。此外，在审计组织中，还应培养一批计算机审计的系统开发人员，从事设计和开发审计应用软件的工作，建立自己的审计信息化系统。

6. 对审计标准和准则的影响

各国的审计界在以往的审计工作中已经建立了一系列的审计标准和准则，如审计人员标准、现场作业标准、审计报告标准、职业道德规范等。实现会计信息化以后，由于审计对象和审计线索发生了重大变化，审计的技术和手段也相应地发生了变化，显然应在原有的审计标准和准则的基础上，建立一系列与新情况相适应的新的审计标准和准则，否则无法适应新形势的需要。

三、计算机审计概述

1. 计算机审计的定义

对于计算机审计，目前并没有确切的定义，简单地说，就是以信息技术为手段，通过实施审计程序，收集必要的审计证据，实现审计目标。计算机审计的内容包括两类：①以信息技术为手段，主要是以计算机审计软件为工具进行审计，即常说的计算机辅助审计（CAAT）；②对会计信息系统进行审计，即所说的信息系统审计（EDP 审计），本部分主要是介绍第一类的计算机辅助审计。当前计算机审计实践主要集中在审计作业、审计管理信息化方面。

2. 计算机审计的特点

就计算机辅助审计来看，计算机审计与手工审计相比具有以下不同的特点：

（1）审计过程自动控制。计算机可对不连续或离散的信息单元进行运算，使其按照人们事先编好的程序自动运行。而且计算机运算速度快、精度高，审计过程中大量的分析、计算可由计算机完成，保持审计过程的连续性和一贯性。

（2）审计信息自动存储。在审计过程中，审计人员需要对审计信息频繁地寄存和提取，在手工审计中，审计人员是通过笔纸来进行记录的，既费时又易出错。而利用计算机进行审计时，审计信息被加载到存储器中并被存储起来，在需要时，这些信息可以被迅速、准确地取出。

（3）改变了审计作业小组的成分。在开展计算机辅助审计时，需要计算机技术人员。在审计过程中，审计人员与计算机技术人员相互结合、取长补短，充分发挥各自的作用，以圆满完成审计任务。未来审计人员的素质是需要具备复合型知识结构的人员，其综合素质如图9-1所示。

图 9-1　审计师的素质

（4）转移了审计技术主体。利用计算机开展审计时，审计处理的主体由人变为计算机，部分审计人员主导审计过程的技术和技巧已被计算机所代替，转而可以把精力放在对一些审计项目内容的规范上或创新一些新的审计方法上。

3. 审计软件的发展历史

我国的计算机审计始于20世纪80年代中期，与会计电算化开始的时间基本同步。发展初期，由于审计软件的开发模型不像会计软件那样清楚，审计软件怎么设计，应该有什么功能，能为审计工作带来什么影响，都是审计软件要解决、突破的问题。各种因素导致审计软件滞后于会计软件的普及，所以审计软件的发展比会计软件发展慢了许多，经过几十年的努力和发展，现在已基本成型。

发展的第一阶段（1988～1992年），以手工审计为主，录入数据进入计算机，通过审计软件的计算产生一些辅助性的结果。固化的表格审计软件最具代表性，表格中A格的内容与B格的内容存在设定好的构稽关系，当审计人员输入A格内容后，B格内容的输入错误将被锁定，实际上现在用Excel就可完成，但在当时，已经算很好的审计软件了。

发展的第二阶段（1993～1997年），在Windows平台下开发了一些辅助性的审计软件，如法规查询、审计项目档案管理、PSS票证审计等审计软件，这些审计软件已经在某些审计方面可以为审计人员提供服务。法规查询软件利用数据库技术可将审计人员需要的审计相关条目内容从上万条记录中取出；审计项目档案管理软件主要利用电子手段管理审计项目中的审计通知书、审计报告等；PSS票证审计软件利用统计理论对凭证进行抽样，可比手工审计提高效率。

发展的第三阶段（1998～2005年），开发了以审计作业为代表的一些审计软件，使审计作业全过程均可在软件的管理下完成。由于审计是以项目形式开展的，因而各厂商进而开发出以审计项目管理为核心的审计管理软件，从管理的角度对审计流程进行信息化的固定，实现审计信息资源的合理配置和有效利用。

发展的第四阶段（2006年至今），随着互联网在各行各业的广泛应用，审计软件也向着集成化、信息化和智能化方向发展，利用互联网开展联网审计、大数据审计。随着人工智能在审计中的应用，未来审计的发展也必将越来越智能化。

任务二 实施计算机审计

知识学习

一、计算机审计的基本原理

计算机审计的基本原理是审计软件通过"数据接口"采集被审计单位的财务基础数据，按财务核算方法进一步计算生成账表，与被审计单位提供的账表对比来验证被审计单位财务信息的真实性、完整性和正确性。同时，生成审计信息资源数据库，为账务信息查询、财务指标分析、账表通用检查、凭证通用检查、自定义检查及形成审计记录提供数据源。计算机审计基本原理和基本程序分别如图9-2和图9-3所示。

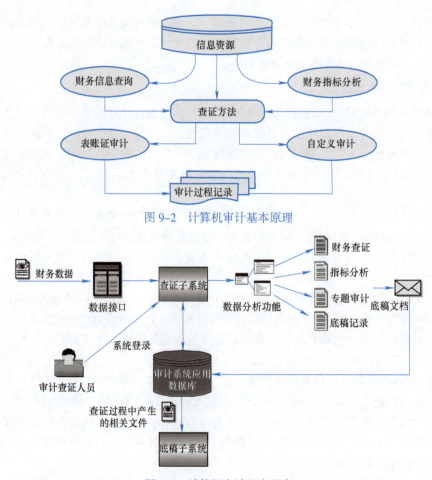

图 9-2　计算机审计基本原理

图 9-3　计算机审计基本程序

在整个审计过程中，始终贯穿有两个流程：①审计数据流；②审计程序流。在审计数据流中体现了对财务数据的检查、分析和利用；在审计程序流中，审计软件通常会提供一套通用的审计底稿（包括审计准备、审计实施、审计结论），以帮助审计人员履行必要的审计程序，取得审计证据，得出审计结论。

二、计算机审计的基本流程

计算机审计的基本流程如图 9-4 所示。

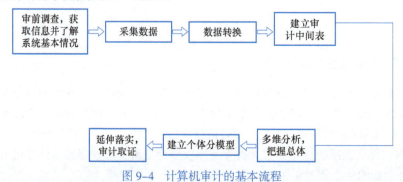

图 9-4　计算机审计的基本流程

三、审计软件的主要功能

这里以"审计之星"审计软件为例,介绍审计软件的主要功能。

1. 系统管理

(1)导入数据。导入数据是通过数据接口导入财务数据,当要在一个已有数据的账套中再次导入数据时,则覆盖当前的数据。

(2)打开单位。用户导入数据后,单击"系统管理"菜单"打开已有的单位",如图 9-5 所示。

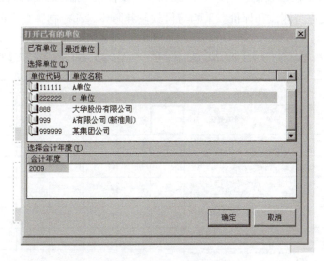

图 9-5 打开已有的单位

选择被审计单位和账套,单击"确定"进入审计之星主界面。

(3)计算辅助账。被审计单位的账套中有辅助账的,必须先计算辅助账。单击"系统管理"菜单"计算辅助账"。

2. 基本信息查询

(1)账套基本信息。查询被审计单位所导入的财务账套数据的基本信息。

(2)会计科目设置。查询被审计单位所导入的财务账套的会计科目设置信息。

(3)会计记账凭证查询。系统提供会计记账凭证的通用查询功能,该功能可以按照科目来查询及显示某个科目的凭证发生情况。该流程有三个审计单元组成:科目凭证汇总表、凭证分录一览表、会计记账凭证。

(4)总账及明细账查询。系统提供相关科目的总账及明细账的查询功能,通过逐层的穿透式的查询,最终可以查询到具体的某一张凭证。

(5)辅助明细账。如果被审计单位的财务数据中有辅助核算项目,该系统将自动转换辅助核算的基础数据,生成辅助明细账。通常进行辅助核算的项目有个人往来、单位往来、专项核算、部门核算等,用户可分别按科目或项目查看辅助明细账。

(6)主要财务报表比较。通过系统生成的资产负债表和利润表与企业提供的报表进行对比,检查报表的真实性和完整性;通过任期资产负债表和任期利润表的多年度比较,检查被审计单位连续几年的生产经营状况。

3. 审计预警

内部控制是现代企业内部管理制度的一个重要组成部分，是企业为了保证业务活动的有效进行，保护资产安全而制定和实施的政策与程序。

（1）内控制度设定。内控制度是企业对经营活动制定的各项规章制度，被审计单位可以根据自身情况利用审计之星系统制定内部控制制度，管理内部控制程序。

（2）内控情况评价。在审计实务中，审计人员要对被审计单位内部控制实施符合性测试和评价，包括调查和了解内部控制、记录内部控制、测试内部控制和评价内部控制等步骤。审计人员可以利用该系统进行测试和评价。采购与付款业务循环内部控制调查表评价如图 9-6 所示。

采购与付款业务循环内部控制调查表评价

单位：大华股份有限公司

序号	内控条款	评价					说明
		是	否	不适用	执行	不执行	
1	1．请购、采购、验收职责是否与发票传递、应付账款明细账登记、总账登记职责相分离？	☐	☑	☐	☐	☑	
2	2．请购、采购、验收职责是否相分离？	☐	☑	☐	☐	☐	
3	3．发票传递、应付账款明细账登记与总账登记职责是否相分离？	☐	☑	☐	☐	☐	
4	4．支付准备、批准支付职责与记录现金支付、登记总账分录职责是否相分离？	☐	☑	☐	☐	☑	
5	5．支付批准职责是否与支付职责相分离？	☑	☐	☐	☐	☐	
6	6．记录现金支付分录的职责是否与总账分录职责相分离？	☑	☐	☐	☐	☐	

图 9-6 采购与付款业务循环内部控制调查表评价

（3）内控预警报告。审计人员利用该系统对内控制度进行测试和评价之后，系统会自动提供一份内控预警报告，提示审计风险。内控预警报告如图 9-7 所示。

内控预警报告

单位：大华股份有限公司　　　　**日期:2020年**

内控制度名称	预警类别	预警数量
采购与付款业务循环内部控制调查表		
+	未建立制度的内控条款	14
-	未执行的内控条款	3
	重要程度	内控条款
	高	1．请购、采购、验收职责是否与发票传递、应付账款明细账登记、总账登记职责相分离？
	高	4．支付准备、批准支付职责与记录现金支付、登记总账分录职责是否相分离？
	一般	1．项目执行单位是否根据批准的可行性研究报告和年度采购计划，进行采购安排或向项目办提 清单？
+	不适用的的内控条款	2
货币资金业务循环内部控制调查表		
+	未建立制度的内控条款	2
+	未执行的内控条款	1
	不适用的的内控条款	0

图 9-7 内部预警报告

4. 财务分析

（1）通用财务指标分析。通用财务指标分析包括盈利能力、变现能力、负债能力、资产管理分析，用户通过财务指标分析，总体了解被审计单位财务状况，初步评价审计风险，并通过与以前年度指标对比，了解被审计单位经营状况，为审计方案的编制提供依据。

（2）资产负债表逼近分析。资产负债表逼近分析是指对资产负债表项目进行横向及纵向趋势分析，从而判断企业资产负债表项目发生额是否存在异常情况。

（3）利润表逼近分析。利润表逼近分析是指对利润表项目进行横向及纵向趋势分析，对利润表各项目进行比较，从而分析影响被审计单位利润完成的各项目变动因素，判断被审计单位利润表项目发生额是否存在异常情况。

5. 账表检查

（1）会计科目规范设置检查。检查被审计单位设置的会计科目同企业会计制度所要求的会计科目是否存在异常，异常类型有科目方向设置的异常和科目代码名称的异常，并且可以通过流程检查异常科目发生的分录和凭证信息。

（2）期末期初结转一致性检查。对企业上年各会计科目的年末余额与本年各会计科目的年初余额的结转、本年各月份之间会计科目的余额结转进行检查，以发现是否存在余额不一致的情况。

（3）账户余额异常方向检查。通过设置科目余额、累计发生的方向和大小，系统显示不满足条件的科目，并可以查看该科目的分录发生情况。

（4）科目发生额趋势波动检查。对所选科目进行借方（或贷方）的发生情况做分月趋势分析，并且可以穿透到该科目任何月份的凭证。

（5）损益类科目发生额异常结转检查。检查利润表项目中的损益类科目的实际发生情况和实际的结转情况是否存在不一致、有无虚增（或虚减）利润的情况。

6. 凭证检查

（1）凭证借贷平衡检查。检查指定会计期内的所有凭证的借贷方发生额是否平衡。

（2）凭证异常对应检查。用户根据实际业务规则设置所需检查科目的借贷方正常对应的科目，系统将查找所有会计期发生的凭证，将有异常的科目显示出来，并可以显示该科目的异常凭证数量和发生金额等信息。

（3）凭证典型对应检查。用户根据实际业务规则设置所需检查科目的借贷方典型错误对应的科目，系统将查找所有会计期发生的凭证，将符合典型错误的科目显示出来，并可以显示该科目的异常凭证数量和发生金额等信息。

（4）对应科目检查。该功能充分利用计算机科学计算的特点，在系统中对某一科目所对应的发生情况进行查找汇总，从而了解被审计单位是否存在异常处理的会计事项。换一个角度说，可以通过该功能了解被审计单位某一科目的组成情况。

（5）凭证大额分析检查。对被审计单位发生的业务中单张金额比较大的凭证进行分析检查，同时还可浏览、查阅凭证分录。

（6）凭证抽样检查。对指定科目的所有凭证（或指定会计期间）按照一定的抽样方法进行抽样检查，对所抽样的凭证分录进行分析检查。凭证抽样就是根据一定的规则从凭证分录一览表中抽取一定数量的凭证。凭证抽样的方法有随机抽样和等距抽样。

（7）凭证条件设置检查。系统可以让用户自己设置查询条件，查找满足条件的凭证分录信息，并显示分录所在凭证的详细信息。

（8）冲销凭证检查。冲销凭证在会计做账时经常要发生。有的单位为了经济利益的目的，为了逃税骗税，而编造虚假的经济业务来体现亏损；也有的单位为了体现业绩，而虚构一些经济业务来呈现一种"虚盈实亏"的表面繁华景象。违法单位常用冲销凭证的手法来虚构经济业务，编造虚假的记账凭证以达到上述目的。审计人员可利用冲销凭证检查功能进行检查，查出疑点，找出证据。

7. 审计工具

（1）审计工作底稿。利用计算机网络技术将审计工作底稿上传和下载，使审计工作不受时间、空间的限制，实现了即时的异地审计操作，也为审计工作降低了成本、提高了效率。

在审计实务中，由于审计文档数量繁多，系统按照 Windows 的资源管理器的方式对系统文件进行管理，系统预设两个大类：审计工作底稿和个人文件夹。审计工作底稿为公共文件夹，通过鼠标右键选择新增文件夹或新建审计文档。在新增文件夹时可以根据需要设置下级文件夹，如根据审计项目的过程设置"准备阶段""实施阶段"和"终结阶段"等，目的是方便审计工作底稿管理与查阅。

为了便于使用，系统提供了一系列文档模板，使用者可以在系统已提供的模板基础上快速完成各类审计文档。当然，系统也允许使用者创建自己的模板，这些自制的模板同样可以用于新建审计文档。

（2）生成多维数据库。审计工作底稿充分利用现代的数据转换（ETL工具）、数据仓库（DW）、在线分析（OLAP）和数据挖掘（DM）等商务智能（BI）信息技术构建智能化的底稿编制平台，避免审计人员在传统方式下通过定义大量的公式来取得审计工作底稿数据，而由系统运用BI技术自动实现对审计成果在不同部门、不同区域、不同时期、不同项目中的数据进行采集、抽取、整合和转化，并按维度与层次对主题建立数据分析模型，进行多维、深度分析，提高形成审计工作底稿的工作效率。同时，通过丰富的图形和立体报表灵活地展现数据，给出审计报告，帮助审计人员提高分析效率。

（3）上传和下载审计工作底稿。上传和下载审计工作底稿是将审计人员的审计工作底稿上传到服务器，或将服务器上的文件下载到审计人员的计算机的一个操作过程。在审计实务中，审计人员可以利用"上传底稿"将审计工作底稿上传给上级领导，上级领导也可以将工作计划下发给各位审计人员。

（4）疑点汇总。系统将在审计过程中发现的疑点、重点进行记录，并自动进行汇总，通过现场稽核、查证，将审计疑点、重点转换成"审计工作底稿"和"审计证据"。

8. 审计调整

在审计结束时，要对被审计单位进行审计调整，并调整相应的财务报表。利用该功能只需录入审计调整凭证即可，系统将自动对审计后的财务报表进行调整。

编制的审计调整凭证可以包括重分类调整分录、损益类调整分录、截止期调整分录、国资评价调整分录等，系统自动输出调整后的资产负债表、利润表，并可对调整后的报表进行分类指标分析。系统自动生成审计报告和财务报表附注。

9. 审计管理

（1）审计程序设定。审计程序是指从制订审计计划开始，经过审计实施到出具审计报告的整个过程中系统性的审计工作步骤。该系统设置了常用的审计程序，审计人员还可以根据具体情况进行增减设定。

（2）审计程序评价。审计人员可以对审计程序的执行情况进行评价，如"完成""未完成""不适用"。系统对审计程序执行情况编辑汇总。

（3）审计程序报告。系统对审计程序执行情况编辑汇总后，自动生成审计程序报告。

（4）法律法规库。系统提供与国家审计署审计法规库的标准接口，可链接和查询审计署审计法规库中的相关内容；同时可以自定义地方法规的编制、审批的流程管理，以及对法规的登记、归档、查询等功能。法规查询可以按照法规的发文时间、发文单位、类别、主题词、标题字段、内容字段等多种手段进行组合筛选。

（5）审计方法库。系统提供审计实务工作中常用的审计方法，包括审计项目、检查内容、经典案例等功能，并可以按照审计方法的项目类别、主题词、标题字段、内容字段等多种手段进行组合筛选。

项目九主要阐述了会计信息化对审计的影响、什么是计算机审计、计算机审计的原理及流程、审计软件的主要功能。随着大数据、人工智能的发展，审计技术也在不断发展，新时代的审计人应该与时俱进、不断超越自我，为社会经济的健康发展贡献审计力量。

一、单选题

1. 在审计工作中，常常伴随着大量重复性计算，这些大量的分析、计算工作可以交给计算机完成，这体现了计算机辅助审计的（　　）特点。

　　A. 审计过程自动控制　　　　　　　　B. 审计信息自动存储
　　C. 改变了审计作业小组的构成　　　　D. 转移了审计技术的主体

2. 下列审计活动中，不属于计算机审计活动的是（　　）。

　　A. 审计人员对被审计单位的电子数据进行的审计
　　B. 审计人员用计算机审计方法和技术对被审计单位账簿进行的审计
　　C. 审计人员用手工审计的方法和技术对纸质账簿所进行的审计
　　D. 审计人员利用计算机审计方法和技术对被审计单位信息系统所进行的审计

3. 审计项目管理软件属于（　　）。

　　A. 专用审计软件　　　　　　　　　　B. 通用审计软件
　　C. 表格法审计软件　　　　　　　　　D. 审计抽样软件

4. 在利用"审计之星"开展审计时,以下属于系统提供的账表检查的内容的是(   )。
   A. 主要财务报表比较   B. 审计程序设定
   C. 会计凭证设置检查   D. 对期末期初结转一致性的检查

二、多选题
1. 计算机审计与手工审计相比,在(   )方面不同。
   A. 审计技术   B. 审计方法
   C. 审计职能   D. 审计性质
2. 计算机审计的内容包括(   )。
   A. 信息系统审计   B. 内部审计
   C. 注册会计师审计   D. 计算机辅助审计
3. 计算机审计与手工审计相比具有的特点是(   )。
   A. 审计信息自动存储   B. 转移了审计技术主体
   C. 改变了审计作业小组的成分   D. 审计过程自动控制

三、判断题
1. 计算机审计和手工方式下的审计只是审计对象不对,审计技术方法是完全相同的。(   )
2. 计算机技术的应用并不改变审计目标和风险评估的原则性要求。(   )
3. 计算机审计取证的切入点是信息系统和底层电子数据。(   )
4. 在计算机审计中,只需采集数据,不需做审前调查。(   )

四、简答题
1. 什么是计算机审计,计算机审计有哪些特点?
2. 计算机审计的基本原理是什么?

二维码 9-1
即测即评答案

参 考 文 献

[1] 孙颖. 审计基础与实务 [M]. 北京：机械工业出版社，2006.
[2] 傅秉潇. 审计实务 [M]. 北京：机械工业出版社，2011.
[3] 张瑶，赵宇. 审计基础与实务 [M]. 2 版. 北京：电子工业出版社，2017.
[4] 中国注册会计师协会. 审计 [M]. 北京：中国财政经济出版社，2020.
[5] 李晓慧. 审计学：实务与案例 [M]. 4 版. 北京：中国人民大学出版社，2017.
[6] 孙坤，徐平. 审计习题与案例 [M]. 大连：东北财经大学出版社，2007.
[7] 张敬富. 100 小时过注会 [M]. 北京：北京科学技术出版社，2019.
[8] 王生根. 审计实务 [M]. 3 版. 北京：高等教育出版社，2017.
[9] 林双全. 审计理论与实务 [M]. 2 版. 北京：科学出版社，2018.
[10] 刘圣妮. 2020 年注册会计师考试应试指导及全真模拟测试 [M]. 北京：北京科学技术出版社，2020.
[11] 阿伦斯，埃尔德，比斯利. 审计学：一种整合方法 [M]. 谢盛纹，译. 14 版. 北京：中国人民大学出版社，2013.
[12] 财政部中财传媒注册会计师考试辅导丛书编写组. 审计通关题库 [M]. 北京：中国财政经济出版社，2020.
[13] 宋常. 审计学 [M]. 8 版. 北京：中国人民大学出版社，2018.
[14] 徐政旦，谢荣，朱荣恩，等. 审计研究前沿 [M]. 2 版. 上海：上海财经大学出版社，2011.
[15] 董大胜，韩晓梅. 风险基础内部审计：理论·实务·案例 [M]. 大连：大连出版社，2010.
[16] 韩晓梅. 企业内部审计绩效研究 [M]. 大连：东北财经大学出版社，2009.
[17] 王晓霞. 企业风险审计 [M]. 2 版. 北京：中国时代经济出版社，2007.